博弈心理学

人际交往中的心理博弈

Game Psychology

陈玮 著

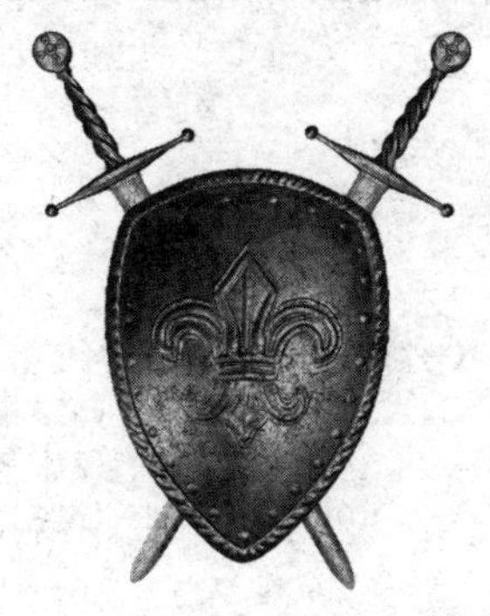

中央编译出版社
CCTP Central Compilation & Translation Press

图书在版编目（CIP）数据

博弈心理学／陈玮著．-- 北京 ：中央编译出版社，2015.10

ISBN 978-7-5117-2745-9

Ⅰ．①博… Ⅱ．①陈… Ⅲ．①心理学－通俗读物 Ⅳ．①B84-49

中国版本图书馆 CIP 数据核字(2015)第 184548 号

博弈心理学

出 版 人：葛海彦
责任编辑：盛菊艳
特约编辑：张金蓉
责任印制：尹 珺
出版发行：中央编译出版社
地　　址：北京西城区车公庄大街乙 5 号鸿儒大厦 B 座（100044）
电　　话：(010) 52612345（总编室）　(010) 52612335（编辑室）
(010) 52612316（发行部）　(010) 52612317（网络销售）
(010) 52612346（馆配部）　(010) 55626985（读者服务部）
传　　真：(010) 66515838
经　　销：全国新华书店
印　　刷：北京嘉业印刷厂
开　　本：710 毫米 × 1000 毫米　1/16
字　　数：260 千字
印　　张：20
版　　次：2015 年 10 月第 1 版
印　　次：2018 年 6 月第 7 次印刷
定　　价：38.00 元

网　　址：www.cctphome.com　　邮　　箱：cctp@cctphome.com

新浪微博：@中央编译出版社　　微　　信：中央编译出版社（ID:cctphome）

本社常年法律顾问：北京市吴栾赵阎律师事务所律师　闫军　梁勤
凡有印刷质量问题，本社负责调换，电话：010-55626985

前言 PREFACE

人际交往中的终极心理博弈：洗脑与反洗脑，操纵与反操纵，影响与反影响

人的大脑会不受自己控制，反而被他人任意塑造吗？我们的行为会在他人的影响下变得扭曲，违背自己的初衷吗？我们的一举一动，会受到他人的操纵吗？

几乎没人相信，自己的思维、意念、情感、行为，甚至人格表现等正在受到另一些人的控制。这是因为，真正高明的操控者往往不会用明显的、外化的方法来命令或者压迫你，他们最擅长的，是隐秘式的控制——利用一些容易让人忽略的方法，潜移默化地改变你的行为，让你在不知不觉中乖乖就范。

不必急着反驳，只需问问你自己：你做的每件事情，都是出于自己的意愿吗？你是不是为了迎合他人，而曾经让自己陷入进退两难的境地呢？又或者，你常常觉得自己的行为在无意之中偏离了轨道……

其实这种现象在社会交往中很正常，存在着普遍性。比如，孩子们无法以巧妙合理的方式摆脱家长的操纵；夫妻之间也不能保持平衡、对等的关系，而是相互制约，甚至可能转化为精神暴力；员工也很难在职场中避开

“潜规则”的操纵，只能受制于人，等等。我们每个人的生活都在被他人影响，我们的思想也很容易被操纵，更严重的是，有些人会通过一系列的终极控制（诱导、威胁、混淆视听、灌输信息等）手段，可能会让我们在不知不觉中听命于他，从而彻底丧失对自我的掌控。在这种情况下，我们往往不能回避，不敢拒绝，只能任人摆布。

为什么许多人能够轻易地控制和影响他人，而我们却只能以沉默应对？

事实上，许多人根本没有意识到自己被洗脑，被影响，被操纵了！我们首先应该采取的应对方式，就是识破它。

找出潜伏在你大脑中的“敌人”

所谓“洗脑”，就是利用外部影响力，向别人灌输异于一般价值观的特殊思想，以符合操纵者的意愿。

“洗脑术”起源于苏联心理学家巴甫洛夫，他做过一个关于“操控他人大脑”的实验。最初的实验对象是一只狗。巴甫洛夫在每次给狗喂食前，都会摇几次铃铛，重复多次之后，即便他只是单纯地摇铃铛，不给狗喂食，狗也会无法抑制地分泌唾沫。这个实验也被称为“条件反射实验”，他后来又把实验运用到了人身上。他让一个男孩说出数字4，只要说出这个数字，就会奖励给男孩一块蛋糕。重复数次之后，当他问男孩，2乘以2等于几时，男孩还没说出答案，口水就流了出来。

这个实验说明了，这种不断重复的诱导行为，能够使人产生某种不受思维控制的“条件反射”，甚至能够重塑人的大脑。这样一来，即使他人不施加任何外力，也能够悄悄地控制一个人的思想和行为！高端的洗脑者正是擅用这种手段的行家，而我们之所以能够被其诱导，就是因为对这种潜意识沟通和“迷惑性信息输入”的工作模式不甚了解。

其实，这种终极控制模式并不是完全不可击破的。从本质上来讲，洗脑就是将一种理论植入他人头脑的过程，并且始终有着“万变不离其宗”的规律和性质，比如，排他性、循环论证、利益承诺、重复灌输、暗示和诱惑等。一旦我们了解了洗脑的原理、手段和规律，我们就能全面洞彻心理操纵的真相，从他人的控制中解脱出来。

看穿你身边的“隐形操纵”

绝大多数的心理操控并不是仪式化、极端化的，它们通常是以友善而不易察觉的面貌出现在我们的身边。对于我们来说，这种操纵者才是最应该提防的。

你是否经常屈服于他人各种形式的操控，比如恶意的批评、无理的请求、无法摆脱的依赖等？为了满足他们，你只能牺牲自己。然而，你的退让和“善举”似乎并不会带来什么好的结果，通常是，即使你付出了一切，也不永远不能达到他们的要求。

是的，你面对的是老练的操纵者。他们总是有办法让你迫不得已地答应他们的要求，他们会用真诚的眼神、亲密的语言、看似善意的行动来“攻克”你，以成全他们的一己之私；甚至有时候，他们还会采取抨击、威胁的手段来压迫你。一旦你狠下心来拒绝他们，他们又有更高明的招数了——他们会用无辜、善良、真挚、坚韧的假象，让你充满罪恶感！

更关键的是，这些令我们进退维谷的人往往就潜伏在我们身边，并且看起来并没有什么恶意：他们可能笑容可掬，彬彬有礼；他们可能很有修养，稳重而具有威信；他们可能看似弱小，惹人怜爱；他们可能处事低调，温文尔雅……然而，一旦他们戴上操纵者的面具，就不那么可爱了——他们会态度迥异，为达到目的采取一系列心理计谋！这些人可能是我们的父母、配偶、朋友、领导、同事，他们能利用各种你意识不到的手法，利用你的情感，绑架你的行为，成功地将你放倒。

正是因为关系亲近，他们很容易就能够看透我们内心的需求与渴望，了解我们的情感弱点，看穿我们的真实想法，从而更加“高效”而准确地利用我们，以达到自己的目的。

哲学家卢梭曾说："人生而自由，却无往不在枷锁之中。"但是"人们有时可以支配他们自己的命运。要是我们受制于人，那错处并不在我们的命运，而在我们自己"。我们的友好和善意成为了他人操纵我们的切入点，那么我们也就成为了他们的同谋。是的，从某种程度上来说，我们本身就参与了对自己操纵。

是被别人操纵还是操纵别人？

主导权在你手里！

无处不在的影响力：是影响，还是误导？

人与人之间的相互影响是正常的，只要人们存在着沟通，进行着信息交流、情感交换，就能够彼此影响。这些影响有正面的，也有负面的。正面的影响力能够让人与人之间的积极情绪、正面体验进行交换和补充，从而激发各自的潜力，促进积极自我的形成。比如，一个睿智、博学、品德高尚的老师，他教出来的学生很可能会跟他一样，成为一个优秀的人。

负面的影响则会把你带入死角，将你禁锢在一个笼子里，让你形成巨大的思维盲点。比如，在群体中，他人的想法有可能会对我们的自主思考进行干扰，我们会不自觉地遵循群体法则，按照别人的要求和规则去做事情。这个时候的我们，事实上已经失去了独立性。再比如，我们每个人都被一些传统观念所影响，这很可能会削弱我们的创造性，束缚我们的想象力，逐渐演变为"僵固型思维"。

当然，一个人的影响力也是其人格魅力的主要体现之一。高明的政治家很善于运用影响力来赢得选举；精明的商人则会用影响力来打造品牌、兜售商品；聪明的父母知道如何引导自己的孩子，将他培养成才；睿智的老板也知道如何运用自己的影响力，让员工心甘情愿地服从自己。擅用影响力的人，也都是沟通高手，他们似乎不费吹灰之力，就能够让别人从负面抵抗变为积极合作，他们能够如愿以偿地让每一个人都按照他们的意志来行事。

避开负面的影响力，才能够真正拥有独立、理性的思维；吸取正面的影响力，就能巧妙地为自己的补充正面能量。而学会运用影响力，我们就能让它为自己的社交利器。

真正的博弈，是心与心的对决：掌握心理战术，才能控制全局

操纵者没你想象的那么可怕，每个人都被操纵着。每个人也都是操纵者。

人际交往中反操纵的过程，事实上就是心理博弈的过程。在社会生活中，无论你扮演的是什么角色，只要你还在与外界发生着信息交换、人际往来，你就无法阻止心与心的碰撞，无法避开人与人之间的博弈。

中国古人把下围棋称为博弈。在四四方方的棋盘上，黑白子的厮杀非常激烈，为了赢得对决，博弈双方都是十分讲究策略的，策略的高下是决定参与者成败的关键性因素。我们所说的心理博弈，事实上就是一种在人与人交往时，基于心理分析的策略思考。这些策略能够让我们洞彻他人的真实意图，并采取相应手段，获取自己的最大胜算。

只不过，人生不是棋盘，人也不是棋子，因为人是一种情感的动物，真正高明的博弈，不见得就是与对方拼个你死我活。人与人的接触，其实是心与心的沟通。你的一句体贴的话，一个友爱的眼神，一个温馨的举动，很可能比冷冰冰的较量更有力度。运用自己的善意，不失为一种巧妙的博弈方法。当对方有这样的想法时——“他对我这么好，我只想尽我所能去帮助他”“我愿意真诚地为你付出”，你就成为了这场博弈中最大的赢家。

本书以人际关系心理学为基础，结合了大量心理博弈的案例，详尽地解析了人们在人际交往中常遇到的盲点，从本质上拆解洗脑过程和识别心理操纵常用的手段，旨在帮助你掌握各种反洗脑、反操纵、反影响的有效方法；让你摆脱他人的隐形操控，让你在人际沟通、社会交往、商业谈判中战无不胜，从被操纵者脱胎换骨成为一个能够掌控全局的人。

目录 CONTENTS

第一章 人与人的交往就是心与心的博弈 / 1

人际关系博弈，事实上就是人与人之间的内心较量。在职场、商场、情场中，这种产生于人际博弈过程中的洗脑与反洗脑、影响与反影响、操控与反操控几乎无处不在。只有站在博弈层的最高点，客观看待、冷静分析心理博弈的规律，并塑造一颗强大的内心，培养一种缜密的思维方式，才能察觉他人对我们的操纵，用最有效的策略克敌制胜。

第二章 谁在控制你的大脑 / 21

“输入信仰，并让他们成为教徒”“利用暗示，让他听你的指挥”“攻击你的弱点，让你依赖于他”……这就是“洗脑者”让你服从的秘密，而你绝大多数情况下无法察觉到！在我们的生活中，这种洗脑式入侵无处不在。他们的手段有多种，但都是以扭曲我们的思维和行为为目的的。只有懂得鉴别洗脑者和洗脑方法，才能有效地警惕他人控制我们的大脑。

在生活中，每个人都被他人操纵着，每个人也可能就是隐藏着的操纵者。操纵者们带着各式各样的面具，潜伏在你的身边，以各种手段，将你玩弄于股掌之间。他们有的看起来很友善，让你十分信任；有的则很有威信，让你无法置疑，但他们的操纵行为却常常使你进退两难，压制自己的真实意愿。现在，就让我们揭开他们的面具，识破各种类型的操纵者吧。

第四章　你是怎样进入操纵者的陷阱的 / 89

深谙心理操纵技巧的人，会以各种方法对你的行为进行控制，以满足自己的利益；同时，我们自己也可能"姑息养奸"，纵容他们的行为，就如同法国作家西蒙·波娃所说："我和所有人一样，一半是同谋，一半是受害者。"我们只有对他们的操纵行为进行深入的分析，才能了解他们的真实意图，避开他们对我们的掌控；也只有深入分析自己的特质，才能真正塑造一个独立的、不受他人控制的自己。

第五章　心理暴力和情感勒索 / 117

最危险、最不易察觉、最难于防范的操纵和情感勒索往往来自于我们最亲密的人！他们对我们的弱点十分了解，并且深知我们出于对情感的需要会无条件地做出妥协，因此，他们总是习惯性地向我们索要回报，或者让我们绝对服从于他们。这种操纵大都是从我们内心最深处着手的，会对我们造成看不见的伤害，我们将这种行为称为“心理暴力”。

第六章　“潜移默化”的力量：你正在被他人影响 / 151

你的行为和想法都是听命于你本人的意愿吗？对我们大多数人来说，答案是否定的。我们的想法、意念、思维、行动，甚至情感体验，无不被周围的人们影响着。这些影响，有些是积极的，但更多的是消极和有害的，它们让你处于矛盾和迷茫之中无法做出理智的选择，它们一直在绑架你的人生。洞悉这些负面影响，才能找到冲出牢笼的出口。

反操纵的前提是对对方有足够的了解，只有面对一个清晰而具体的敌人，我们才能相应地采取有效的策略。而反操纵首先就应该做到“反欺骗”。操纵者深谙隐藏之道，绝不会轻易将真面目示人，只有利用一定的鉴别技巧、刺激手段，我们才能真正看穿他们的想法，挖掘他们人性深处的秘密！

第八章　利用反向博弈，干扰对方的心理 / 199

谁说博弈就只能是针锋相对的较量？真正充满智慧的博弈手段，是以一种类似于“障眼法”的方式，进行反向博弈。如果你很强大，你就故意示弱；如果你并不自信，那就假装强大；如果你能洞察一切，可以装成一个“笨人”；如果你心思缜密，那就试着犯个小错。这种“装”出来的博弈，会在对方的意识里形成一个假象，也更容易达到你自己的目的。

第九章　扭转思维，改变行为：教你不动声色地反客为主 / 223

如果你总是在人际交往中处于下风，那么很可能是你的思维出了问题。试着对自己的思维进行解剖，让思维从固守的框架里解脱出来，并采取适当的行为，主动影响对方的心理和想法，就能在博弈中得到意想不到的收获。

第十章　博弈的和解：化敌为友是最高明的应战策略 / 247

如果攻克不了他，那就把他变成你的战友吧！在心理博弈中，应该学会放低自己的身段，以友好的方法让对方接纳自己。去赞美你的对手，迎合你的敌人，软化他们的敌意，将对峙局面变为互利双赢的结果，你就能成为这场心理战中最大的赢家。

第十一章　说服的心理战术：让他心甘情愿听你的 / 267

了解了对方的动机和想法，能够做出相应的反应，你才能说服对方。完整的说服是以思维方式为引导，以声音为载体，以行动为辅助。在说服对方的过程中，你的语言是否能够恰好击中对方心里的那根弦，就决定了你与对方的交流是否畅通。

第一章

人与人的交往就是心与心的博弈

人际关系博弈，事实上就是人与人之间的内心较量。在职场、商场、情场中，这种产生于人际博弈过程中的洗脑与反洗脑、影响与反影响、操控与反操控几乎无处不在。只有站在博弈层的最高点，客观看待、冷静分析心理博弈的规律，并塑造一颗强大的内心，培养一种缜密的思维方式，才能察觉他人对我们的操纵，用最有效的策略克敌制胜。

打赢思辨之战，抢占心理博弈的制高点

米歇尔对她的儿子乔治一点办法都没有！

小家伙4岁了，原本去年就该上幼儿园的，但是因为他去年生了场大病，使得入园时间延迟了一年。可是，无论妈妈怎么哄她，小乔治就是不愿意去幼儿园。为了这件事情，母子俩已经磨了快一周了，孩子的父亲布朗偏偏出差在外，米歇尔渐渐失去了耐心。

这天晚上，布朗终于回来了，还没进家门，就听见小乔治的哭喊声。他急忙推门进去，只见儿子又是跺脚，又是叫喊，还满地打滚。原来，米歇尔下达了最后通牒：无论如何，明天一定要去幼儿园了。

又累又饿的布朗见此情景，第一个反应就是把儿子关到他自己的房间里。可是，布朗很快就改变了主意，因为他意识到这样做对事情一点帮助都没有，他希望乔治能以最好的状态走进幼儿园。他坐了下来，开始思考对策："如果我是乔治，什么会让我产生去幼儿园的动力呢？认识新的小伙伴，做游戏或者学习拼图……对了！拼图！就这么办。"

布朗拿出了原本买来给乔治当礼物的拼图，叫上了妻子米歇尔、女儿麦琪，三人围在桌边，嘻嘻哈哈地玩起了拼图。乔治哭闹了一会儿，被他们的笑声吸引了过来，看了看，就吵着要加入进来。布朗对他说："不行，你必须先去幼儿园学会了拼图，才能参加。"然后，乔治和米歇尔一起，尽量用乔治能理解的语言，向他描述进了幼儿园以后能够参加到的各种活动和好玩的事情。

第二天，米歇尔原本以为，乔治肯定又赖在床上不肯起来。谁知，小

家伙竟然已经自己穿好衣服躺在了床上，见到妈妈进来，他马上爬了起来："妈妈，我们快一点，我不想迟到。"

这个故事里发生的事情，在我们生活中随时都可能碰到，如果你是乔治的父母，你会选择怎样的方式呢？威逼？利诱？还是选择把孩子关进小黑屋？你能做到像布朗那样，四两拨千斤地解决了儿子的"不愿意去幼儿园"这个难题吗？

布朗采取的策略之所以立竿见影，那是因为他从乔治的角度出发思考问题，对于乔治来说，"上幼儿园"这个行为对于他来说是件坏事，这其中隐含着诸如胆怯、对未知的恐惧等消极意义。布朗通过由他导演的家庭喜剧，消除了小男孩内心的恐惧，使"上幼儿园"对他产生了积极的意义，那就是：去幼儿园，就能加入到有趣的家庭活动中。这个新意义的产生，则完全是通过他父亲的操控获得的。父亲对他哭闹的不理不睬，使他体验到了被排斥在家庭之外的恐惧，这种恐惧也正反映了他不愿意去幼儿园的深层原因——他对家庭的依恋；他愿意去幼儿园，其实并不是因为那里有多么让他感兴趣的事，而是他意识到去幼儿园对他回归家庭的情感圈来说，意义重大，所以他才会转变自己的态度。

在我们的生活与工作中，无时无刻不在发生着这样你来我往的内心较量，这种较量就是博弈，通俗的说法也可以称之为"花招""诡计"。在职场、商场、情场中，这种产生于人际博弈过程中的操控与反操控几乎人人都会碰到。之所以用"操控"这个词，是因为这种做法是中性的，游走于阳谋与阴谋之间。它可以是一种克敌制胜的谋略，也能够成为杀人于无形的阴谋。

博弈双方，是依存还是制约

谁都不是傻瓜，谁都是傻瓜

荷兰曾经举办过一场“合作及社会两难困境研讨会”，邀请了众多博弈论专家参加。大会结束之后，有两个学者——麦西克和路特提议大家玩一个游戏。他们将一个大信封拿出来，请在场的43位专家拿出钱来装进这个信封里。如果最后这信封里的钱超过250元，麦西克和路特将自掏腰包，退给每个人10元钱。不过，如果信封里的钱不足250元，就要统统没收，大家谁也拿不到一分钱。

按照这个游戏规则，让我们来简单计算一下平均每个人应该支付的数目：5.82元。为了防止一些吝啬鬼少付或者不付，你也可以再多加一点。如果每人放进去7元，应该就可以超过目标值250元了。等到最后退还给每人10元时，每人都还可以净赚3元。不过，游戏特别规定大家互相之间不准讨论，也不能偷看别人放了多少钱进信封。但是无论怎样，这看起来都是一个稳赚不赔的买卖。

那么，结果如何呢？

等到两位主持人打开信封一数，里面的钱总共是245.59元，比目标250元差了那么一点点。

看到这种结果，这些学者们群情哗然，一副不相信的样子。这种事情怎么可能发生？他们都是这个领域里有声望的专家，而且刚刚结束了两天的“合作研讨会”！他们的合作结果居然比目标还少了近5元钱，这太讽刺了！

这下子，大家的钱全都打了水漂。有些人抱怨只要再多一个有良心的人放进去 7 块钱就好了，有些人则后悔自己应该再多放一点点，更有一些人说："早知道这样，我宁可那时候放十几块钱!"

事实上，根本不可能有人会真的奉献超过 10 元。因为我们都预期别人会拿出他们所该奉献的那部分。如果真是那样，那自己多交出的那部分就是浪费。每个人都基于这样想法，所以最后的结果就会是令人失望的。造成这种结果同样是因为每个人都在以一种"零和游戏"的思维模式来思考。因为我们都预期别人会"履行义务"，而自己又想尽可能地多"捞"一点，因此才会产生每个人都拿不回钱的结果。

在这个"学者们失败的游戏"中，有一位莫尼根教授回到他任教的大学后，又重复了这个游戏许多次，得到的结果总是差不多。而且，一旦一个群体玩过这个游戏得到失败的结果之后，他们下一次就更不愿意合作，其结果竟然比第一次更糟。

博弈：依存中有制约

"博弈"（Game）在英语中的基本意义是游戏，所以说"博弈论"更直接的翻译应该是"游戏理论"，因为很多游戏都有一个共同的特点，即讲究策略。策略的高下就成了游戏参与者左右游戏结果的关键性因素，而博弈论其实就是一种策略思考，以寻求自己的最大胜算或利益。

中国古人锻炼脑子的一个好方法就是下围棋，因此古代的"博弈"也特指下棋。当人们捻起黑白二子时，脑中就开始高速运转各种策略的实施方案了。围棋告诉人们的博弈论之一就是过分小心的危害：每一步棋都可能影响你的输赢，因此下棋者要时刻小心，保证你的棋不被吃掉。但是当你太过小心，你将失去进一步布局的机会，下棋的过程就是追求主动权的过程。安全固然重要，然而对于只守不攻的一方来说，很少能有机会夺取最后的胜利。因此，在竞争关系中，在保证自我利益的同时，我们要寻求能够制约对手的最佳策略，学会主动出击是一种很好的手段。

当你跟别人不是竞争关系而是合作关系的时候，则需要寻找双方的平衡点，因为在竞争关系中，一方的胜利必然意味着另一方的失败，这种“零和游戏”的原理采用的是非黑即白的思考模式。可是，在人类社会里，“单赢”策略会给你带来潜在的危机，因此，我们所倡导的博弈理念，更多的是追求“双赢”的结果。

比如，许多商家都会在业务过程中适当地让利给客户，这是顺利成交的永恒法则之一。销售谈判中，双方的焦点通常集中在价格与价值。顾客要求以最低的价格得到最高价值的产品，所以业务员的压力非常大。碰到这种情形时，就要学会运用双赢策略。

让利是多方面的，譬如，业务员说：“如果你购买，我们将给你 8 折。”如果顾客说：“维修费用太高了。”业务员说：“如果我们提供一年免费维修，您可以接受吗？”这个问题隐含互惠的承诺。如果顾客接受一年免费维修，等于答应成交。

博弈不仅仅只存在于游戏、商战这些充满赤裸裸竞争的情境之中，爱情和婚姻，同样是博弈的另一种形式。在爱情里，一个人对安全感的需求会限制另外一个人的自由，或者一个人想要自由而威胁到另一个人的安全感。如此看来，一个人对安全感的需求是有价值的、光荣的，但是并不是不需要付出代价的。你越追求安全感，你的另一半就更少感受到自由。那样又会变成对你的威胁。有时候，你的另一半会觉得他为你所做的牺牲并不值得，因为你的要求太具有压迫性，这样他就会选择离开。担心对方离开而被恐惧牵着走，到最后只会应验了自己最初的担心。因此，两个人对自由和安全感的需求亲密地谈判，这就是爱情。

所以，最高明的博弈并非单纯的竞争，而是在相互制约中寻找依存关系，开启一种互惠双赢的模式。双赢其实就是一种依存与制约关系的综合体，是一种相互的妥协，也是一种良性的竞争，它可以帮助我们实现共同利益的最大化。

人际关系中的影响力：你是如何被外界塑造的

你听说过“鸟笼逻辑”吗？

甲说：“如果我送你一只鸟笼，并且挂在你家中最显眼的地方，我保证你过不了多久就会去买一只鸟回来。”

乙不以为然地说：“养只鸟多麻烦啊，我才不会去做这种傻事。”于是，甲就去买了一只漂亮的鸟笼挂在乙的家中。

没想到的是，只要有人看见那只鸟笼，就会问乙：“你的鸟什么时候死的，为什么死了啊？”不管乙怎么解释，客人还是很奇怪：“如果不养鸟，挂个鸟笼干什么？”

最后，人们开始怀疑乙的脑子是不是出了问题，乙只好去买了一只鸟放进鸟笼里，这样比无休止地向大家解释要简单得多。

在人际关系中，“思维定势”是一种很强大又很顽固的影响力，故事中的乙就是无法忍受被别人用习惯思维的逻辑推理误解，最终屈服于强大的惯性思维。这种思维也影响着我们绝大多数人的行为模式和思考方式。

何为“思维定势”？“思维定势”就是人们在学习和工作中，由于经常反复思考同类或类似的问题，时间长了往往会形成固定化的思维模式，这种思维模式，就是我们通常所说的思维定势，也就是人们的一般思维。

其实，你并不完全是自己的主人，或者说，你之所以成为你，除了内在特质以外，更重要的原因是受到了许多外在因素的影响。这些影响有来自家人、朋友、同事、老师的，也有整个社会环境的。下面，让我们来简单了解一下这些影响因素是如何产生作用的。

父母对自我的影响

几乎所有的有关人格与自我问题的研究学者都认为，在父母与孩子的交往过程中，孩子会通过各种渠道进行学习，而最能影响孩子个性和行为的就是父母。比如，在早期的亲子关系中，孩子是在对父母的模仿中学会了区分自我与他人，并从而学会了对自我的定义和评价。其中最关键的是，儿童对自己的看法往往反映的是父母对儿童的看法。

一些心理学家曾对一些儿童的自尊水平进行过研究，他们发现父母对儿童的接受性是至关重要的。这些研究者发现，如果一个孩子被鼓励坚持自己的立场和观点，提出自己的见解与主张，同时有权参与家庭重要事情的计划与决策，那么这个孩子的自尊水平往往是非常高的。不仅如此，高自尊水平儿童的父母非常重视对孩子独立性的培养，他们会鼓励孩子去发展自己的行为准则，而避免让孩子们依赖他人的判断来评估自己的价值，这样的孩子们有自己的是非标准，不会人云亦云。

更重要的是，当父母自身也有较高的自尊水平，绝不会动不动就责骂、喝斥，或惩罚孩子，那么就会使孩子对什么是合格的、真正的人有感性认识，对他们的人格塑造产生深远乃至永久性的影响。而那些通过溺爱或训斥来表达对孩子关怀的父母，就很难让孩子真正感受到温暖、亲密、平等和友爱的人际关系，对他们今后衡量自己各种行为的标准也会产生负面影响。

他人对自我的影响

我们已经知道每个人对自己的看法、观念是通过我们与他人交往得来的，心理学家研究指出，一个人的自我是受他人影响的，是由社会决定的。这种观点最早是由库利提出来的。他认为“自我”是对他人反应和评价的反映。所谓“镜像我”的概念，是对他的看法的一个很好的说明。

生活中，我们所处的情境往往并非我们自愿进入的。比如，有时我们立志做一名学者，却身不由己地走上了从政的道路。这时，在这种不自愿的情境中他人会对我们提出很多要求，在这些要求之下，我们的自我概念和行为往往会发生很大的改变，这种情况被心理学家称之为“心理强迫情境”。

心理强迫情境对自我发生影响表现得最明显的一个例子就是当一个人被当作犯人抓起来以后，他的自我所发生的变化。一些西方心理学家曾对他们国家的一些犯人进行过调查，其中有一名犯人曾对自己的心理经历作了这样的描述：

我最近才被从监狱中释放出来，我被关押了37个月。在那里，强加给我们的是一个死气沉沉的环境……他们用化学武器喷我们，用铅棍打我们，用脚踢我们，还把我们扔进“空牢房”，让我们直接睡在水泥地上，既无床，也无铺盖，甚至没有洗脸盆和便池，地面就是便池和床。在那里还被迫绝对保持安静。如果你因为不堪忍受痛苦和折磨而呻吟一声，那么就会招来另一顿毒打……现在当我被释放的时侯，我想我再也不会去当小偷了……我只想到“杀人”！杀死那些曾经打过我，把我像狗一样对待的人！为了我的心灵和我未来的自由生活，我希望和祈祷，但愿我能够克服每日咬啮着我心灵的仇恨和痛苦，但是我知道要克服它并非易事……

当然，这是一个很极端的例子，但是大多数研究者还是承认，这种监狱生活会使一个犯人更加堕落。监狱中的看守、监狱制度以及犯人角色，无时无刻不向犯人强调着他们自己的不良身份，这是一种消极的强化，对犯人的自我会产生一种巨大的、摧毁性的影响。

总之，“鸟笼效应”是人际关系中外在影响与经验的缩影，它有其积极的一面，毕竟我们的生活离不开先人的经验。同时，对于它的消极面我们也要提高警惕，由于受思维定势的影响，我们往往会不加分析地依赖经验，形成固定的思维模式。这时，外界的影响就成了我们发展自身的枷锁，甚至成了被有心人操纵、利用的工具。

操纵者的阴谋：你知道自己被别人控制了吗

“你周末没什么安排吧？”

“能有什么安排，还不是那样。”

“那你能开车送我去机场吗？我要去旧金山出差。”

“周末还要出差？那也太辛苦了。行吧，什么时候？”

“谁说不是呢！我的航班是7点半的，乘地铁过去肯定来不及。”

“早上7点半吗？”

“是啊，当然了！”

“那也太早了吧！”

“飞机航班的时间就是这样啊，你刚才不还同意的吗？”

“好吧，我就舍命陪君子啦。”

“太好了，那早上5点……哦不，5点15分来接我吧。”

“什么？怎么又变成5点15分了？”

“难道你不知道乘飞机要提前两个小时到机场么？不然我也不会麻烦你啦，谁让你是我最好的朋友呢。你要是不送我去，我赶不上飞机可就全赖你了！”

“我的老天，我能说不吗？只此一回，下不为例啊。”

这样的对话是不是很眼熟，我们大家或多或少都遇到过这样让我们无奈又无法拒绝的请求。其实，提要求的那个人就是一个熟练的操纵者，他的提问方式也十分典型。首先，提问者对于他提出的问题会得到怎样的答案是很清楚的，所以他采用封闭式的问法，而不是问“你周末有安排吗？”因为如果是开放式的提问，他就无法把握了。

得到了他要的答案以后，他的第二个问题就是一个含糊的请求，对方不假思索地积极回应了他的请求，然后，操纵正式开始。其实，我们会发现，操纵者在提出请求的过程中，是一点一点把缺失的元素补充完整的；而这些本来应该一开始就交代清楚的元素，是在对方因为不知情而同意的前提下，作为额外请求提了出来。因为操纵者深知，如果在最开始就告知出发的时间，对方肯定会拒绝。于是，他让对方一步步走进自己的陷阱。研究证明，当我们答应一个人的请求之后，即使最后给出的信息与之前的完全相反，我们还是很难全身而退。

用模棱两可的提问方式来控制对方只是操纵者的手段之一，如果你发现身边的人有如下举动，就要当心自己是否已经被人盯上，成为操纵者的俎上之肉：

威胁：如果你不肯做某件事情，就用为难、分手等来威胁你，表现得十分专制。

索取：不断地向你索取，却很少给予你什么。

许诺：如果你服从他们，就会许诺你各种事情，但是最后却很少真的做到。

贬低：常常贬低你的人格和能力，说你无情、自私、无趣……

忽视：很少关注你的感受和需求，对你的要求置之不理。

当你被操纵者控制了以后，你会发现自己与他相处时，常常会有不愉快的情感体验，他们会搞乱、模糊所有的事情，然后将他们的思想渗透进你的思维中，你根本搞不清楚："我是怎么被绕进去的？我该怎么停止这些让我无奈、困惑却又无法拒绝的事情？"

更可怕的是，当遇到更高明的心理操控者时，被控制的人还认为一切都是出于自己的意愿做出的决定，也愿意为自己的所作所为承担责任。越是高水平的心理操控，被心理操控的人越是会认为自己的行动是符合自己初衷的。

不过，我们也无需草木皆兵，不要觉得身边对你提要求的人都是操纵者，为了说明正常的请求与操纵的区别，我们来看两个场景：

圣诞节前几天，同寝室的玛丽和罗琳原本商议一起布置房间，当玛丽把事先准备好的彩色绸带拿出来时，罗琳说她得到通知，社团临时让她参加一个很重要的会，所以不能帮她一起布置了。如果她们双方都是真诚的，那么她们会这样进行交流：

玛丽："我本打算今晚就布置好的，可惜你有别的事情要做。"

罗琳："我也很难过，玛丽。布置房间确实很辛苦，应该由我们俩分担。但这个会我必须参加，你看我们是不是可以另外安排时间呢？"

玛丽："是的，现在看来也只能这样了，我也希望我们一起布置房间，装饰圣诞树。"

罗琳："我很理解，其实我也是这样想的，我不希望你一个人孤零零地布置，最重要的是，我也想一起出谋划策。在最后一分钟改变计划真是不好，可我真的得走了。我九点钟回来，到时我们再讨论安排一个合适的时间。"

玛丽："好的，我很高兴你能明白我的感受，你快去开会吧。"

如果玛丽是一个操纵者，那么情况可能是这样的：

玛丽:“你真的要去吗?我是说,我们已经计划好晚上布置房间的。”(语气怯懦)

罗琳:“是的,我一定得去。我们是说过要一起布置,但不去开会不行的,我是社团的骨干,这一点你很清楚。我想,你不会介意的,是吗?”(语气坚定)

玛丽:“噢,是的,罗琳,你只管去吧。算了,我会把活儿都干掉的。”(语气痛苦、犹豫)

罗琳:“好吧,也许我去和社团负责人请个假来帮你……不过,你真的认为我们不能明天再干吗?”(语气十分内疚)

玛丽:“不行,真的不行。我答应明天帮助班主任整理卷子,你知道那很重要。算了,你去吧,我不能把这活儿拖到明天!”(听起来十分无奈又痛苦)

罗琳:“不,玛丽,我留下来帮你吧!”(皱着眉头,但语气坚定)

第一段对话中,玛丽和罗琳双方进行的是诚恳而有效的交流,双方都对自己的感觉负责,并没有操纵的意味在里面,所以她们对彼此的信任和友好保持得十分完整,感受也十分良好。

可是在第二段对话中,我们能够明显看出玛丽的别有用心,她成功地利用罗琳的负疚感使她留下来帮忙。玛丽没有直接对罗琳说想让她留下来帮助她,但她采取的操纵手段使罗琳的内心产生了不满和怨恨。

所以,即使你认为自己不需要控制他人,为了更好地保护自己,也要学会如何识别那些想控制你的人,并做出正确的反应。你也许是一位最安分守己的职员,毫无野心,只想保持现状。但是如果你对博弈法则缺乏清晰的认识,一位野心勃勃的同事可能会抢走让你感觉满足的工作,当你发现他的动机和伎俩时,已经太晚了。

如果有人入侵了你的大脑

侵占都是从不经意间开始的

同宿舍的三个男生在讨论暑假去哪里玩：

A:“伙计们，你们想去哪儿消磨这漫长的夏天啊?”

B:“嗯……我想去新西兰，看看那里的萤火虫洞，肯定很漂亮。”

A:“天，你竟然喜欢那种小女生的调调。”

B:“新西兰又不是只有这一个景点。”

C:“我想去澳洲，你们知道，我喜欢户外运动。”

A:“你去年也去的澳洲吧，连着两次都去，太蠢了吧?”

C:“我才不在乎呢，我就是喜欢玩刺激的。”

A:“澳洲什么时候不能去，你难道不想打破自己的习惯，利用这次机会，体验一些更新鲜的东西吗?”

B:“说起来，夏天不就是要找可以避暑的地方么……”

A:“我知道，全天下的人都想避暑，但是太没有新意了啊，我们就应该打破常规!”

B:“好吧，你有啥好的建议吗?”

A:“我不知道……去南非?”

B:“好吧，为什么不尝试一下呢?”

A:“你们去过南非吗?”

B、C:“没去过，那里都是野生动物吧。”

A:“看，我说对了吧！南非还是有很多景点值得我们探索的，我原本想自己去的，既然你们都想去，那我们一起吧，这样费用分摊下来也可以便宜一些。”

B:“这话没错，那我们就一起去南非吧。”

就这样，一帮朋友决定去南非度暑假了。他们一点没有意识到操纵者已经得到自己想要的了，大家本来应该依据个人的喜好来选择度假地，但A同学为了让大家和自己一起去，以降低自己的度假成本，巧妙地偷换了选择地点的标准：新鲜性。而操纵者又似乎很开明，很为大家着想，但他同时又不动声色地提出自己的观点，并且信誓旦旦，就好像寻求突破是社会准则一样。实际上，其他两人的需求、权利和愿望被忽视了，他们的诉求被暗暗地掉了包，而他们的思维防线也已经出现了裂痕，如果不加以重视，那么操纵者将愈发得寸进尺，危险已迫在眉睫。

当思维领土被掠夺：篡改记忆

弗洛伊德曾经说过，“记忆就如同重播的影片”。但是，有一位女性心理学家洛夫特斯却并不认同这种说法。她认为：每一次回忆都有可能因为外界的影响而有所不同，“记忆像诡异多变的河流，难以掌握行踪”。

在一次关于记忆的实验中，洛夫特斯就充当了一回记忆的篡改者，将虚假的信息植入实验者脑中。通过暗示，使实验者记忆产生了扭曲。

实验很简单，她在参加实验的志愿者面前陈列了一些物品：交通标志、胡须、农舍、刀子等。志愿者看过物品后，洛夫特斯会让他凭记忆描述一下看到的东西。在描述过程中，洛夫特斯会故意误导志愿者的记忆，比如，对志愿者说:“那个标志不是黄色的吗?”

洛夫特斯发现，只要她暗示有这个可能，那么志愿者的记忆就会发生变化：明明看到是红色的标志，他们几乎都会说成是黄色的。

接着，洛夫特斯又让他们观看一个视频。在这个视频里，一名头戴面具的男性被墙砸中，倒在了地上。她问志愿者："你记得那个人留了胡须吗？"大部分志愿者都会说有胡须，但是视频中的男子头戴面具，他们是怎么判断出这个人有没有留胡须呢？

这个实验让人们知道：即使是一点点的暗示，也会影响记忆的真实性，有时候，现实和想象，其实只有一线之隔。通过某种手段，是可以操控他人的记忆的。比如双方说好5点见面，对方6点才到，他可能会说："啊，你不是说6点吗？"你肯定自己说的是5点，但是他显得那么无辜，你就会怀疑自己："或许真的是我记错了吧。"这样的经历多了，操纵者就会把这些小事积攒起来随时拿出来作为证明，让你不再信赖自己的记忆力。

全面侵占：交出人生的主动权

吉拉来自一个小康家庭，做了一辈子家庭妇女，结婚30年来，她第一次去看心理医生。她对医生说："我已经拥有一切了，应该觉得幸福啊，可总有无形的压力让我无法喘气。"然后，她开始讲自己与丈夫之间相处的事情，很明显，就是那些事让她心烦意乱，惶恐不安。

原来，这么多年来，吉拉都生活在丈夫的淫威之下。在孩子面前，在外人眼里，丈夫丝毫不露痕迹，他注意任何一个细小的动作，所以从来没有人怀疑过他们私生活的真实面目。说着说着，她就开始抽泣起来，她说："我敢保证，这些事情我连最好的朋友都没有说起过，因为根本没有人会相信我。她们都觉得，我嫁了个好男人。可我该怎么告诉他们事实的真相？我要怎么跟他们说我的丈夫在家里就是一个真正的独裁者？"

她说，丈夫总是在每件事情上贬低她，他不会对她凶，反而会柔声细语，可是不论她怎么做，他都会给予否定。她购物回来，他会责备她"被骗了"，"下次一定要小心点"，"不应该受导购员的蛊惑"。他甚至还会批评妻子的智商："你怎么这么笨，这都做不好！"无论她如何尽心尽力地操持家务，他永远会觉得整理得不够整齐，食物永远都煮得不够好吃——即使比饭店里美味一千倍。

很明显，吉拉已经将自己变成了囚徒，但她并不是没有机会改变这一切。在她生完第一个孩子时，曾经想出去继续学习，然后做一名办公室文员。可是她的丈夫经常说她什么也不会做。她对自己本来就没有什么信心，而且家里条件还好，丈夫挣的钱足够维持家里的开销。于是，她很快就默认了“学习对她本人来说没什么用处的”这个“事实”。就这样，她与改变自己命运的机会擦肩而过。这样的事情还有很多，久而久之，吉拉终于觉得自己是“没用的”、“愚蠢的”、“毫无价值的”，逐渐陷入了对自己的否定中。

很多时候，操纵者对我们思维的侵占不是一蹴而就的，而大多是从很小的事情开始，不动声色地压抑我们的理性，禁锢我们的感觉。他们可以熟练地掩饰施加给我们的压力，而当我们对感受到的正在发生的事情产生疑问的时候，也正是我们体验这种压力的时候。

心理操控正是通过影响他人的思想和感情，使他人按自己的想法行动。此时，控制方和被控制方之间绝对是不平等的关系，这也是大脑被他人入侵的一个重要特征。当我们的思维防线被全线攻破后，就会连对方的欺骗和操纵都根本意识不到了，这也是一种最高级别的操纵。

塑造内心强大的自己，与控制者进行对决

反控制，是心与心的对决

你是否经常感到自己总是屈服于他人的强大意志，你总是没有办法说出自己的真实感受，即使话已经到了嘴边，却又咽了回去。你告诉自己："好吧，我就是一个感情用事的人，我斗不过那些凭借高智商生存的人。"你能感受到自己内心的愤愤不平，即使你满足了他人的各种要求，你就是不知道该怎么办！

是的，我们面对的是老练的操纵者，他们总是使我们处于下风。当他们有所求时，会用亲密的语言或行动来靠近我们，包围我们，甚至采取威胁的手段；即使我们狠下心拒绝了，他们也会用善良、坚韧的假象，让我们背负内疚和罪恶感。

控制我们头脑的人往往还是我们身边亲近的人，他们很容易就能够看透我们内心的需求与渴望；我们的脆弱和无助在他们眼里，正是可以利用的绝佳弱点。他们掌握了我们内心的脆弱之处，将其当做操纵我们的"热键"。如果你对自己的身材很敏感，操纵者就会按下"体重"的热键，并称你为"肥胖的人"；如果你对自己不幸的婚姻很在意，操纵者又会毫不犹豫地按下关于情感的热键，让你感到孤独和无助。

一次失误造成的意外逆袭

现在，让我们看一个职员因为一个小小的意外，带给他的心灵感触：

Peter是一家造纸厂的职工，他同时也是与厂方周旋的工会代表。有一次，他为员工要求涨薪的事情，向厂方提出了一份书面要求。一周后，厂方约他去谈判新的劳资合同。

令他惊奇的是，厂方一开始就向他详细介绍了销售和成本情况，经理还花了很长时间来谈下一年度的财务前景。这样反常的开头，让Peter着实摸不着头脑。他知道肯定是哪里出了问题，但他并没有将这种诧异流露出来。为了考虑对策，他拿起桌上摆着的会议材料看了起来。一看之下，他才恍然大悟。原来是经理的秘书在打字时出了差错：把他要求将工资增加12%打成了21%，而Peter的期望值本是打算以增资7%来了结的，这就难怪厂方要小题大做了。

他心里有了底，依旧不动声色地听着经理关于工厂处境艰难的痛心发言。最后，经理建议增加工资12%。Peter并没有就此满足，一番谈判后，最终以增资15%达成协议，足足比自己的期望值多了8个百分点。

这是一次奇妙的谈判体验，Peter原来以为必然会十分艰难的请求，竟然因为这个小小的失误发生了戏剧性的变化。而当Peter底气十足地进入谈判后，他为自己争取权益的几率也就增加了。

操纵者没你想象的那么可怕

从Peter的案例中，我们就可以看出，其实很多控制都是来自于我们软弱的内心。我们总是会被操纵者的外表所迷惑，认为他们很自信、很强大，其实他们同样处于高度的焦虑状态中，只是他们会通过对别人的操纵，使自己显得很强大。

你可能会问："我也想摆脱别人的操纵，但是我不知道从何做起。"其实，锻炼强大的内心并不是那么困难的，我们也不需要对任何人都严密戒备。你可以先从掌握心理效应的法则入手，学会运用心理战术使自己免受操纵者们对我们心灵的压迫和侵害。

还是以Peter和厂方谈判的事例来说，他无意中使用的方法就是心理学中所说的“冷热水效应”。心理学家认为，当一个人不能直接端给他人一盆“热水”时，不妨端给他人一盆“冷水”，再端给他人一盆“温水”，这样的话，这人的这盆“温水”就会以迂回的方式和强烈的对比而获得“热水”的效果。

从心理学的角度来讲，运用冷热水效应去获得对方的认可，是赢得人脉的基础。在人际交往中，难免会有双方意见不统一的时候，也难免有批评别人和被人批评的时候。遇到这些情况，假若处理不当，就会被人牵着鼻子走。但如果我们能够巧妙运用冷热水效应，效果就完全不一样了。在后面的章节中，我们还将介绍几种心理学效应法则，通过探究隐藏着人际交往中的心理学规律，使我们的内心不再彷徨和胆怯。

第二章

谁在控制你的大脑

“输入信仰，并让他们成为教徒”“利用暗示，让他听你的指挥”“攻击你的弱点，让你依赖于他”……这就是“洗脑者”让你服从的秘密，而你绝大多数情况下无法察觉到！在我们的生活中，这种洗脑式入侵无处不在。他们的手段有多种，但都是以扭曲我们的思维和行为为目的的。只有懂得鉴别洗脑者和洗脑方法，才能有效地警惕他人控制我们的大脑。

人的大脑可以被他人塑造吗?

改变你的自我性别认知，可能会塑造一个扭曲的你

安妮今年六岁了，在外人眼里，她是那么的活泼可爱。她的房间里，堆满了各种小玩偶。这不，她一手牵着妈妈，一手又抱着塞满了玩具的纸袋子，和妈妈有说有笑地往自己家走去。一切都是那么的稀松平常，除了一个事实：安妮的性别其实是男性。

安妮的母亲怀孕时年龄已经很大了，当时的她满心欢喜，因为B超显示出来是个女儿，她也希望自己能够拥有一个粉嫩的女儿。因此，无论是房间的布置，还是衣物的准备，全都是粉色调的。谁知，当她生下孩子后，却被告知是一个儿子，这对她而言不啻是一盆冰凉的水，之前的一切期待全都成了泡影。回到家后，她看着自己精心布置的婴儿房，欲哭无泪。她想："就让我过几天生女儿的瘾吧。"于是，从孩子会说话起，他所有的举动就和女孩子一样——喜欢可爱的裙子、布娃娃，还有女孩子的名字。

安妮到了上学的年龄，妈妈照旧给他梳了一个可爱的波波头，搭配一条绣着粉红花朵的黑裙子和紧身连裤袜，头戴一顶粉色小帽子。可是第一天，安妮就碰到了难题：他上厕所时被女同学发现了他的秘密，他被当做"变态"给赶了出来。安妮第一次感到了沮丧和痛苦。

老师找了安妮的母亲谈话，她决定让安妮从此恢复男孩子的身份，可是却招到了安妮的拒绝："如果我不得不作为一个男孩子而活着，我绝对会疯掉的。妈妈，我还是选择做女孩子吧，我可以不喝水，回家再上厕所。"

后来有一次，安妮帮助打扫卫生的阿姨做好了清洁工作，阿姨随口夸了他一句："真是个好小伙子。"结果安妮的反应非常强烈，他蹲下来并开始大声尖叫，几名老师齐上阵方才让他的情绪慢慢平复下来。

安妮的妈妈开始感到事态严重了，她原本以为孩子的认知只是一个阶段，过去就好了。看来，现在安妮已经对自己男孩子的身份一点都不认同了，她不知道该如何是好。

心理学家们提出，人的自我伸缩性是极大的，而这在很大程度上取决于外界的影响，甚至是压迫。生活情境中他人的操控往往会使人去主动表现自我的某些方面，而忽略甚至压抑另一些方面。久而久之，表现出来的那些方面就成为自我的外显成分固定下来，使人的认知发生了改变，并从而塑造出一个人的"自我"。

安妮的妈妈之所以能够改变孩子对自我性别的认知，塑造出了一个在别人眼里的"怪胎"，是因为她在孩子尚处于发育初期的时候，就有意识地抑制了孩子身为男孩的自觉，从姓名、衣着、生活环境等手段全方位地灌输给安妮"他是个女孩"的信息，最终造成了安妮长大后对自己身份认同的混乱和痛苦。

你可能会说，安妮被母亲重新塑造的时候，他还是个不懂事的孩子，不具备自我分辨和反抗的能力。那么，作为成年人，就不可能被人重新塑造"大脑"了吗？

人的大脑是如何被塑造的

心理学家对自杀式恐怖袭击者背景和心理状态的调查研究发现，他们中的很多人都是一流大学毕业的精英，从事着医生、律师、企业老板等体面的职业，更没有什么让他们仇恨世界的屈辱经历；他们不存在精神方面的疾病，也没有异常的心理反应；他们也并非出身于信仰坚定的家庭，更不是希望以身殉教的狂热教徒。

那么，这些作为有着完全自主意识、高智商、高情商的成年人，又是如何被别人潜入大脑，重新编写程序，并最后做出了自杀式恐怖袭击这样的可怕举动呢？换句话说，他们究竟是被人操纵的还是突然有一天神经错乱导致行为异常呢？

专家通过研究发现，这类人在成为恐怖袭击者之前，都有着相似的心理和“洗脑”经历，绝大部分人都曾被密切观察过，特别是那些有着强烈证明自我存在价值愿望、即使生活无忧但仍然觉得压力不堪重负的人。其实，在所有人的内心深处，都会觉得自己是世界上某个特殊的存在，都想对社会和人类贡献出自己的价值，留下自己生存的意义。操纵者尤其会关注那些单纯的理想主义者，因为他们即使表面看上去平静似水，可是这种强烈愿望却被他们隐藏在心底。

操纵者一旦发现目标，会有意识地靠近他们，或者建立某些组织，吸引他们加入。这些组织会营造出一种与外部世界完全隔绝的环境，切断与外界信息的交流，使组织成为一个小集团。在这个集团中，普通、理性的人会被不断灌输一种思想，且仅有这一种思想的刺激。这种思想有组织内部自己的逻辑，可以自圆其说，渐渐地，当事人会觉得这些思想就是自己头脑中生发出来的，并开始对小集团和同伴产生依赖感，他会觉得任何不一样的想法都是对他所依赖者的背叛，也是对他自我意识的背叛。

就这样，集团的操纵者用这种方法紧紧束缚住当事人，使他相信，自己只剩下了唯一的选择——自我牺牲，只有奉献出自己的生命，才能获得重生，成为英雄。当被操纵者的头脑中形成了“如果我选择了退缩，就意味着背叛”，并对自己加以强迫时，这个成年人的“大脑重塑”就彻底完成了。

“迫不得已”的选择：你真的是自愿的吗？

一天早上，安娜正急匆匆地走进公司大门，在电梯口与迎面走来的辛蒂打了个招呼，辛蒂好心地帮她按了电梯按钮，还笑着说：“慢着点儿，早上又没什么重要的事情。”安娜谢过了她，捋了捋头发道：“我还有一份报表要完成呢，头儿急着要的。”辛蒂突然向着后面挥了挥手：“早啊，头儿！”安娜回头一看，原来是头儿也到了，辛蒂说：“我早上要去见个客户，那么再见了。”说完，她就转身走了。

踏进办公室的门，安娜一眼就看到自己的电脑上贴着一张便笺纸，上面写道：“安娜，早上副经理来过了，安排了些事情，我有事出去了，只能让你来做了。加油哦！辛蒂”安娜见了，气不打一处来，谁不知道副经理和头儿两人是对头，辛蒂刚才在楼下为什么还说没什么事情，如果她说了，自己就可以让头儿帮自己回绝掉，现在却让自己来接这个烫手山芋。

“这个狡猾的女人！”安娜一股无名之火涌上心头，却也无可奈何，只能狠狠地把便笺纸揉成一团，扔进了废纸篓里。

生活中，我们经常会碰到这样的事情，有些人会利用便利贴来请求你完成某件事情，即使这些写便利贴的人前一刻还与你待在一起，他本可以与你面对面交流。你知道他为什么要这么做吗？因为他不打算给你回应的机会，这种传递信息的方式就是为了让你产生一种无力感，从而达到自己的目的。

特雷西是一家建材公司的业务员，最近公司正在跟进一个大项目，整个团队已经在工地连轴转了半个月，特雷西更是连着一周没有回家了。这天，她接到一个电话，原来是父亲不慎从楼梯上跌了一跤，她心急如焚，跑去告诉老板，询问是否可以请假回家看看。

特雷西把家里的情况和老板说了，刚想开口提请假的事情，老板就严肃地对她说："我知道你很想回家和家人待在一起，当然你父亲这个时候应该十分需要你，但是现在我们这里实在是缺人手。另外，如果他们知道我们正在考虑提拔你，我想他们会理解你的。再说，现在医疗这么发达，即使你不过去，应该也没有什么关系。其实，你去了也帮不上什么忙。我们这个行业，需要团队中的每个成员真正地投入到工作中去，你在我眼里一直是这样的人。哦，不过没关系，如果你真的不放心，还是回家吧，多陪陪你父亲。不过我现在才知道，你原来是如此顾家的女人，关于提拔你的事情，看来我要好好考虑一下了。"

特雷西最后的选择是什么呢？她重新权衡了利弊，然后打电话给家里：她的工作使她不得不留下来，但她会给家人汇去一笔钱，让医生好好治疗她的父亲。她的内心充满了内疚感，但是老板关于重新考虑提拔她的话，使她最终放弃了回家的念头，自愿留下来继续为老板的项目卖命。

在这段职场间上下级关系的对话里，特雷西以与亲人团聚为代价，通过对老板的"自愿"让步，为自己制造了一个短暂的安全假象。从表面上来看，老板并没有明确说不让特雷西回去，似乎把主动权都交给了特雷西，但他却让特雷西感觉到：回家是一种对工作的消极态度，会与特雷西的晋升发生冲突和对立。

其实，在现实生活中，我们很多人都曾经遇到过这样的事情，许多看似自己是自愿参与去做的事情，回过头看看，都会对自己当时的行为感到好笑，甚至难以相信。为什么会发生这样的事情？这背后的神秘力量是什么呢？

这股无形的力量正是通过对语言、文字、举止、行为，甚至感官的设置，创造出具体或理念的情境，使得你接下来的行为倾向于能够显现出积极的意义。以特雷西为例，“她回家去”=“放弃晋升”；“留下来”=“工作积极”，并且进一步与“被提拔”产生关联。因此，特雷西内心的需求被老板描述出来的“积极意义”压抑住了，老板就这样轻轻松松地控制了特雷西的行为。

事实上，环绕在我们身边的各种成功的销售、广告、宣传策略，都十分懂得如何为受众创建一个积极的情境，让你在不自觉中认同他们的观点，并且自觉自愿地参与到其中。然而，无论操控者向你描绘出如何积极的情境，有一个事实是你无法回避的，那就是我们仍然是被动地接受别人的价值观念，虽生活在奴役之中却不知道被奴役，甚至有时会因为被奴役而快活。

你可能觉得上面的这些话有些危言耸听，哪里会有人被奴役而不自知的？其实，每个人都会轻易地服从权威，做出一些违背自身意愿的事情。这种心态，在现实生活中被叫做“不得已”。一个又一个的不得已，其实映射出了我们内心的“服从心理”。在我们的生活中，充满了道德意识和服从权威（坏的权威）之间的挣扎，这也是对人性的最大考验。

当你做出了一个不符合初衷的决定，或者产生了某种令自己费解的想法时，不妨亲自去感受一下那股“无形的力量”，并问问自己：

“我真的是自愿的吗？”

哪些人最容易闯入你的大脑——识别洗脑者

传销——点燃你内心的渴望

人们总是会对那些充满激情和亲和力的人产生好感，尤其是那些声称能够帮助你实现梦想（例如一夜暴富）的人。即使他们的说法很荒谬，但如果非常符合人们的希望，这个人就有强烈的愿望相信它。如果同时，在这些人的身边还有一群同伙相互附和，那么你对他们的信任度就会大大提高。

很快，你就会对自己能够通过这些人的帮助，摆脱底层人的困境这样一个美好的未来深信无比，你要做的，仅仅只需要你给这个“传销”团队发展两个下线。你遇到的这个传销人士，他会把自己的“公司”包装成欧洲某家大品牌的，给你很多印刷精美的资料；他们还会告诉你，政府的支持也是他们的重要依托，当然，少不了一些做得有模有样的证据。

目前的传销多数不是在卖产品，而是在卖自己的人际信任度。他们专门盯住那些充满渴望的人——渴望金钱，渴望被人爱。作为个人来说，这些传销组织是一个凝聚力极强的群体，一旦深陷其中，面对目标一致、规范一致、情绪也一致的群体，会很容易被这个狂热的团体所深度影响，并转而用无限的热情、无比的信心冲向一个错误的方向。

如果我们把传销现场的背景音乐抽掉，同时屏蔽掉主讲人激情表演的外表，单纯看内容的话，你会发现：他们所讲的东西是如此空洞，充斥着夸张和捏造的数据和案例；如果把这些也剥离掉，最后只剩下众所周知的大道理。但传销人员就是运用这些东西，长驱直入我们的大脑，利用心理学的某些伎俩，而不是真正撼动心灵的力量，改变着我们的人生观和价值观。

配偶——亲密无间的操控者

在男女感情世界里，其实也充斥着操控与反操控，因为亲密，所以有时候被操控者根本不会意识到，但却会深刻影响着他/她的生活。

我们知道，没有一个生命理当为另一个生命负责，因为我们对他人的期望是无止境的，永远不会真正地满足。可是在现实中，有许多人会因为自己没有安全感，害怕失去依靠而患得患失，然后就有了强烈的控制欲。

我们很容易会对自己的配偶投射自己的期待，不被满足后，接下来投射的就是彼此的挫败。爱就成为了一个彼此依赖、控制、要求的理由。

有人说，婚姻是女人的第二次生命，其实这句话对男人同样适用。无论是男人还是女人，如果想要一段和谐的婚姻，不必害怕冲突和矛盾，关键是不要让一个人做了另一个人的主宰。在一段关系中，如果出现了救世主，那么这个扮演救世主的一方会有意无意地抬高自己的位置；相对地，这样会极大地伤害另一方的自尊，让其成为附属品，失去了自己内在的力量。如果婚姻走到这一步，彼此之间不再是爱，而是交易，一方出卖尊严，一方变成了魔鬼。这样的一段关系，对任何一方来说，都是灾难。

父母——在你心里烙下深刻痕迹的人

父母与孩子，大多数情况下是在同一个家庭中生活，孩子随时都在观察父母的一言一行、一举一动。如果孩子经常看到脾气暴躁的父母动不动就大发雷霆，举止粗鲁，那么他们在头脑中就会形成“这样做是很正常”的观念，不会觉得有什么不好；相反，如果经常看到父母不论是对谁都和蔼可亲，那他们就会感到这样做是理所当然的，而且自己也会自然而然地那样做。孩子们在成长过程中，时时都在以父母为榜样而模仿。

父母对我们是如此熟悉、重要，以至于我们很难把最亲近的人与情感操控联系起来。但实际上，作为我们的父母，他们也会用各种形式威胁、勒索、惩罚我们，因为他们太了解我们的弱点了，我们的妥协和让步就是他们要的回报。

不要对此感到奇怪，因为这并不代表他们不爱我们，只是在生活中的有些阶段里，双方对彼此的依赖和需要成为了冲突的源泉。孩子既要求离家独立，又需要一种安全感；父母也希望孩子能够独当一面，可在他们眼里，我们又总是那么稚嫩，需要他们的指导。

正如罗伯特·佛洛斯特写的那样：

“家庭是这样一处地方，当你不得不走进去时，他们不得不表示欢迎……”

可是对于子女来说，来自父母方的否定会对他们的心理产生重大的影响，有时候父母亲的无心之语，也会在孩子心中烙下深深的痕迹。

“爸爸在所有时候都流露出对我失去信心！”一位十六岁的男孩说道，“他始终在贬低我，他把我跟更有才华的人比，把我和学校中的尖子生比。每当我犯了错误，即使是微不足道的小过失，譬如那次我坐错了一班去乡村的火车，害得他在车站多等了二十分钟，他便朝我咆哮。我是个怎么样的人全取决于他怎样看待我，而不是我要怎么样。”

中立者——让你成为消费机器人

在购物时，有没有一个“托儿”在身边，往往会造成截然不同的效果。当有人站在中立的立场上，向你提出善意的建议，形成与之商谈的角色，会极大地影响你的心理。商家事先安排好“托儿”，煽动顾客的购买欲，同时消除顾客犹豫不决的心理。这种方法利用了顾客只自己购买会不安，但是有人一起买就放心；而如果别人购买了自己不买，便会产生觉得自己落后的心理。

其实，以“托儿”为代表的中立者，很容易就能得到我们的信任。比如在心理咨询中，咨询师为了使自己的建议达到效果，也非常重视保持自身立场的中立性。过于热情就容易让人感觉你的立场偏向了一方，本想说服对方，最后却可能导致对方的抗拒，起到相反的作用。站在中立的立场上，才能站在善意的位置上，让对方认为他和自己没有利害冲突，不会左右自己的意志。

再比如，团队做出决策的时候，为了便于大家接受并坚定实施，决策制定团队中不但要有人从正面说服对方，还要有人从中立的立场上接近对方，消除对方的不满和疑惑，由此促使团队决策顺利执行。

上司——你不敢违拗的独裁者

你是否有过这样的经历，当你结束了疲惫的一天，拖着沉重的身体回到家里，把自己扔进沙发后，尽量放空自己的大脑，可是你总还是会不自觉地回放今天在公司里的事情。如果今天上司表扬了你，你会觉得心中充满了喜悦之情；如果上司因为你的某些失误批评了你，你就会耿耿于怀很久。上司的一举一动，经常会直接影响你的情绪，同时，不管你愿不愿意，你都在努力让自己成为上司所赏识的人。

如果你的上司是一个暴躁型的人，他常常为了一些小事而大发脾气，甚至公开斥责下属，那么在他手下做事情的人，情绪都不会好到哪里去，有时甚至会为了避免继续过担惊受怕的日子，而不得不辞职。如果你的上司是个优柔寡断的人，你就能真正体会到什么叫做“左右做人难”，因为你会因为他的朝令夕改而不知所措，时间久了，你甚至会厌恶这份工作。

当然，很多上司的通病是独裁，总是以自己的意见为主，属下只要听命就行了。因为上司们心里都清楚，你们的地位是不平等的，你要么忍气吞声，要么辞职走人。在这种情况下，新进的员工总是会经历一个被挫锐气的过程：听命——质疑——挣扎——听命。尤其是刚刚踏上工作岗位的学生群体，上司在他们这个人生阶段中扮演了重要的角色，他们的很多观念都会被刷新、改变。不过，真正的强者总是能经受住磨砺，最终脱颖而出。他们不会受到上司负面能量的影响，而是不断充实自己、坚定立场，将自己的层次提高到一个更高的水平。这场博弈对他们来说则成为了一个重生的过程。

权威——“我们一直都是这样做的！”

这里的权威可以指任何人，但这些人都有一个特点：用“权威”作为有力武器，给你造成心理压力。

这类人总是将“我们一直都是这样做的”作为威慑语来控制你的情绪，企图吓唬你，让你屈服于传统的权威。这句话的潜台词是：“你是谁？竟敢和权威对着干?!”这时你会感到：“是啊，我是没勇气这样做！”或者走向另一个极端：“既然这样，这次我偏就豁出去了！”如果你的反应是其中一种，那么说明你的大脑已经被他们霸道地“侵略”了。

问题的关键还在于这句话中的“我们”，说话人总是竭力让你感到你已经远离群体，从而给你施加压力。为避免被疏远，你可能会放弃你的观点，随波逐流。你并未察觉到，此时，你心目中的“权威”此时已经被这个“我们”所替代。

你以为有一群人不同意你的看法，但事实上你听见的声音只有一个。有些人常常使用很宽泛的语言，比如“我们”认为，或者“我们”希望，等等。他们希望用这种说法，迫使你盲目地追随他们。群众的威力是如此之大，所以它可以立刻影响我们的思考。如果产生了反对和质疑的想法，我们接下来的反应往往是愚蠢地反省自己而不是聪明地质问众人。

暗示的真相：有人潜伏在你的潜意识里

谁是那个潜伏在暗处的杀手？

大侦探波罗先生被一家保险公司请去调查一桩自杀案件，因为一位名叫马特雷弗的先生在几周前刚刚投保了高达五万英镑的巨额保险。虽然他的健康状况还很良好，但却有谣言说他已濒临破产，所以他的朋友都认为，他早就有了自杀的打算，买保险就是为了他的妻子。波罗的任务就是去调查清楚，这桩自杀事件是否正常。

波罗先去了马特雷弗的私人医生伯纳德大夫处了解情况，从他口中得知，马特雷弗的家产一度十分惊人，不仅有一个大庄园，还有两部汽车。他说："他的妻子就是很幸运的了，现在有了这一大笔人寿保险金。那可是一个非常漂亮、非常迷人的年轻女人，不过，她被这次可怕的灾难吓得神经错乱了。"同时，他还告诉波罗，死者嘴唇上有血，但他主要死于内脏出血。他被发现时，身旁有一支小小的猎枪。

很快，波罗就见到了这个悲伤却美貌动人的年轻寡妇，也看到了那把猎枪，里面少了两颗子弹。波罗问起保险的事情，妇人回答说："我想这是因为他感觉自己不会活得太久了吧，他对他自己的死亡有着强烈的预感。"说着，妇人的眼中又满含了泪水。

看不出任何问题，波罗这样和自己说。但他的直觉告诉他，这个死去的人不会自己要了自己的命，问题是，那个要了他命的人是谁呢？

离开庄园的路上，波罗见到了一个年轻人，园丁告诉他，这个人是布莱克船长，在马特雷弗自杀前一天曾借宿在庄园里。更重要的是，这个布莱克船长还曾与马特雷弗夫妇共进晚餐，相谈甚欢。波罗的直觉告诉他，这个人在这起自杀案中一定有着非常重要的作用。

波罗轻声对布莱克说："先生，我想做一个小小的实验。刚才，您已经告诉我您的意识本身知道的所有问题，现在，我想询问一下您的潜意识所感觉到的情况。"

布莱克一下子紧张起来："是对我进行精神分析吗?"

"哦，不是的，其实很简单，就像这样，我说一个词，您用另外一个词来回答，说出您最先想到的任何词都可以。"波罗态度诚恳地说，"我们可以开始了吗?"

"好吧。"布莱克显得很不自在。

"我们要开始了：白天。"

"黑夜。"

"名字。"

"地点。"

渐渐地，布莱克开始放松了。

"伯纳德。"

"肖。"

"星期四。"

"晚餐。"

"旅行。"

"船。"

"国家。"

"乌干达。"

"故事。"

"狮子。"

"打乌鸦的猎枪。"

"农场。"

"开枪。"

"自杀。"

"钱。"

"律师。"

问答结束了，波罗意味深长地笑了，他知道他离真相已经不远了。

故事讲到这里，你们看出这番对话中隐藏的奥秘了吗？波罗从布莱克的潜意识中看出了什么呢？相信你们已经捕捉到了关键词：猎枪、农场、开枪、自杀。

是的，马特雷弗先生的死与布莱克有着密切关系，但布莱克不是凶手，他只是对马特雷弗夫妇讲了一个故事：有个家伙在一个农场上开枪自杀了，用的就是一支打乌鸦的猎枪，把枪口对准他的嘴的上颚，子弹打进了脑子。正是这样一个故事，使得年轻的妻子受到启发，制造出了丈夫是为了给她一个稳定的前程才开枪自杀的假象。

被调动的本能：潜伏者在狞笑

这是一个精明能干、诡计多端的女人，她早就对这位年迈的伴侣感到厌倦，尤其是在丈夫的经济状况出现危机后，她便开始处心积虑地为自己的将来盘算。一年前，她就开始有意无意地提醒丈夫自己和他之间悬殊的年龄差，并且流露出对孩子的渴望。每当此时，马特雷弗先生对柔弱的妻子总是充满了愧疚感，但她始终是那么体贴，善解人意。后来，马特雷弗先生的产业经营越来越糟，他的妻子每日以泪洗面。在一份妻子"无意"中放在桌上的保险广告的影响下，他终于决定为妻子购买大额的人寿保险。只是，他的妻子希望能够尽快开始新的生活。

偶然到来的布莱克讲的那个奇特的故事，让马特雷弗夫人得到了灵感。第二天，当夫妇俩在田野里散步时，她笑着对丈夫说："昨天晚上的那个故事多么奇怪啊!"她故意一脸天真地说，"怎么可能有人能那样把自己打死呢？你做给我看看，是不是有可能。"结果，可怜的马特雷弗先生看着妻子好奇的脸庞，就真的把猎枪伸进了自己的嘴里。然后，她笑着把手指放在扳机上说："现在，先生，假如我要扣动扳机呢?"

加利福尼亚大学精神病理学教授杰根·路易士博士曾说："人类除了语言，还能使用七十万种以上的信号来交流意识。"这些语言外的"信号"，实际上就是暗示，而暗示通常是由掌控他人的潜意识来完成的。

暗示可以影响人们原有的行为方式或心理状态，相信实际并不存在的东西。任何人都无法抗拒暗示的力量，至少在某种情形下面，一个人对于自己的行动，在短暂时间内会失去意识上的控制力量。因此，任何人均会采取本能的和自动的反应。一般来说，接受暗示者会认为自己的想法和行为并非被动的，而是出自本意，这就是暗示最可怕的地方。

让我们回到马特雷弗自杀案中来，这个故事已经体现了暗示的多种方式，而这些暗示都是通过操纵潜意识来完成的。如波罗对布莱克先生的询问的手段已经接近于催眠，波罗用舒缓的声音和简单的问题诱导布莱克放松，从而开启布莱克先生的潜意识，并因此得到了重要的信息，而这些信息在正常的交谈中很难获得。

可以说，马特雷弗夫人也深谙暗示之道，她知道丈夫对他们之间年龄的差异一直耿耿于怀，但丈夫的自我防御机制将这种愧疚和担忧深深地埋在了心底。对于二人的未来，他的心理意象也是模糊不清的，马特雷弗夫人就利用暗示来逐渐使丈夫的愧疚感和忧虑感变得明朗化。

重复，这是暗示的主要法则。重复说同样的话语能导致人们相信，一旦相信变成了确信，信念就开始产生了。如果不仅说出声，而且形成一个视觉形象，效果则更佳。潜意识偏于执行有一定时间长度、反复出现、有视觉形象的暗示。于是，在马特雷弗先生的事业陷入低谷时，妻子以泪洗面的形象就深深地嵌入了他的潜意识中，虽然妻子没有强迫丈夫做什么，但丈夫还是受到了强烈的暗示："如果不为妻子做点什么，妻子的未来将没有保障。"值得一提的是，无论是语言、形象，还是保险广告，马特雷弗夫人都安排得十分自然，而随意性的暗示比支配性的命令更能让人执行，因为人们大多不喜欢别人来命令自己干什么事。

小心！那些别有用心的暗示！

暗示有着近乎神话一般的力量，一旦人们的潜意识被别有用心的人操纵，我们就会被他人牵着鼻子走而不自知。那么，我们该如何识别和防范呢？

1. 从暗示本身的规律入手

暗示的内在核心是潜意识，而潜意识的形成不是立竿见影的，而是有一个潜移默化的过程，同时还带有重复性。因此，当有人经常有意或者无意地提到同一个问题时，你就要警觉了。

2. 学会问对方"为什么"

暗示作为一种心理战术，并不是意志越坚定的人越容易摆脱，相反，在各种暗示术中，这类人更容易被引入深度催眠，因为他们不容易受到外界的干扰。所以，当你已经暗中识破这种具有持续性和说服力的诡计时，可以采取反问策略，多问问"为什么"，这样不仅可以避免正面承担责任，也可以有意识地反客为主，让提问者说出他真实的意图。

3. 自信，让"洗脑者"无所遁形

马特雷弗先生的可悲就在于他内心深处的自卑，而这一点刚好被他的妻子所操纵了。经过持续的、充满说服力的"洗脑"后，他就彻底认为自己总有一天会完蛋，所以必须为妻子买保险。其实，只要他自信一些，客观看待这件事情，就会发现妻子在他经济情况走下坡路后表现出来的一切行为是非常可疑的。

刺激和诱导：利用条件刺激，改变你的行为模式

当有人启动了动机按钮

“先生，请你记住，你现在不是在购买产品，而是在对自己进行投资。”这是老练的销售员口中最常用，也是最经典的一句话。你难道以为在购物时，我们是大脑的唯一决策者吗？我们每天都会受到约3000种信息的干扰，其中不乏是些陷阱，我们常常会经不住他人别有用心的诱导和刺激，从而陷入圈套。

一位老奶奶独自一人生活在一个小镇上，暑假到了，附近来了一群十分顽皮的小孩。他们天天互相追逐打闹，喧哗的吵闹声使老人无法好好休息。在屡次交涉无果的情况下，老人想出了一个办法。她把孩子们都叫到一起，告诉他们谁叫的声音越大，谁得到的报酬就越多，她每次都根据孩子们吵闹的情况给予不同的奖励。等到孩子们已经习惯于获取奖励的时候，老人开始逐渐减少所给的奖励，最后无论孩子们怎么吵，老人却一分钱也不给了。结果，孩子们认为受到的待遇越来越不公正，认为“不给钱了谁还给你叫”，从此，他们再也不到老人所住的房子附近大声吵闹。孩子们为此还很得意：“哼，我们才不过来免费叫给你听呢！”老人呢？则笑眯眯地继续享受着鸟语花香的美好生活。

孩子们行为的改变正是源于老人用诱导加刺激的方式完成的，给孩子奖励是他们大声叫嚷的外在理由，一旦外在理由不复存在，这种行为也就趋于终止，最有趣的是，被刺激和诱导者还以为是他们自己想这样做的。

这种手法也经常被公司老板所使用，如果他们希望自己的职员努力工作，也会采用物质奖励的手法。但是更高明的掌控者不会一下子给予职员太多的物质刺激，而是使用某种充满诱惑性的危险词，这种词汇具有很强的控制力。比如，“项目负责人”、“授权”这类词汇，它们会给予员工心理上的优越感和某种特定信息，以使其更好地工作。这种逻辑听起来似乎很完美，但有时候“负责人”、“授权”在事实上却只代表了更多的责任，并没有与之相应的报酬；或者这种物质刺激的强度不会很大，但持续时间比较长。虽然有些员工最终会发现自己被上司徒有虚名的文字游戏玩弄了，实际却承担了更重的责任，但为了前方各种明晃晃的诱惑，也会咬紧牙关，继续为公司卖命。

谁在左右你的选择？

诱惑加刺激的手段为何会如此有效呢？除了很少有人能够拒绝物质刺激以外，在潜意识中，每个人都力图使自己的行为看起来合理，因而总是为行为寻找原因，而一旦找到足够的原因，人们就很少再继续深究下去。而且，在寻找原因时，人们总是趋向于先找那些显而易见的外在原因。操纵者就是掌控了这些外在原因，并使其成为诱饵，刺激我们改变行为方式。

麻省理工学院的斯隆管理学院曾经让100个学生对订阅《经济学人》杂志的订阅方式进行选择。第一种：花费59美元在网上订阅；第二种：买125美元的印刷版；第三种：印刷版加电子版套餐同样价格125美元。结果是：单订电子版59美元的有16人；单订印刷版125美元的有0人；印刷版加电子版套餐125美元的有84人。

在这个实验中，学生可能一下子无法判断59美元的单订电子版是否优于125美元的单订印刷版，但他们肯定知道125美元的印刷加电子版套餐要优于125美元的单订印刷版。事实上，他们可以准确无误地从合订套餐中推算出：电子版是免费的！

学院里那些精明透顶的家伙们，他们全都看得出印刷版加电子版套餐相对于单订印刷版的优势。然而，真正掌控全局的却是幕后的杂志方，他们真正的目的是为了让学生选择125美元的印刷版，至于第一种阅读选择是他们故意设置的“竞争者”，而第三种选择是他们设置的“诱饵”。如果只设置“目标”和“竞争者”，学生们大部分都会选择59元的网上订阅。所以他们要让学生感受到充分的“价格优惠”（刺激），故而用“印刷版加电子版”套餐来与单纯的印刷版做比较。学生们会以为节省了59元的网上订阅，但却改变了他们原本可以只选择电子版（网上订阅）的行为方式。

当我们面对选择时，常常会遇到这种要综合考虑价格、性能、可靠性的情况，尤其是各个选项在各项因素中各有优劣，在这些因素的作用下，人们就往往难以决定取舍。操控者就会使用“诱饵加刺激”的方法，形成一种“不对称压倒劣势”的情形。抛出某些各方面比“目标”选项差的“诱饵”，但与“竞争者”相比又各有优劣的选项，这种“不对称”使得“目标”在我们眼中更具吸引力。不要小看了“诱饵”的控制力，它是幕后操纵者能量的体现，面对它们，我们常常会显得不知所措，甚至渐渐失去了对生活的控制感。

刺激你的“心理暗箱”

詹姆士·维克瑞是一位美国市场研究人员，他设计了一台高速投影仪，在放《野餐》电影时，两部机器同时工作。当新泽西人在电影院看电影时，他把“喝可口可乐”和“吃爆米花”的信息在电影屏幕上一闪而过，每次停留的时间仅为三千分之一秒。实验结束后的数据显示：可口可乐和爆米花的销量分别上升了18%和58%。

维克瑞的实验引起了巨大的轰动，难道人的思想和行为真的可以被他人操控吗？人们真的能被说服从而买下他们并不想要的产品吗？

市场研究人员发现，几乎所有客户的购买行为都是由刺激引起的，他们在种种刺激因素的作用下，经由复杂的心理活动过程，引出购买动机；然后又在动机的驱使下，做出购买决策，采取购买行动，并进行购买评价，至此完成一次完整的购买行为。

在这一完整的购买行为过程中，客户的整个心理活动过程是在其内部自我完成的，因此，心理学家称之为“黑箱”，意思是指“准客户”购买行为的主动权和决定权是由其心理主使的，是购买行为的内因。营销员的作用就是刺激这个内因，并从而强化客户对产品的认识、情感，并最终完成购买行为。

避开陷阱，反其道而用之

心理学家发现，如果让人们在清晨起床后第一时间开展选择行为，这时由于人们受到的信息干扰最少，诱导和刺激的作用也就相对较弱，因此最能体现人们内心深处真正的想法。

在面对玲琅满目的商品时，我们要时刻提防销售人员的各种促销伎俩，避免因为各种诱惑性的语言和心理刺激，冲动地购买商品。在日常生活中，也要提防他人利用诱惑性语言，使你做出违背初衷的决策。

当然，在必要的情况下，我们也可以成为控制局面的主人，把诱导和刺激用于积极的一面。比如求职面试时，面对众多的“竞争者”，要想办法把他人的特征设置为“诱饵”，把自己的特征展示出来，成为面试官的“目标”。

诱导和刺激的背后其实还存在着某种潜意识和暗示，有时候你会觉得可以顺利取得成功，有些时候你则会有不详的预感，这是因为你受到了过去的条件性暗示的影响。在你感觉到成功或失败的征兆时，如果你确信自己会成功，实际上也容易取得成功。如果你觉得自己会失败，便会变得胆怯。

为了以后能顺利完成一件事，我们可以暗示自己去做成功完成某事时所做的相同的事。比如，听相同的音乐，穿相同的服装，或者使用相同的笔记本。这个原理的基础是把生活和行为习惯化，通过给予自己条件刺激，改变我们的行为和思维。这对于我们克服负面情绪、补充正能量有十分重要的作用。

信息输入：灌输超负荷信息，使你的大脑陷入疲劳

当你的脑中充斥着不完整信息

早上7点半，爱德华摸摸自己刚刚刮过胡子的下巴，感到很满意。他拉开衣箱打算找一件干净的衬衫，但却发现，箱子里面什么也没有。

“琳达！”

“亲爱的，怎么了？”

“我怎么又没干净的衬衫了呢？”

“哦，亲爱的，如果我们的衣服每两周才洗一次的话，可以省下不少洗衣服的钱呢。”

爱德华抓抓头，他总觉得琳达的话哪里有问题，但他不知道错在哪里。

他自己嘀咕了一下，耸耸肩，在脏衣服篮里找出一件看起来稍微干净的衬衣穿上，打了一个领结，因为领结比领带更能遮住脏领口。

爱德华收拾完了自己之后走向厨房，他看到琳达正从速溶咖啡的罐头里倒出咖啡，同时还高兴地哼着歌。

“上帝啊，我说琳达，我不是叫你别买这种速溶咖啡了吗？这种咖啡的味道很奇怪啊，你知道我喜欢喝那种香醇的手磨咖啡。”

琳达用一种像看着不懂事孩子的目光看着他，她摇了摇头，微笑道：“亲爱的，你知道手磨咖啡有多贵吗？你可真是不当家不知油盐贵啊，这样一罐手磨咖啡是速溶咖啡价格的两倍都不止呢。”

爱德华满肚子不高兴地喝完了妻子冲泡好的咖啡，他拿起拎包准备出门时，竟然发现沙发背面的角落有蜘蛛网。于是他仔细地到处看看，确定屋子里很多地方都脏了。

“琳达！”

“又怎么了亲爱的？你快迟到了，你想被扣奖金吗？”

“我们上次找人打扫房子到现在已经多久了？”

“哦，亲爱的，这件事我们上次不是谈过了吗？你知道，现在请一个打扫卫生的人，代价可不低呢，而且你的要求又那么高。”

“是吗？琳达，听我说，我知道你想省钱，但是我只是想住干净的房子，你怎么能为了那几百块钱就不请人来清扫呢？”

“几百块钱？亲爱的，你真是大手大脚啊。你不知道现在养一个孩子要花多少钱吗？我们还要照顾你那不愿意去养老院的母亲，如果不是我这样省吃俭用，你以为靠你的那点工资能撑到现在吗？”

“琳达，我想如果你可以少买两件衣服的话，我们请人打扫卫生的钱就可以省出来了……”爱德华说到这里，就发现琳达的眼眶湿了，他说不下去了。只见琳达咬住了嘴唇说：“好吧，亲爱的，既然你都这样说了，我会尽力去做的，我来打扫卫生好了。我只是想做个好妻子，我买一些新衣服也是为了不给你丢脸，尽量地帮助你。哪个男人不喜欢自己的妻子打扮得足够美丽呢?”琳达说完，就转身走进卧室。

爱德华看着妻子的背影愣了一会儿神，看看时间，他真的要迟到了。他只得先出门去上班，一路上他感到肚子一直在咕咕叫，胸口也感到阵阵痛楚。他现在满脑子都是妻子的话，他觉得琳达说得有道理，他们必须在出门后保持体面的前提下省钱，那么家里只能凑合了，反正他们也从来不在家里招待客人。可是爱德华不明白，他既然已经认同了琳达的观点，他为什么还会觉得那么沮丧，他只能模糊地觉得这和他妻子有关，但他却无从摆脱这种束缚感。

在这个案例中，琳达真是一个耍手腕的大师，她表现得十分体贴，缓慢但持续地向爱德华灌输“省钱”这样一个概念，但为的却是把钱花在自己身上。爱德华生气、沮丧，却找不出理由发作，所以只有不情愿地认同琳达的观点，觉得一定是自己什么地方不对劲了。

然而，当我们深入分析琳达与爱德华的对话时，就会发现，真正让爱德华无所适从的，并不仅仅是琳达总是挂在嘴边关于“省钱”的论调，还在于他们谈活的特征是缺乏完整的交谈，即琳达故意造成了他们之间的沟通不良。

一般来说，每一条信息至少应有三种意义：字面意义、内涵意义以及结构意义。两个人若要有效地沟通，接收信息的人必须能够正确了解一个信息所有的三种意义。如果三者相冲突或不协调，则信息接收者就会感到困惑。如果他得不到对方合理的解释时，他就会感到不适，缺乏安全感。

让我们回到琳达和爱德华的这个例子中，很明显，琳达的信息就是不协调、不完整的。字面上说的是一回事，而内涵及结构上又是另一回事。爱德华的痛苦之处就在于琳达隐藏了反复说明的“省钱”信息里的内涵意义。当她一次次说“我们要省钱”时，从字面上她表示的是一种积极意义；可实质上，对于琳达来说，省钱的真正内涵意义并不是她向爱德华表达的那样，她只是想要把钱用在自己享受上面。爱德华一次次接受了她字面上的信息，又一直弄不清其中真实的内涵，他渐渐就不打算去弄清楚了，他的思维在这个过程中已经麻木了。

有限与无限的博弈

有一位心理学家做过这样一个实验：将一张图片放在受试者的面前，让受试者详细地记录图片上的细节。图片上显示的是火车站旁一个人抢了另一个人的行李逃跑，火车站时钟上显示的时间是下午3点。当心理学家询问受试者“发生事件时是几点钟”时，多数人回答正确；当心理学家询问受试者“发生事件时是3点还是4点”时，回答正确的人减少；当心理学家询问受试者“发生事件时是4点还是5点”时，只有少数人可以跳出心理学家的圈套，给出正确的答案。

很多时候，人们面对一个清晰的信息时，可以保持清醒的头脑，但是却很难在多条复杂信息面前，还能一如既往地不受来自信息的压力，这很让人产生挫折感，也意味着你已经被信息以及提供信息的操纵者所控制。例如，当有人反复地向你灌输负面信息，比如侮辱你、谴责你，你会发现，你的思维很快就会陷入混乱，以至于不能有效地应付局面，只有在事后才能清楚地思考。长此以往，这种控制就会造成一系列的自我强迫和紧张，便形成了所谓的“信息焦虑综合症”，此症非常接近精神病学中的焦虑症。

被信息操纵者玩弄于股掌中的人，他们的大脑会持续处在信息超负荷的状态下，主体失去独立思考和判断力。即使是人们最开始强烈反对或抗议的观点，只要不断地对他说同样的话，最初的强烈反对和抗议也会逐渐消失。这种手段也是洗脑者的一贯做法，他们会在一个封闭的环境中，在被洗脑者的大脑疲惫不堪、信息处理能力低下的时候，毫不犹豫地给被洗脑者注入大量信息。被洗脑者的大脑突然陷入信息泛滥的状态，无法进行信息选择，这样就彻底失去了思考能力和抵抗力，很容易地成为被动的信息接收者。

那么，我们该如何对抗这种人为的信息操纵呢？

美国学者福尔曼在《信息焦虑》一书中提出了三大原则：1. 学习接受自己的无知；2. 关注问题甚于答案；3. 尝试走相反方向的路去寻找答案。

还是以爱德华与琳达的交流为例，当琳达说出了关于不洗衬衫为了省钱的话以后，爱德华应该坚定地要求一个实质的答案，直接用反问的方法破除琳达的信息魔咒。当琳达说出“如果我们的衣服要两周才洗一次的话，可以省下不少洗衣服的钱呢”的时候，爱德华就可以用诸如此类的话回答：“也许我误解你的意思了，我听到你所说的是，你宁可让我穿脏衬衣上班来省钱，也不肯洗衣服，你是这个意思吗？”

琳达大概马上会说她并不是这个意思，她只是想做个好妻子，帮丈夫存钱。此时，爱德华应该如此回答：“琳达，我了解你的想法，但是我的确需要更多的干净衬衫。依我来看，你能给我干净的衬衣穿，才是我的好妻子，也才能保持我们两人的体面，而不仅仅是你一个人的。”

最有效的控制工具——欲望和恐惧

一切，都源于贪婪

你买过彩票吗？你觉得“大奖很可能就是你的”这条标语是不是总能唤起你内心潜藏的关于一夜暴富的欲望？因为没有人能够反驳它——虽然这只是一种可能性而已。所以有成千上万的人买彩票，最终却只有一个人中奖，但彩民们总是乐此不疲。

你是否曾经见过在银行、邮局门口大排长龙的场景？那些人在做什么呢？买纪念币和纪念邮票！他们中的许多人很有可能已经守在门口整整一个晚上了，原因很简单：买得越早，升值空间越大。

无论是彩票还是纪念商品，人们对它们的热情经久不衰的背后，有着一股无形的巨大推手，它让我们在无意识中被牢牢掌控。这股推力既是创造财富的原始动力，也是人类各种痛苦的根源。

1630年，荷兰人培育出了一些新奇的郁金香品种，其颜色和花型都十分独特，向人们展示出了它们高雅脱俗的美。物以稀为贵，当时许多王公贵族以拥有郁金香为身份和权力的象征。有些投机商人嗅到了其中浓浓的商机，开始囤积郁金香。于是，一场疯狂的全民热潮开始了。

让我们来看一些数字：某个品种的郁金香在1633年的价格为1000荷兰盾，到1636年便已涨到5500荷兰盾。这个数字在当时已经足够买下一幢豪宅，或者购买25吨奶酪！1637年1月，一个普通的郁金香球茎的市场价还是64荷兰盾，但到了2月，就已经涨到了168荷兰盾，已经超过了荷兰人的平均年收入——150荷兰盾。有时候，一些买家为了保证自己的郁金香是独一无二的，甚至愿意付出一切代价买下别人手中的顶级郁金香，然后毁掉。

所有人都已经忘记了郁金香及其种子本来的价值，只知道如果自己不买，那自己就是别人眼中的傻子。这个国家的其他行业都被丢下了，人人都去进行郁金香球茎的投机。荷兰人疯狂地追求花种，开始用土地、房屋等不动产去换这种植物，妇女们也开始脱掉花衣服，摘下首饰，卖掉心爱的家具去换取种子。他们认定郁金香花种子会令他们更富有，而郁金香花种子的价格还在不断创下新高，人们的欲望也已经膨胀到了无以复加的地步。

直到1653年11月的一天，一个毫不知情的水手来到郁金香交易市场，随手捡起一颗郁金香种子，在袖子上擦了擦，三两口就吃了下去。所有人都惊呆了！水手奇怪地看着他们，因为他只是觉得这颗“洋葱头”味道有点奇怪而已。所有人仿佛都从一场持续了多年的梦中惊醒了，人们发现，过去这些年里，大家仿佛被一双无形的力量控制住了一般，竟然一味地不断哄抬郁金香的价格。于是，郁金香被大量抛售，价格更是暴跌不止，许多人一夜之间一贫如洗。

今天的经济学家都把这段“郁金香狂热”视为“博傻理论”的最佳案例，其实人们大都知道郁金香球茎的价格早已远离其正常的价值，但是他们宁愿相信别人会比他们更“傻”，会心甘情愿地付出更高的价钱。“郁金香事件”可以说是人类历史上有记载的最早的投机活动，人们对财富的狂热追求、羊群效应、理性的完全丧失使得“郁金香泡沫”越吹越大，最终使得千百万人倾家荡产。

控制荷兰人的无形力量其实就是人类无止境的欲望，当一个人主观意识认为一旦错失某个机会就会造成遗憾时，那么即使是非常优柔寡断的人，也会果断做出决断，这就是人类的共性，在心理学研究领域被称为倾向性效应。所以，在“郁金香热潮”中，看着其他人都通过参与这场投机获得了财富，那么即使是过去对投机商业一窍不通的人，也会不计后果地购买，这就是在市场投资活动中，倾向性效应的作用。

恐惧比爱的支配力更强

趋利避害既然是人类的天性，那么除了利用人们追求利益最大化的心理外，巧妙利用人类内心的“恐惧”也是一些“掌控者”手中的砝码。

保险公司似乎并没有出售任何商品，那么它们是靠什么赚钱的呢？答案是人们对未来的恐惧和不确定性。因为没有人愿意冒着一旦生病无处索赔医疗费的风险，公司的利润就依赖于没有发生保险事故或者没有生病的被保险人。

“从来没有人因为购买了IBM产品而被解雇”。在20世纪70年代，一种名为FUD的控制手段被IBM公司广泛使用，这句简单的广告语产生了难以置信的影响力，其原因就在于它在人们头脑中制造了“恐惧、疑惑和不确定”，这就是FUD的涵义。每看到一次这句广告语，人们就会在心中自然而然地产生联想：“我会因为购买其他品牌的产品而遭到解雇！”IBM巧妙而含蓄地将“不被解雇”与“购买IBM产品”联系了起来，可悲的是，没有人愿意去反驳它，人们的思维被这句话给框住了，就像一句魔咒一般让人们会首先考虑买IBM公司的产品。

在经典哲学里，这种技巧就叫做“力量型论据”，但是FUD很好地揭示了这种论据“力量”的主要来源——恐惧。

有时候，这种力量的可怕之处在于，你根本无从证明，更无法反驳对方的观点！这样你就陷入了一个尴尬境地：或许并不完全相信，但无法对“没有我，你将一事无成”的话说“不”！

大多数时候，你不得不屈服于生活中对你采取这样狡猾手段的人，尽管你内心十分痛恨对方如此轻易地左右你的情绪或想法。那些试图控制你的想法或行为的人，总是在你两难的时候，轻描淡写地来一句：“我只是提个建议，接不接受随你便……”当然，他的潜台词就是：“如果出了差错，我可不负责。”显然，说话人把承担责任的风险抛给了你，在决策上他们似乎落了个一身轻，以至于即使你采纳了他的建议，如果发生了问题你都不好意思去责问他。事实上，你大可不必这样想，在他们提出建议时，一定要追问他们这些建议的有效性，必要时要留下证明。这既是对自己的负责，也是一种保护。

很多时候，我们的恐惧或者不确定并不是外界因素造成的，而是我们总是认为光靠自己真的不能成功。低估自己、缺乏自信或者惧怕改变的心理会让你对某个人或某个组织产生依赖性，从而容易使自己被别人牵着鼻子走。

但是，你真的尝试过独立吗？既然没有，那么你又有什么证据让你相信你做不到呢？因此，当我们对把控人们心理的FUD之类的策略有所了解，我们才能够反其道而行之，使自己的内心真正强大起来。

趁虚而入的最佳时机——孤独和无助

丛林深处的惨案

1978年11月18日，南美，圭亚那的丛林地带。

910名“人民圣殿教”的成员有秩序地、平静地先后走向死亡。他们都是跟随这个邪教组织的精神领袖吉姆·琼斯来到这里，这些来自旧金山的穷人们被琼斯要求，集体“进入天堂”。

第一个响应的是一名年轻妇女，只见她镇静地走向那个现在已经是人人皆知的草梅口味的毒药桶，舀起毒药，给她的婴儿服了一份，自己也服了一份，然后坐下来。四分钟之内母子两人便在抽搐中死去。然后其他人也一一效仿。虽然当中有少部分人逃跑了，但据幸存者说，910人中的大多数都是有秩序地、心甘情愿地死去的。

这一场人为控制的屠杀震惊了整个世界，在悲剧发生后的很多天内，人们的谈话都离不开这个题目：“现在发现死了多少？”“一个逃出来的人说他们喝毒药时就好像是进入了催眠状态。”“他们是被集体洗脑了吗？”“真是令人难以置信！到底是怎么回事？”

是的，“到底是怎么回事？”为什么会发生这种人数惊人的盲目服从行为？为了回答这个问题，人们提出了很多种不同的解释。有些人把目光集中在吉姆·琼斯的个人魅力上；另一些解释则是针对那些被吸收到“人民圣殿教”中的信徒们，他们大多贫穷、没有文化，愿意放弃自己的思想和行动的自由，来换取已经为他们安排好的人生道路。

这些解释无疑都有它的道理，但这样一个匪夷所思的个案，其特殊之处究竟在哪里呢？

让我们来做一个设想：“假如‘人民圣殿教’当时仍然在旧金山，或者在任何能够与外界保持密切联系的地方，琼斯的自杀指令会被执行吗？”如果从这个角度加以思考，吉姆·琼斯迁移策略的高明之处就比较容易看出来了。琼斯并没有对他们进行催眠，而是充分利用了“孤岛效应”。在这个与世隔绝的地方，当琼斯下达了死亡命令时，相信大部分人都有点不知所措，于是他们开始观察周围的人，以确定什么才是正确的反应。

任何强势领导人统治的组织内，都会有一些盲从的人，他们也成了第一批迅速喝下毒药的人，接下来，大规模的孤岛效应开始发生化学反应了。琼斯的力量并不只是来自他非凡的号召力，而是他对心理学原理的恐怖运用。作为邪教领袖，他的阴险之处正是决定把“人民圣殿教”从能获取大量信息的旧金山迁移到南美这个赤道附近的遥远地方。在这里，不确定性和成员们特殊的相似性使得“孤岛效应”能最大限度地为他所用。

除了环境成了“孤岛”以外，这将近一千人的集体中的每个个体，其实也是孤独的。他们没有可以依仗的外援，而他们所深信不疑的“教主”也已经舍弃了他们。因此，这个群体由追随者变成了一群失去个人意识的动物。只要使他们中的一些向朝操纵者所希望的方向移动，其他的也将平静地、机械地跟着移动。

别轻易让人看出你的无助

市中心，临街的一家咖啡馆内。

一个保养得宜却面带焦灼的中年妇女不时地看着手表，她面前原本热气腾腾的咖啡已经没有了一丝热气。这时，从门外走进来一个身材高挑的年轻女性，她环视一圈后径直走到了中年妇女面前。

“高太太，下午好！”

“葛小姐，我拜托你的事情怎么样了？这两天，我连觉都睡不好。”

“高太太，你之前找的私家侦探看来已经被你老公买通了。”

高太太脸上的笑容僵硬了，葛小姐又问她：“你丈夫经常夜不归宿吗？”

高太太摇头：“这倒不是，我没有见过任何可疑的女人。”

葛小姐不动声色地又问了她一句：“每次上班前都是你给他打的领带吗？”

高太太似乎预感到了什么，犹豫着点了点头。

葛小姐这才从包里拿出几张照片，神色严肃地说：“你对比这两张，看看有什么变化。”在高太太仔细辨认的时候，葛小姐笃悠悠地说：“你先生在上班前和下班出来后，领带打法完全不一样。当然，他也有可能因为生气扯掉领带，但这种情况微乎其微。据我了解，你先生的公司最近运转得十分平稳。因此，还有一个解释：办公室恋情。”

高太太虽然对这两张照片的细微差别看得不是很清楚，但她的手已经开始颤抖。

葛小姐又添了一把火：“其实，从他的表情就可以看出来。出门前神色冷漠、嘴角耷拉，下班后嘴角翘起，眼角的鱼尾纹比平时要深，很显然是遇到了什么好事。”

高太太的眼眶开始发红，她松开了手里的照片，捂住了眼睛。

看着对面这个女人痛苦的表情，葛小姐眼中闪过一道精光，嘲讽地咧了咧嘴，她端起咖啡抿了一口。

“当然，他们幽会的场所不可能是公司，有可能是公司附近某个宾馆，中午那段时间互相约好见面……”

“求求你，别再说了……”高太太哆嗦着嘴唇，陷入完全的无助和彷徨之中。她已经深信，这个几乎占据她生命中大半分量的男人，已经出轨了。

“那我该怎么办?”高太太犹如迷途的孩子一般，求助地看向面前的私家侦探。

葛小姐并没有马上回答，她只是撑着下巴看向窗外。约莫一分钟后，她眼神认真，语气带着几分严肃：“千万不要去公司闹，给你的男人留点面子。至于接下来的事情……对不起，这就不是我能置喙的了。”

高太太深吸了一口气，动作略带掩饰地拨了拨自己的头发，她手上的婚戒直直地映入对面女子的眼中，葛小姐眯了眯眼。

两个月以后，葛小姐听说了高太太和他先生离婚的消息。她微微一笑，拨通了一个电话：“你太太的事情已经搞定了，该聊聊我们的事情了吧。”

迷途羔羊般的高太太就这样，真的成为了葛小姐的俎上之肉，她丝毫没有意识到，真正的情敌就在她面前，被她欺骗和操纵。

很多时候，人们相信谎言不是因为别无选择，而是他们选择相信谎言，相信那个人不会对你说谎。尤其是当你感到孤立无援的时候，出现的那个向你伸出援助之手的人，就如同一根救命稻草一般，让你无法拒绝。当你对一个人言听计从的时候，说明操纵者的控制预热阶段已经完成。

不管你有没有意识到，每当你感觉自己很无助时，你会告诉自己：“我将会吸收尽可能多的信息，这样我就有更多的数据，并据此做出最好的决定。”这听起来好像不无道理，可当你身边有一个操纵者时，这个方法就很难行得通。因为你的消息来源是单一的，你不可能做到总体性的评估。所以，为了打破迷局，你首先要做的是保持冷静，不要显得惊慌失措；然后尽可能地接收来自不同方面的信息，过滤掉无关紧要或者带有明显倾向性的信息，让自己尽量处于客观、公正的立场来看待问题。

让你的行为不受自我控制——极限状态

无论是21岁的待嫁新娘佩蒂·赫斯特，还是她的家人和未婚夫，都对后来发生的一切感到匪夷所思，甚至觉得，那只是一场可怕的噩梦。

1974年2月4日，正当佩蒂一心一意筹备着自己和未婚夫史蒂夫·韦德的婚礼时，忽然，一伙自称是“辛巴尼斯解放军”的激进分子闯进了家中，将佩蒂掳走。佩蒂的父亲——美国报业大亨伦道夫·赫斯特为赎出爱女，曾花费数百万美元在西岸派发救济食品，仍然徒劳无功。

最戏剧的一幕发生在被绑架者佩蒂·赫斯特的身上。两个月后，佩蒂宣布与自己的家族决裂，加入“辛巴尼斯解放军”改名为“Tania”(拉美传奇英雄切·格瓦拉女友的名字)，并参与了一连串打劫银行、违法持械、谋杀等地下革命军行动。富家千金摇身一变，成为了美国联邦调查局通缉的要犯。此后的近两年时光，佩蒂都在匿藏、逃亡中度过。1979年，联邦人员终于将她拘捕归案。

佩蒂·赫斯特的这个案件，震惊全美。人们不禁会问:“为什么这位貌美如花，有着美满家庭和光明前途的女孩子，会自甘放弃一切?”究竟是什么力量使这位家财万贯的报业大亨之女转变成为一名革命分子？她是否已经丧失了控制自己行为的能力？而对于佩蒂的家人来说，他们更急于了解佩蒂的心理转变过程，因为这将成为此案中她是否被判有罪的最关键所在。

主审此案的加州高等法院奥利弗·高达法官为了详细鉴定她的心理状

态，特别任命了四位心理专家担任此职。

佩蒂自己的供词中，对她的经历有着如下的描述：“她曾被折磨及恐吓，使她精神上肉体上都不胜负荷。她被绑架后曾被关在三尺宽、五或六尺长的壁橱里，双眼被蒙、双手被绑，甚至大小解都不能离开。第一周里，她唯一谈话的对象是自称辛巴尼斯解放军统帅的辛格，而他反复地说要将她置于死地。在这种情形下，她录下了早期的给她父母亲的录音带。”

佩蒂的供词相当模糊、重复，有时前后矛盾。譬如说到被关在壁橱的时日，她有时说“数日”，有时说“很长的一段时间，有数星期之久”。她的思想逐渐模糊和丧失心智，失去分辨事实和环境的能力。而所有事件中，对她打击最大的是重复在她耳边的说法——“她的父母已将她遗弃，现在正和联邦调查人员合作来消灭她，并且悬赏五万美金，只要将她交回，生死不论。”

耶鲁大学精神医生Robert J. Lifton，是少数研究这种“洗脑”问题的权威，他认为长时期的隔离孤立囚禁，以死为威胁恐吓，以及让当事人知道自己已被亲人所唾弃，这三点是“洗脑”所通用的技巧。

克拉克大学的Rona Fields博士曾经专门研究过“战俘”行为，认为佩蒂曾长时间的受到心理上的压力与折磨，所以在她宣布加入绑匪阵营时，她的内心防线早已崩塌。

有些专家，对佩蒂是否经过“洗脑”这一点，存着怀疑态度。但是身为四位鉴定佩蒂·赫斯特的专家之一，加州大学精神医科系主任Louis J. West有如下的看法：“一般人在未能对佩蒂案有全盘了解之前就下结论是一种严重的错误。”其他许多著名的心理学专家也认为如果佩蒂的供词是实情的话，她所受的恐吓手段极可能完全改变她的人格，使她自愿地加入辛巴尼斯解放军，并且参加暴行。

这次的遭遇严重损害了佩蒂的精神状况，她的父母和辩护律师都发现，她的思想呈现出片段化，只能思考眼前的事情，而无法考虑将来。她一共被指控二十一条刑事及民事罪名，但后来获得减刑，被监禁 22 个月后便被释放。1982 年，她出版了一部《每一件秘密的事》的书记述了自己被绑架的经历，称她曾经的“战友”为“疯子们”。

可以想象，佩蒂所遭受到的身心创伤是多么巨大：睡眠时间严重不足，严重缺乏营养，被隔绝在孤独的环境里，过着不规则的、无法预测的生活，被剥夺私人空间，承受无休止的负面信息和辱骂，这些都使她陷入痛苦、屈辱和不安的极限状态。

绑架佩蒂的人不仅限制了她的自由，最重要的是掌握了她的痛处：让她以为父母已经放弃了她，这是对她最大的打击，然后的一切“洗脑”行为才开始真正发生作用。当人遭遇到与生存相关的经历时，其以往的行为模式和价值观均会变得不适用于当时的情况，所以这时候就会诱发人的逆转反应。人原本相信的东西被彻底粉碎时，行为也会彻底改变得像另一个人。

什么样的人容易被洗脑——警惕他人入侵

当你是公众人物时

日本某网站曾经报道过一则骇人听闻的消息，一位非常有名的日本笑星被占卜师“洗脑”，这件事情一度成为媒体的焦点。这位笑星长得漂亮，收入又高，作为一名成功的艺人，广受尊敬。但是，就是这样一个人竟然完全被占卜师控制，令人难以理解。那么，占卜师是看中了她的哪些特点，从而将其作为自己的“猎物”呢？

首先，就身份而言，诸如艺人、企业老总这类经常站在聚光灯下的知名人士，他们的个人信息非常容易泄露，当他们在媒体上公开时，以占卜师为代表的“洗脑者”会根据他们的神态、言语等方面来观察其精神状态。

其次，作为公众人物，他们总是以坚强、开朗、乐观的形象示人，但内心深处其实很孤独，特别是当他们遭遇与普通人一样的低谷时，他们也需要有可以倾诉的对象，可这对他们来说，并不容易。这时，迷惘的内心会向外求援，从而可以让骗子“乘虚而入”。

再次，公众人物会比普通人更容易自我膨胀，他们甚至会认为自己是独一无二的，是肩负着独特使命的。一旦遇到可以成为其精神领袖的对象，他们就会产生一种错觉：自己追随到了得到“真理”的人，他们自己也会遇到特别的事，成为特别的人。他们不会轻易对导师产生怀疑，因为这样就否定了自己的人生意义。

最后，大部分的公众人物会是完美主义者，有些还有着强烈的理想主义倾向，他们中的大部分出身并不富裕，在奋斗初期会经历一段非常痛苦和艰难的时期，也容易对社会抱有强烈的不信任感。这种感觉会随着时间的推移沉淀在他们的大脑深处，一旦有一天被激活，将会深刻强化他人对他们的“洗脑”。

当你是个普通人

我们普通人容易陷入的洗脑陷阱之一就是传销，让我们来看一下典型的传销洗脑过程是怎样的：

第一步：筛选新成员

对于传销组织来说，他们最喜欢的是有事业心却偏偏怀才不遇的，或者曾经辉煌过想要东山再起的人；有一定号召力的人也是他们喜欢的，因为可以继续去邀请新朋友；有一定空闲时间的人；比较单纯、没什么心眼的人，等等。

第二步：接入组织

组织会根据新成员的特点，安排一个合适的老成员和推荐人去接人。在没有和新成员交底前，他们会先带他进课堂听课，这个时候他们不会谈公司、产品和制度；然后，会安排别人继续与新成员去沟通，这时，就会想方设法套新成员的心里话，看他有什么需求和想法，然后及时向“上家”汇报，以便下一步有针对性地沟通。

第三步：煽情授课，初步“洗脑”

在一个封闭的环境中，通过授课、“成功人士”的经验介绍等，描绘出“光辉前景”，利用短期即可达到高额回报的“蓝图”，点燃“新人”投入非法传销团伙的狂热欲望。

第四步：灌输扭曲的“成功学”

传销组织会营造一个充满了鼓动性、激情和希望的氛围，吹嘘他们是一个改变人的行业，可以给每个人提供一个舞台。他们的一套歪理邪说经“成功学”包装后，便可以讲得口若悬河，头头是道，让初来乍到的新成员热血沸腾。

第五步：大打温情牌

传销组织会夸大社会的冷漠，鼓吹他们是一个充满温暖、相互支持的行业。初来者会不由自主地对“家长”推心置腹，跟身边的“兄弟姐妹”亲如一“家”。放松了警惕，不由自主接纳了那个环境，增加了对团队的认同感。

第六步：强化“洗脑”效果

疲劳战术也是洗脑组织惯用的招数，他们不会给你稍稍歇息的时间。除了听课，就是谈行业，让刚进入组织的你根本没有时间去思考，唯一的感觉就是昏昏欲睡。在这种状况下，你的思想就很容易被他们入侵，成为他们的俘虏。

我们已经清楚了传销洗脑者的一般步骤，知道了他们往往会通过偷换概念、反复强化、自我暗示、他人暗示、群体施压的手段来给被操纵者洗脑。那么，我们也就可以根据他们的手段，来推导出具备哪些特点的人容易成为“猎物”。

1. 充满欲望的人：洗脑首先要做的，就是激发你内心的需求和欲望，尤其当人们充满野心，求富心切，却又对自己的前途感到迷茫，对社会以及生活的现状有不满的情绪时，洗脑者趁机美化传销事业，让人们对金钱产生扭曲的追求。

2. 依赖型人格的人：这类人自主思考、判断和行动力不足，即使只是一些琐碎的小事，他们也要看控制者的脸色，按控制者的想法行事。依赖型人格的人在明知情况对自己不利、违背自己意愿时，依然会逆来顺受。洗脑者最喜欢这类人，因为他们是无法抵抗连续的信息灌输的。

3. 缺乏安全感的人：这类人对传销组织刻意营造出的“家”会特别有亲近感，尤其当他们正在或曾经遭受巨大压力。一个人所受的压力和精神支柱的脆弱程度，关系到他是否容易被心理控制。在群情高涨的集体氛围里，个人意识完全湮没其中，很容易就会土崩瓦解。

4. 易受暗示的人：这类人容易不加判断地相信所有信息，按照自己得到的暗示做出行动，而不是按照自己的意愿行动。越是容易被暗示的人，越会对微不足道的压力产生过激反应，觉得这些压力自己无法处理，于是就用绝望的行动毁灭别人的人生。比如冲动性纵火和加入极端组织一样，都是容易被暗示的人会做出的行为。

5. 孤独无助的人：传销组织特别强调群体，当这类人身处其间时，就会很快妥协，并逐渐被同化。他们很难认清对方的本质，却常常渴望得到对方的帮助，成为心理操控的牺牲品。

第三章

发现潜伏在你身边的操纵者

在生活中，每个人都被他人操纵着，每个人也可能就是隐藏着的操纵者。操纵者们带着各式各样的面具，潜伏在你的身边，以各种手段，将你玩弄于股掌之间。他们有的看起来很友善，让你十分信任；有的则很有威信，让你无法置疑，但他们的操纵行为却常常使你进退两难，压制自己的真实意愿。现在，就让我们揭开他们的面具，识破各种类型的操纵者吧。

小心！他正在操纵你

你的能量正在一点点被他吞噬

在一个小镇上，老裁缝卡尔正戴着老花眼镜仔细地裁剪着一块布料，他的女儿麦琪在给他打着下手。镇上人都知道，老裁缝虽然脾气不好，但手艺却没得说，所以大家都愿意照顾他的生意。可是，在他的徒弟艾玛学成出师后，一切都不一样了。艾玛离开裁缝铺后，在附近也开了一家铺子，她温柔谦和的性子，以及细致精巧的手艺，赢得了老顾客们的好感，才开张第一天，就揽到了很多活儿。

其实艾玛也不是要故意抢师傅的生意，小镇才巴掌大的地儿，有钱的顾客也就那么几个。卡尔的日子很快就艰难了起来，他把一切的愤恨都归结到了艾玛头上，每天在家里诅咒徒弟的忘恩负义。

卡尔的女儿麦琪从小在强势的父亲身边长大，从来不敢忤逆父亲的意思，她见师徒俩变成现在这个样子，非常难过。她也曾鼓起勇气，问父亲是否可以教她手艺，这样的话就不用担心没饭吃了。可是，结果就是被父亲用尺子没头没脑地打了一顿："你个女孩子家学什么手艺，把家务活做好就够了。我看你钉个纽扣都做不好，别痴心妄想了！"麦琪吃了父亲一顿打，只能继续战战兢兢地在父亲身边钉纽扣。

很快，艾玛的服装店要开张了，开张前一天，麦琪小心翼翼地对父亲说："爸爸，艾玛的店要开了，我们去祝贺她一下吧，她是你的徒弟，你脸上也有光彩啊。"卡尔听了，扔下剪刀骂道："去什么去，要去你去好了，我才不去沾这个光。”麦琪眼眶红了：“爸爸，你别这样，艾玛已经出师了，她既然做得好，我们就该祝福她。”卡尔一下子站起来，把布料狠狠地甩在女儿面前：“那你去祝福她好了，你去了，就再也不用回来了，哼！”说完，他就摔门走了出去。

麦琪心灰意冷，她不知道这样的日子什么时候是个头，母亲早逝，自己被乖僻的父亲逼得只会钉纽扣，长期压抑的生活让她得了偏头痛，胸口也常常感到闷痛。自己已经30岁了，父亲总是把求亲的人挡在门口，为的是让她能够做他的保姆、佣人！一来二去，就再也没有人来提亲了。“难道这就是我的命吗？”麦琪绞着手里的布料，泪如雨下。

等老裁缝卡尔在外面渐渐平复了内心的怒火，踱着步子晃回自家屋子时，发现房间里诡异地安静，没有往常锅碗瓢盆的声音。当他走进里屋时，才看到让他心脏骤停的一幕：麦琪上吊自尽了。

在这个家庭悲剧中，卡尔无疑扮演了一个操纵者的角色，他的操纵对象就是自己的亲生女儿麦琪。他对麦琪的习惯性贬低，让女儿不断怀疑自己的能力，压力慢慢地啃噬着她的内心。卡尔使女儿的生活中只有自己，这让她不再自信，也不再善于交流。长此以往，一种深层次的心理变化开始发酵，并最终让麦琪无法承受这种似乎无法摆脱的折磨，酿成了无法挽回的惨剧。

原来慈善也能杀人

之前，网络刊登了一篇令人瞠目结舌的报道：一位终身行善的老人被慈善组织逼得跳桥自尽。这一切是如何发生的呢？

这位老奶奶名叫Olive，英国人，两次世界大战中，她父亲和丈夫相继阵亡。她从16岁起，就开始卖罂粟花给阵亡烈士筹款，以寄托自己对父亲和丈夫的哀思。每年十月中旬以后，很多英国人的胸口、汽车上都会戴着一朵红色的罂粟，就是为了纪念那些在战争中死去的军人们。这一善举她整整坚持了80年，还把卖花收入和退休金捐给了近30家慈善机构。

年复一年地为慈善机构捐赠让她自己的经济情况捉襟见肘，甚至在她为乳腺癌需要治疗费的时候都拿不出钱来。可就在这样的窘境中，Olive竟然每天都要被慈善机构骚扰，不分昼夜的电话、无数催她捐款的信件让她身心俱疲。有时候，她不得不花上一个小时甚至更长的时间接听，以至于她都没法和家人通电话。此外，每个月Olive能收到超过260家不同慈善组织索要善款的信件。为了尽可能阅读完这些信件，常常要花掉她大半天的时间。

可是，Olive从来都不会拒绝他们的要求，她也不想让别人失望，虽然越来越多的电话和信件让她变得不知道该如何应对了。在这些催促捐款的压力下，老奶奶开始变得异常压抑和痛苦。最后让她彻底崩溃的原因，是前段时间她寄给孩子的250英镑，莫名其妙地丢失了。

Olive说："我已拿出太多，却再已拿不出更多。"

最终，她选择从布里斯托的铁索桥上跳下，结束了自己的生命，也永远摆脱了曾经24小时不停纠缠着她的慈善组织。

有时候，操控你的力量不一定是某个确定的人，某个团体、组织、单位所凝聚起来的无形控制力量也是极具杀伤力的，如果你被这种力量控制，同样会变得焦虑、恐惧或者伤感。这些情绪开始生根，并且随着时间的发展，变得越来越沉重。我们感到精神生活越来越不自由，行动上的自由也渐渐减少。

生活中，操纵与被操纵处处存在！如果你不能很好地摆脱这种操纵力量，这些负面情绪也会越来越频繁地影响着我们的身体机能：各种头痛（如偏头痛）、消化不良、肌肉紧张、食欲不振、暴食症……晚上回到家里，我们还反复想着白天发生的事情，还在和家人谈论他。我们变得如此焦虑，以至于引起了睡眠问题。我们的热情和幽默渐渐消失，直到我们再也无法忍受。

揭开操纵者的面具——他在控制你吗？

35 岁的琳达经历了一场痛苦的婚姻后，又再次结婚了，对象是比她小五岁的驯马师麦克。因为麦克以前驯马时受过伤，腿有点瘸，所以婚后，他就放弃了工作。琳达的薪水足够维持家里的日常开销，麦克就全身心地操持家务，两人度过了一段愉快的蜜月期。

然而渐渐地，琳达发现，两人开始摩擦不断。琳达工作应酬多，常常要加班，麦克对此意见很大，每次晚回家麦克都会十分不高兴。为此，琳达不得不经常花时间哄他，否则他就会质疑琳达不关心他。

麦克“家庭煮夫”的角色还引起了邻居们的好奇，尤其是麦克出门购物时，大家和他打招呼时都会开玩笑说：“麦克可别买贵了啊，不然你家太太可不饶你！”每当此时，麦克都会涨红了脸辩驳道：“谁说的，我太太从来不管我花多少。”这些话传到琳达耳朵里，让她很尴尬，而麦克也趁机向琳达要更多的生活费：“难道你要邻居们笑话你丈夫是个吃软饭的吗？”麦克总是用这句话堵住琳达的嘴。

最近，他们又在为是否要买某件东西争论不休，事实上，琳达感到这种情况已经不是第一次发生了。一旦他们的意见无法取得一致，他就会把门关得砰砰响，同时大声吼道：“不给买就算了，谁稀罕！”然后他就跑到街上去了。麦克清楚琳达最无法忍受自己这样，她更无法面对邻居们探究的目光。每次麦克摔门出去，琳达就会感到被抛弃了，尤其是第一次婚姻破裂后，琳达对孤单单的房间充满了恐惧感，她再也不想再经历一次失败的婚姻了。在两人刚在一起的时候，琳达曾经将这种心理感受告诉过麦克，没想到却被麦克拿来作为威胁琳达的武器。

为了挽回麦克，不让他离开自己，琳达一次次妥协，可是换来的是麦克的变本加厉。尽管他们的生活一切照旧，但是家里完全由麦克说了算，琳达不敢对他说“不”，因为麦克知道怎么让她就范。

从这个案例中我们可以发现，麦克在经济上的依赖性使他感到低人一等，他总感觉自己处于弱势地位，所以他要找到合适的理由来保护自己，掌握主动权。麦克控制琳达的杀手锏就是琳达对失败婚姻的恐惧，她害怕被拒绝，害怕再次经历这种痛苦的感觉，所以她只能选择隐忍。琳达没有发现的是，自己正在被一个彻头彻尾的操纵者所控制。

不同的操纵者身上都会有一个或几个比较显著的特点，下面我们罗列了20个操纵者的特点。如果符合其中的一半，就可以确定这个人是一个操纵者。有些特点是从比较重要的特点中衍生出来的，我们通过列出关键词，方便大家了解操纵者的真面目。

1. 欺骗——操纵的本质是欺骗，这是所有操纵者的共性。
2. 夸张——操纵者很善于夸大其词，混淆信息，以扰乱别人的思维。
3. 自我——操纵者往往无视他人的需求，只把目光聚焦在自己身上。
4. 殷勤——操纵者很会投人所好，目的却是为了索取。
5. 承诺——操纵者总是会轻易许诺，尤其是在求人办事以前。
6. 挑拨——挑拨离间、散布谣言是操纵者惯用的手法。
7. 威胁——操纵者会采取变相威胁、勒索的方法来达到目的。
8. 贬低——操纵者为了突出自己的地位，常常会贬低他人。
9. 消耗——与操纵者在一起，总会使我们感觉不自由，感觉很累。
10. 强迫——总是勉强别人做一些不愿意做的事情。
11. 暧昧——从不明确表达自己的需求、感受和观点。
12. 怀疑——常常表现出不信任身边的人，甚至是亲人。

13. 虚伪——会根据不同的人或情境任意改变自己的观点、行为，让人感觉毫无原则。

14. 含糊——善于提要求，但回答问题时总是言语模糊。

15. 曲解——喜欢扭曲事实，通过提供虚假信息以套取他人口中的信息。

16. 推卸——不愿意承担任何责任，说话总是留有余地，让别人承担风险。

17. 转移——喜欢掌控谈话的主动权，经常擅自转变话题。

18. 间接——不喜欢面对面地交流，而是喜欢通过间接的手段，比如电话或者字条来传达自己的意思。

19. 情感挟持——操纵者常常会以感情或道德的名义，胁迫他人听从自己。

20. 伪装——很会包装自己，在别人眼里很有吸引力和魅力，很容易获得别人的信任。

当然，很少有操纵者会同时满足以上这20个特点，他们身上或许会同时有几个，如果你身边有人同时拥有超过半数的特点，那你就要当心了。

热心型：“我对你这么好，你该怎样报答我？”

伊莎贝尔经营着面包房，最近因为要搬家，就盘算着将门面房租出去。她很快贴出了出租广告，因为地段好，所以吸引了很多人前来商谈租赁事宜。伊莎贝尔很高兴，想着反正自己也不急，一定要好好挑一个最划算的。有些租客心急想快点定下来，甚至有人提出愿意出高于伊莎贝尔原定的租金来承租，一时间面包房成了拍卖会现场。

就在伊莎贝尔为租金水涨船高暗自窃喜的时候，忽然接到一个电话，就是这个电话将伊莎贝尔的如意算盘给砸了。

打电话来的人是利兹，她也看到了伊莎贝尔的出租信息："伊莎贝尔，我现在也急需租一家店面呢，我也不讨价还价，就按你定的价格，我先租一年，可以不?"伊莎贝尔犹豫了，她看着身边为了租铺面已经争得面红耳赤的租客们，她真不想按原来的价格租给利兹。但是最终，她还是咬牙同意了。她很抱歉地对那些租客们说："先生们，实在抱歉，房子我已经租出去了，大家请回吧。"大家顿时都睁大了眼睛，搞不懂为什么才过了一分钟，一切就都结束了。有的人不死心，还在问："老板娘，对方出什么价格啊，我愿意提高20%给你，租给我吧。"伊莎贝尔心头在淌血，但是她还是笑着回绝了他们的好意，并表示下次如果出租一定再联系他们。

大家一定奇怪，是什么原因让伊莎贝尔这么仓促就下了决心？原因就是利兹在电话里说的一句话："亲爱的伊莎贝尔，你报答我的时候到啦。"利兹是伊莎贝尔面包房的常客，有一次，一个小偷趁伊莎贝尔不注意在店里行窃，是利兹帮她抓住了小偷并报了警，就这样，两人算是交了朋友。伊莎贝尔自我安慰说："欠了人家的人情必须还，我正好可以了却这个心事了。"

总是有那么些殷勤的好心人，在我们还没有向他们提出请求的时候，他们就给予我们一切。比如你正在找工作，他会很积极地帮你介绍关系，甚至帮你整理简历。然而当你很感激地说"谢谢"之后，他们又会似有若无地叹气，暗示着为你做的这些其实并不容易。但他们又会不容你拒绝他们的帮助，甚至还会故作惊讶地说："我非常乐意帮助你啊！这些辛苦不算什么。""你要是不接受我的帮助，就是不拿我当朋友了！"这样的话让你无话可说，可心里却很有负担。

请记住，这些"热心肠"的人记忆力都很好，他们的大脑会专门开辟出一个区域，记录某年某月某日，曾经做过什么来帮助你。尤其是当你们日后发生矛盾，或者他有需要的时候，他曾经做过的那些事情就成了要挟你的武器。如果你为难或者想要推脱，他就会让你知道你这样做是多么的忘恩负义、自私自利，仿佛你是这世界上最不知道感恩的人。

从心理学的角度来审视这种操纵行为的话，“互利性原则”就是行为背后的行为准则，这种原则被人类学家奥莱尔·蒂格尔和罗宾·福克斯认为是属于人类的一种适应机制，即通过创造一种有效率的社会关联，形成商品互换的模式。人们之所以会觉得“人情债”不能欠，就是因为社会舆论对于获得利益却不回馈他人的行为是持谴责态度的，这样就形成了一种约束力。因为没有人希望在别人眼里，自己是一个单纯的牟利者，我们不自觉地遵照这个原则行事，这就为操纵者提供了可趁之机。操纵者会利用人们“没法拒绝”的心理，使得这条原则很快就变成了一种不对等心理关系的游戏。

如果你发现自己也是这条原则的遵从者，那么从现在开始，你要学会对别有用心的“好心人”说“不”了！你要做的就是调整心态，对于那些总是历数给你做过多少好事的人，你可以直接告诉他：“不要这样了，这件事情我可以自己解决！”一开始，他可能会故意表现得很受伤，甚至会有些言语攻击。但几次之后他就会发现，在这方面，你已经不受他的控制了。尤其是女性朋友，特别要注意别用“我为他做了那么多……”“如果当初不是我……”这样的话去威胁自己的朋友或者丈夫，因为没有人逼着你去做这些，感情不是商品，不能用于等价交换。否则，你换来的不会是感激，而是怨恨。

魅力型：当操纵者有了无法抗拒的吸引力

早在读大学的时候，凯瑟琳就是许多男生追求的对象，她是一个漂亮、温柔又娴静的女孩。在众多追求者中，凯瑟琳最终选择了学生会主席纳秋。在凯瑟琳眼中，纳秋成熟、稳重，有着极强的组织能力，是值得依赖的对象。面对凯瑟琳的选择，很多男生为之愤愤不平，他们认为纳秋完全是利用职务之便，打着工作的幌子把她追到手的。

工作后，凯瑟琳留校教书，很快就成为学校里的骨干力量。纳秋则进了政府部门，经过自己的奋斗，也已经是部门负责人了。只是随着纳秋每天应酬的增多，他对于这个家来说，更像是一个旅客。

凯瑟琳不是一个爱抱怨的女人，当她看到丈夫以前那些优秀品质在慢慢消失时，她也曾与丈夫沟通过几次，但她看到纳秋并没有放在心上，也不再多说了。一晃7年过去了，他们的女儿也已经6岁了。

一天下午，凯瑟琳接到一个电话，对方说是她以前的同学，叫安迪，但她怎么也想不起对方的模样。

大约20分钟后，安迪开着一辆帅气的奔驰停到楼下。凯瑟琳的脸有点红了，原来在临近大学毕业时，这个安迪曾经追过她。凯瑟琳当时认为对方太平常，离自己的标准差得太远，一点都没有犹豫就婉言谢绝了，并很快把此事忘了。

凯瑟琳见到了从车上下来的男人，无法把他与印象中那个瘦弱、少语的普通男孩联系起来。只见他一身阿玛尼西装，手上戴着劳力士手表，一双皮鞋锃亮。原来，现在的安迪已经事业有成，他依靠技术转让与合作，成了一个大公司的副董事长，更令她惊奇的是安迪的谈吐、气质都和以前大不一样，整个人显得自信、沉着和坚定。不知不觉中，他们畅谈了近3个多钟头。凯瑟琳很久都没有这种感觉了，在安迪身上，她看到了自己丈夫早已没有的品质——执着、坚定、善解人意与责任意识。

安迪告诉她，自己一直未婚，想知道她的情况，如果她过得幸福，他立即撤退；如果她不幸福，希望能给他一个机会。

凯瑟琳没有立即回答她，但她的内心早已经翻江倒海。这个浑身散发着魅力的男人，无论是外表还是内在，都足以满足她对爱情和婚姻的一切愿望与需求。他就这样从天而降，打乱了自己平静的生活。其实，她扪心自问，自己与纳秋7年的婚姻已经形同虚设，剩下的只有责任，而面对安迪，她又有了心动的感觉。

之后的几个月里，两人开始频繁见面，安迪每次都表现得十分体贴、温柔、风趣。他说，他愿意等凯瑟琳，也愿意接纳她与纳秋的孩子，这让凯瑟琳很感动，并逐渐坚定了与纳秋分手的决心。终于有一天，凯瑟琳与纳秋摊牌了，纳秋很平静，他只是对她说："希望你不要后悔。"两人和平分手了，孩子归凯瑟琳。

正当凯瑟琳满心欢喜地拨通了安迪的电话后，发现安迪的电话总是打不通，后来更是经常关机。凯瑟琳到安迪的公司去找他，谁知门卫告知这家公司早在一年前就搬走了，凯瑟琳无法相信，于是她冲到安迪家中去堵他，才发现安迪早已有谈婚论嫁的女友了。凯瑟琳泪流满面地质问安迪为何要这样骗她，安迪说："我永远也忘不掉你当年拒绝我时的那种鄙夷的眼神，我就是要让你和纳秋看看，谁才是真正的主宰者。说实话，看你那么好骗，我还真是蛮失望的。"

作为魅力型的操纵者，他们往往很善于展现自己迷人的体格和风趣幽默的语言，似乎人们从他身上，可以很容易地满足愿望。操纵者们会通过衣着、汽车、珠宝来提升自己的格调；利用自己的社会地位，来隐藏起性格中阴暗的部分。

他们表述某件事情的时候，会让人觉得仿佛那就是真理，虽然他们说的往往并不是事实。可是，你竟然就真的这么相信了，这是一种本能的、看起来完全正常的反应。

友善型：他看起来好像很善良

人只要能装出自己是最能让对方信任的人，得到对方的信任，便可以按自己的想法，诱导对方的行动。通过巧妙的装模作样，得到对方的信任，从而影响对方的心理和行动。

在公共场合中，我们总是会习惯性地戴着一张“友善”的面具，这是出于礼貌和教养。与板着一张脸或面无表情相比，友善的形象能使我们更好地交流和营造融洽的氛围。比如有人十分善于赞扬餐厅服务员，所以他的朋友都十分愿意和他一起用餐，为的是得到更好的服务。

可是，有些操纵就恰恰产生于这种良好的、积极的关系中。特别是当我们习惯于别人所呈现给你的那张可亲的面孔，那么当出现问题时，我们就会让记忆中的积极体验掩盖住不安的感觉。

史密斯是一家销售公司的业务员，作为没有任何背景的最底层员工，他深信只有在单位里找到一个靠山才能有前途。他发现销售主管杰夫是一个很好说话的人，对他也一直很照顾。于是，史密斯便决定“攀附”他。

有了这个想法以后，他经常去找杰夫“请教”问题，汇报工作。杰夫似乎对他也是高看几分，开始有意无意地暗示他，只要他好好干，自己会在适当时机提携他。史密斯对于主管的暗示心领神会，他也为自己能这么快就与杰夫达成默契窃喜不已。

然而，史密斯不知道的是，杰夫的能力其实并不强，这也是他从来不强势的原因。不得罪任何人，左右逢源，再加上一定的“后门”，是杰夫爬上主管这个位置的几大法宝。一开始，他看到史密斯能力强还心存忌惮，谁知却发现这个愣头青一心想讨好自己，他觉得自己正好可以利用一下他的这种心态。

杰夫开始重点“培养”史密斯的能力，本该由他撰写的销售方案，他全交给史密斯；史密斯取得的突出业绩，他全划归到自己名下；公司有个难缠的客户，谁都不愿去处理，他在领导面前大包大揽，最终却将这“烫手山芋”又交给了史密斯，等史密斯费尽心力搞定这块硬骨头后，功劳却与他没有任何关系。

其实，史密斯对于杰夫的所作所为并不是没有怀疑，但他还是坚信，光有能力没有领导赏识是没用的，再加上杰夫常常和气地关心他的工作和生活，更让他觉得自己的怀疑毫无根据。杰夫对他说的最多的话就是：“你现在根基不牢，不能锋芒毕露，我这是在保护你。等你历练成熟了，我自然会在领导面前举荐你！”就这样，史密斯取得的劳动成果一次次地被主管摘走，而他除了主管的“夸奖”，什么也没得到。

一年后，杰夫因为业绩突出，被调往分公司当经理。史密斯完全呆住了，他这时才明白，自己完全被利用了。

本杰明·迪斯累利说过：“如果你想要控制别人，必须先为他们服务。”这种服务就是基于站在别人的角度考虑问题，因为很多时候，说服比强迫更有效。要想控制别人，操纵者必然会先了解他人的需求、动机和意图。为了做到这一点，他们会表现得和蔼可亲，但是言语交流中，又会鼓励别人谈论自己，却很少提及他们自己。很少有人会想到这是他们操纵他人的第一步：对对方了解得多，被对方了解得越少，就更有可能控制他，或避免被他控制。

从杰夫成功操纵史密斯为自己效力中可以看出，他的秘诀就在于放低了身段，却又不让别人看到。正如马基雅维利所说的那样："要想一直保持成功，就必须根据时势的变化调整自己的行为。"对于灵活善变的赢家来说，最重要的是不让别人看出"用力"的痕迹，要让有意为之的战略调整成为看上去像是自然发生的事。因此，我们要时刻提醒自己，对你彬彬有礼、面目友善的人不一定都是出自真心的，必须结合当时的情境来进行分析，才能看出他的真实目的。

专制型："我才是最有道理的"

斯蒂芬是一个自由摄影师，他曾经有过一段婚姻，可是妻子受不了他飘忽不定的生活节奏，在生下儿子约翰2年后就不辞而别了。孩子7岁以前的日子都是跟着祖父母一起过的，直到斯蒂芬找了一份杂志社的工作，约翰才回到父亲身边。

由于家中女性角色的缺席，再加上斯蒂芬强势的个性，约翰的个性与父亲截然相反，显得胆怯，不爱说话。这让斯蒂芬很恼火，他希望儿子能够和自己一样独立和强悍。为此，他专门计划了一次阿尔卑斯山的户外旅游，准备借此机会好好培养约翰的男子汉气概。

旅途一开始十分美好，10岁的约翰兴奋极了，他从来没有说过那么多的话。可是2天以后，他就开始显得困倦，斯蒂芬并没有太在意。可是随着海拔的升高，约翰出现了高原反应，斯蒂芬给约翰吃了抗高原反应的药，并就近找了个休息点。第二天早上，约翰精神好了很多，斯蒂芬就继续他们的旅程。可是当接近4000米海拔的时候，约翰出现了更强烈的高原反应："爸爸，我头好疼啊……我喘不上气了……"约翰哭着抱住头。"再忍忍，忍过去就好了，你要记住，你是男子汉！"斯蒂芬觉得，多年的户外经验告诉他，高原反应是暂时的，只要适应了高原环境就会缓解。

约翰的高原反应断断续续，时好时坏，斯蒂芬想这是上帝要锻炼约翰的意志力，他语气强硬地说："约翰，你要学会对抗各种艰苦的环境，这是对你的考验！"约翰什么也听不进去，他已经出现了幻觉，斯蒂芬对约翰的毫无反应十分恼怒，狠狠推了他肩膀一下。结果，约翰昏了过去。

斯蒂芬这才停下了车，发现约翰面色青紫，他感觉到了事态的严重性，立即飞奔返程。等到了住宿点时，约翰已经休克了，还来不及送医院，约翰就停止了呼吸。斯蒂芬呆住了，他对外界的一切都失去了感知力，甚至不知道后来的几天是怎么度过的。

我们很容易就能看出，斯蒂芬是一个专制独裁的操纵者，虽然他强悍而鲜明的个性被人们认为十分特立独行，或许在他的专业领域中，他需要这样的性格来支撑他的信念。但是，一旦他把这一套用在对待家人身上，无疑是一场灾难。

在斯蒂芬心中，懦弱是作为一个人无论如何都不可接受的致命弱点，他也不会理睬旁人的生活、想法、感受，这些他统统都不感兴趣，即使这个人是他的儿子。斯蒂芬毫不犹豫地将自己的想法强加到儿子身上，正因为如此，他才会认为锻炼儿子强大的内心才是唯一重要的事情。他确定了这样的信念，就必须贯彻执行，没有任何讨价还价的余地。

6点半，刚下班回家的杜克掏出钥匙，还没插进锁孔，门被打开了，露出了妻子伊莱莎的嚷嚷声："嗨，亲爱的，你看起来好疲倦啊。"

杜克吃了一惊，下意识地摸摸脸，他似乎觉得自己的身体真的有点不对劲了。伊莱莎围着围裙，拉着他的手，让他乖乖坐在椅子上，等她拿饮料来。当伊莱莎捧着无糖汽水走过来时，她的眼睛上上下下打量着丈夫："亲爱的，你一定在对什么事情生气，你别想瞒着我。"

杜克还没来得及回答，伊莱莎又接下去："你一定在生气，为什么你不把事情说出来呢？"

杜克疲倦地揉揉额角："伊莱莎，我不知道你在说什么，我只是有点累罢了。我没有生气。"他的声音充满了无力感。

"好吧，你不说也只有随你了。我不知道你为什么不肯和我分享每一件事，我只是想帮你分担而已。"

"行了，我不需要帮忙。我现在只需要听点儿舒缓的音乐，在晚饭前好好休息一下，这样的要求不过分吧？"

"啊，我说你是生气了吧，现在你倒对我发作起来了。你真是个不可理喻的家伙，我懒得理你了。"伊莱莎一阵机关枪似地说完话，拂袖而去，走向厨房。

很快，厨房里就传来锅盘碰撞的声音，一声声都如同敲击在杜克的心上。他知道伊莱莎喜欢用她那种带有破坏性的"读心术"来摆布自己，他也知道伊莱莎并不是真的生气，她只是乐在其中而已。

对于伊莱莎来说，与丈夫玩这种"读心术"游戏是一个有趣的过程，但对于身在其中的杜克来说，无疑犹如身处地狱之中。那么，我们该如何打破这种破坏性很大的专制做法呢？结合之前斯蒂芬的例子，我们先来全面了解一下这类操纵者的特点。

首先，从斯蒂芬和伊莱莎的言语中我们可以看出，他们的个性都十分好强，半点不服输，这也是大部分专制型操纵者的共通点。即使遭遇挫折，他们也会全力以赴，把局势扭转。就算真的发现自己做错，也不认错，顶多说一句：“要杀要剐随便你！”其次，他们不太容易体谅弱者的心情，旁人若向他诉苦，他们的反应都会相当坚定，指出“原因全在于你不够努力”，或者是表现出完全不同情的态度。当然，如果是在一个团体中，他们都属于积极、好出风头的领袖型人物。虽然常常会说“这件事由你决定”，看上去似乎很民主，但如果没有依他们的习惯去做，或没意识到他们要的东西是什么，做出不合其意的决定后，他们就会批评你的错误，并指导你正确的做法。

要摆脱他们的操纵并不容易，因为他们都是意志坚强的人，我们只能采取持续的、有技巧的方法，来一步步达到反操纵的目的。心理学家提出一种“过分同意”的方法，可以加以尝试。这种方法是指永远同意操纵者的意见，甚至是过分同意。这个技巧所用的原则是“归纳于荒谬”，即逻辑性地引导某事达到其结果，从而表现出其不合理来。专制型操纵者所说的话几乎是不容反驳的，所以与之争论毫无用处。但是他其实对你的同意并不是十分肯定，所以当他得到的是你毫无疑义的同意时，他自己反而会迷惘。更进一步说，他原本是以自己的无所不知和使对方不知所措来保持自己的有利地位，现在这样一来，他忽然害怕再继续下去，因为你的态度会使他失去掌控未来的自信和优越感。这样一来，他的意志力受到了削弱，这时，我们可以再通过“表面坚持，暗地调整”的方法，从而慢慢地扭转局面。

权威型：越有学识，越能够“诱导”你

曾经有一个心理学家，在给学生上课时，分别向两组学生展示同一张

照片，但是他对此照片中人物的介绍却完全不同。他对第一组学生说：“这个人是个罪大恶极的罪犯！”对第二组学生则说：“这个人是个很有名的科学家。”

然后，他让两组学生分别描述照片中人的相貌。结果，第一组写的是：深陷的双眼，表明内心的仇恨；突出的下巴，表明将罪恶道路走到底的决心。第二组写的是：深陷的双眼，象征着思想的深邃；突出的下巴，表明在科学研究上克服困难的毅力。由于受实验设计人不同诱导，两组被试者的心理准备不同，而得出的结论也截然不同。最关键的因素在于，他们都是受到了自己十分敬爱的导师的诱导才做出的相貌描述，却都没有想过用自己客观、公正的观察去描述。

其实，“权威效应”在我们的生活中十分常见，有时候我们为了说服他人，会不自觉地引用某位权威人士说过的话，比如“我上课的老师这么说过……”“我的心理咨询师是这么建议的……”通过这种形式给对方施压，也给自己的话语增加分量。

在某一领域的权威人物，他们本身就是说服力的象征。比如来自一位医生、教授、律师或者治疗师。我们与这样的人物的关系是建立在对他们信任的基础上的，不管是否应该，我们都习惯于给这些专业人士罩上一层智慧的光环，从我们的内心深处，对他们所说的话会自发产生个人倾向性。

著名的神经学学家图雷特做过这样一个公开实验，更加赤裸裸地揭示了权威人士对人的控制力是多么巨大。他先将女性实验对象催眠，然后让她进行剑刺、枪击、投毒等犯罪行为。当然，图雷特让女性实验对象进行各种“杀戮行为”使用的不是真正的剑、枪、毒药，只是高仿真的赝品。

结果，实验对象并没有苏醒，催眠似乎战胜了被催眠者自身的道德观念。不过，这个实验在之后出现了逆转。公开实验结束后，图雷特的学生们心血来潮，跟被实验的女性开了个玩笑。他们对被实验的女性说，现在她一个人在房间里，到了洗澡的时间，他们命令被实验女性脱去衣服。然而，被实验女性突然歇斯底里，因为她从催眠中苏醒了过来。

虽然实施了犯罪，但是女性实验对象认为，自己只是按照教授的命令行事。换句话说，就是女性实验对象信任教授不会命令自己做危险的事，而对于学生们，她则没有这种信任感。

我们之所以会如此相信权威，是因为如果我们倾向于从总体上信任或肯定某人，那么我们就会在头脑中形成关于这个人优点的正面信息，并不断强化。反之，如果我们从总体上倾向于讨厌或否定某人，那么我们往往特别注意这个人还有什么缺点。当然，如果操纵者有意展示其权威性的一面，就会不断培养我们对他的信任感，并使我们对他的缺点视而不见。

操纵者之所以可以做到这一点，首先源于我们对自我的怀疑。普通人在权威人士面前，容易低估自己的观念、情感和洞察力的正确性，而让别人来决定我们该如何做。我们赋予理想化的人物力量和智慧，相信他们比自己更精明、更明智、更“正确”。我们或许不喜欢他们的所作所为，也看出他们对我们的要求不公平，但是我们缺乏自信，让他们大行其道，而且从不质疑他们的要求以及他们对现实的判断。

操纵者一旦确定了我们的不自信，就会使用各种手段来强化我们的不自信，比如他们会通过一种严肃的语调，摆出微微上抬下颌的姿态，这就已经传递出了足够的信息：“在我这里，你只能相信我！”

当操纵者用语调、身体语言和整体态度清楚地显示出他的权威性后，我们会不自觉地感到很害怕。毕竟，每个人都会害怕被权威人士贬低。我们会觉得，要是这些有威信的人不喜欢或者不同意自己，一切肯定都是自己的问题。甚至，我们会因为这种不被认同的恐惧而对操纵者唯命是从。

无辜型：越可怜的人，越可怕

杰西卡是在一次朋友聚会上认识茱莉亚的，那是一个与摄影展有关的私人Party，杰西卡和丈夫一起开了一家专门制作杂志的文化公司，想借此机会拓宽人脉。杰西卡记得很清楚，那天的茱莉亚看上去十分安静、柔弱，她总是静静聆听着别人的交流。出于礼貌，杰西卡也给了茱莉亚一张明信片，她很高兴地收下了。

后来，杰西卡和茱莉亚又在聚会上遇到过几次，两人成了朋友，尤其当杰西卡听说茱莉亚曾经遭遇过一段不幸的婚姻后，对她更加照顾。两人偶尔会一起逛街，喝喝咖啡，交流一下关于摄影的心得。

有一次，茱莉亚听说杰西卡要为一名摄影大师制作摄影集，她流露出了羡慕和向往的神情："我真为你高兴，杰西卡，这是你梦寐以求的事情。我想接下来你会有很多事情要做，要是我们能一起合作，那该有多好啊！我想我可以做你的助手。"

一开始，杰西卡婉言谢绝了茱莉亚的好意，茱莉亚立刻蹙起了眉头，噘着嘴说："亲爱的杰西卡，你知道我现在的处境很艰难。我好不容易在你的帮助下走出了离婚的阴霾，但如果我出去找别的工作，我又信不过人家。我想你是能在朋友需要时伸手拉对方一把的人。"茱莉亚这样说，让杰西卡感到很为难。这时，茱莉亚继续给杰西卡施加压力："你是一个好运连连的人，不论是婚姻还是事业都那么美满，我只是想沾点你的运气而已，如果你把我当成你的朋友，一定会帮我的。"

不仅如此，茱莉亚还在各种杰西卡能看到的网络交流平台，比如脸谱网和维特网上发表自己的心情状态:“我深深地困于生活的苦难,见不到一丝阳光。现在,终于有了一线生机,能够让我逃出苦海,但它又在慢慢远离我!我真的就要一直这样痛苦地活下去吗?”这种类似的充满委屈和愁苦的“心声”一遍遍出现在杰西卡的视线里。渐渐地,她认为自己如果无视茱莉亚的请求,那简直成了十恶不赦的人。

就这样,茱莉亚一边奉承杰西卡的幸运与善良,一边强调自己悲凉的处境。最后,杰西卡屈服了。

不是所有的受害者都是沉默不语的,有些受害者非常乐意和我们分享他们苦难的细节。茱莉亚或许曾经是一个失败婚姻的受害者,但她却用“装可怜”的招数让杰西卡相信,她就是那个可以让茱莉亚免受艰难生活困扰的人,从而达到了自己的目的。其实,以她的水平和能力,是很难在社会上与别人竞争的。

我们很容易会因为别人身心受过创伤,或者受过不公平的待遇而给予对方同情、关心和支持,这也是人们选择用装可怜来控制别人的原因。但是,不论无辜者怎样表现,他们无非有三个目的:①看看你对我做了什么;②看看你本该为我做的事;③这不是我的错。对于自己的错误和失落,他们不自我反省,反而找借口,把错误归咎于别人。

曾经有一位资深的心理咨询师,当别人问他“要如何分辨什么人可以信任”时,他的答案经常会让他们大吃一惊。因为在普通人眼里,不值得信赖的人总是与邪恶的行为、肢体语言或是言语恫吓联系起来。但这位心理咨询师却说,这些特征都不可靠,最可靠的特征是:他们“装可怜”的戏码——操纵者的一大法宝并不是让我们感到恐惧,而是要博得我们的同情。

这位咨询师曾经去采访过一位诈骗犯,这个人并不暴力,而是比较喜欢用精心设计的投资骗局来诈骗别人的钱。在当时资历尚浅的咨询师看来,这种犯罪都是属于高智商犯罪，他对这名犯人充满了好奇。咨询师问他："这辈子，对你来说，你最渴望什么？"他以为对方会回答"出狱"或是"财富"。但出乎预料的是，这个人毫不犹豫地答道："哦，很简单，我最想要的就是别人的同情。"

这个回答让咨询师着实大吃一惊，同时也引起了他的困惑和思考：为什么这个人——或者说有人——喜欢被人同情？

其实，对于用"可怜"操纵他人的"无辜者"来说，被操纵者的同情就等于无条件投降。产生同情的时候(至少在那一刻)，我们是毫无防备的，而那些别有用心的人就会利用这一点来对付我们。在他们眼里，我们才是可怜又可悲的工具。

因此，在判断什么人可以信任的时候，请牢牢记住，如果一个人一直在伤害他人或是做出过分的行为，却又经常装可怜博取你的同情，那么你就要小心，他极有可能就是个操纵者。这类人不见得就是杀人狂，或是生性凶残，但你面对他们时要谨慎，轻易不能跟他们合作、请他们帮忙照顾小孩，甚至与他们结婚。

不过，从另一个角度来看，"装可怜"作为一种有效的办法，在我们工作中，也可以适当、巧妙地加以运用，激起对方的保护欲，达到影响他人心理的目的。在不伤害他人的前提下，提高我们自己的做事效率，也不失为一种好办法。

汽车巨头亨利·福特公司的业务很忙，他的桌子上总是堆满了各种账单。老板每次大致浏览一遍后，就把账单扔在桌子上，对经理说："你们看着办吧，我也不知道该先付谁的好！"但是有一次，他从一大堆的账单中抽出一张对财务经理说："马上付给他！"这是一张传真来的账单，除了列明货物、价格金额外，在一块空白处还画了一个头像：头像正在滴着眼泪！

“看看，人家都流泪了，”老板笑着说，“以最快的方式付给他吧。”

就这样，催账单上的几滴泪珠帮助催账人迅速引起他人的重视，以最快的速度催回了大笔的贷款。

同情弱者，是人的本能；放低身段，则是一种策略。当对方不愿意帮忙或者正犹豫不决的时候，我们不妨“装可怜”一下，激起对方的保护欲；当对方觉得你的说法真实可信，很有可能就会做出让步，答应你的请求。

自我压制型：建立在虚幻之中的控制关系

“超我”——自我压制力量的来源

“呼、呼、呼、呼……”

盖亚吃惊地侧头看着脸蛋通红的米拉，只见她手捧在胸口，如同受了惊的小鹿惴惴不安。这种情况对于米拉来说并不陌生，每当她去教堂时，她就会不自觉地变成这个样子。她会满怀希望地坐下来，竭力使自己相信今天将是她摆脱这些焦虑不安感受的一天。但是，没过多久，紧张的情绪又不知不觉地向她袭来，所有那些不舒服的感受和恐惧又回到她的心中。

米拉觉得，如果出去走走情况可能会好些。当她坐着不动时，她特别害怕那些使她头昏的感受，但米拉不敢在弥撒结束之前就离开教堂。她害怕有人也许会注意到她中途退场，并会猜测她的内心受到了什么伤害。于是，紧张和焦虑越来越加重，直到米拉认为自己肯定快要昏厥过去，她甚至觉得自己快要死了。

盖亚总是向她建议说："亲爱的米拉，如果你真的觉得不舒服，你就站起来，离开教堂出去走走，等你觉得好了一些时再回来。"

"哦，天哪！我绝不能那样做！你知道，那样做太可怕了……"米拉坚决地拒绝道，同时，她的脸上充满惊恐的表情。

"为什么太可怕了？"

"因为所有的人都会知道了。"

"知道什么？"

"知道我有点不对头——知道我身上发生了什么不好的事，那将使我更难以忍受。"

米拉固执地认为她必须让所有其他的人相信她是镇定自若、心平气和、举止恰当、稳重端庄的——总之，具有完美自制力的人。而且不仅是在大部分时间里，而是在所有的时间里都是如此。正是这种错误的信念，使她与他人的关系经常处于紧张和焦虑的状态之中。

相信许多人都有着与米拉同样的经历和想法，认为绝不应该向别人暴露自己的内心，而是必须尽自己最大的努力把自己的庐山真面目隐藏起来。其实，并没有外在的控制者操纵着米拉一定不能走出教堂，是她对自己行为的无端压制，造成了人际关系的紧张和自我感受的痛苦。

那么，使米拉如此挣扎又无法摆脱的力量来自何方呢？

我们每个人的内心都有一个"超我"存在，它是内心的谋划者，或者用弗洛伊德的话来说，是"恋母情结的继承者"。心理学家把"超我"理解为一个丰富而实用的概念，超我是我们通过童年时期与他人之间的重要关系所形成的内在声音，它会批评我们的缺点，指责我们的错误，是一种大多数人很容易就能辨认出来的主观经验。

"超我"就是这股强大的力量，它每天都在我们心里喋喋不休："不要做这件事情"、"你不应该那样想"、"你这样做是不明智的"、"你得去处理好那件事情”、“不许再浪费时间”……

“泰迪幻想”——幻想中的控制欲

在北美，泰迪熊是很流行的玩具。弗朗西斯是一个小男孩，他的家庭中有四个重要成员：爸爸、妈妈、他和泰迪熊。每天，他都会和泰迪熊有这样幻想中的对话：“我要出去玩了，你乖乖地在这儿待着。”“我回来了，你真乖啊，一直在这儿等我啊。”

泰迪熊是不能动弹的，也不能说话，于是，这个小男孩可以把自己对一个稳定的“被控制者”的幻想完美地投射到泰迪熊的身上，这个泰迪熊会百分百地按照他的幻想和他“互动”。

长大以后，这个男孩就把这个泰迪熊投射到恋人身上，期望着恋人能像泰迪熊一样彻底地遵从他的意志。

恋人自然和泰迪熊不一样，因为她能走能跑能说话，而且更重要的是，她是一个独立的人，一定会有他所不能预测的言行和想法，这一切都会颠覆他的“泰迪幻想”。这时，他就会产生负面情绪。如果“泰迪幻想”对他极其重要，那么他的负面情绪就会极其强烈。

无论是“超我”还是“泰迪幻想”，其实这段的控制与被控制的关系只有一个人参与。我们很容易就能排列出“自我压制”或者说“自我勒索”中的各种要素——从索取到被拒绝，再到施压和威胁。请注意，即使是一个人，也可以完成这一系列的心理过程。这种情况会在我们对别人的负面反馈感到十分恐惧，并因此产生幻想时发生。我们自以为，要是我们提出某个要求，他人就会拒绝，不理睬我们，甚至感到生气；而我们因为固执地想要保护自己，不愿冒险试探他人的反应，甚至像“要是我……你会怎么样”这样的话也不愿问。

因此，我们常常会因为担心别人的反对而放弃了在自己能力范围内理所应得的东西。我们从不说出自己的想法，轻易放弃自己的梦想和计划，只是因为我们“确信”有人会反对。我们用自己种下的苦果来压迫自己，不让自己做自己想做的事情。我们经常会做出脱离现实的假设，我们甚至会因为不能做自己想做的事而恨自己身边的人，最后演变成为某种心理上的疾病。而事实上，这一切，我们所憎恨的人并不知道——他们并没有真正参与。其实，我们是在自寻烦恼，也就是自我压制。

不是命令的命令

美国著名企业家查尔斯·施瓦布下属的一个炼钢厂总是不能按时完成任务，施瓦布为此伤透了脑筋。他前后换了好几任厂长，但没有丝毫效果。于是，施瓦布决定亲自前往处理这件事。

施瓦布先到了厂长办公室后，责问厂长是怎样管理工厂的，为什么不能把工厂搞出个样子。厂长说他试过许多办法，他劝过工人们，也骂过他们，甚至以开除相威胁，但全然无济于事。

施瓦布决定去车间看看，他到生产车间的时候，正值白班工人要下班，夜班工人要接班。到了那里，施瓦布问一个工人：

“你们今天一共炼了几炉钢？”

“6炉。”工人答道。

施瓦布听后没有说话，他在黑板上写了一个“6”字，转身离开了。夜班工人上班时，看到黑板上有个“6”字，十分好奇，忙问门卫是什么意思。门卫告诉他们说：“施瓦布今天来到这里，他问白班的工人炼了多少炉，知道是6炉后，他就在黑板上写了这个数字。”

第二天早晨，施瓦布又来到工厂，特意看了看黑板，看到夜班工人把“6”换成了“7”，便十分满意地离开了。

白班工人第二天早晨上班时看到了黑板上的“7”，一位爱叫嚷的员工大声叫道：“这意思是说夜班工人比我们强，我们要让他们看看到底谁最强！”

当他们晚上交班时，黑板上出现了一个巨大的“10”字。

施瓦布用这种方法，使两班工人竞争起来，这个向来拖后腿的工厂产量很快超过了其他工厂的产量。

这个故事，让我们看到了建立在虚幻中的控制关系中所蕴藏的无穷力量。可以说施瓦布深谙心理战术，他通过建立两班工人的竞争关系，将工厂上层对他们的控制，转化为了工人之间的竞争以及随之而来的工人们对自己的高要求。事实上，并没有谁强制性要求工人这么做，他们只是被施瓦布引导，从而进入了一种“自我压制”的模式。这种模式让他们无形中提高了自己的工作目标——“我绝对不能比别人差!”这样做，既不会引起工人们的逆反情绪，又调动了他们的积极性，可谓一举两得。

第四章

你是怎样进入操纵者的陷阱的

深谙心理操纵技巧的人，会以各种方法对你的行为进行控制，以满足自己的利益；同时，我们自己也可能“姑息养奸”，纵容他们的行为，就如同法国作家西蒙·波娃所说：“我和所有人一样，一半是同谋，一半是受害者。”我们只有对他们的操纵行为进行深入的分析，才能了解他们的真实意图，避开他们对我们的掌控；也只有深入分析自己的特质，才能真正塑造一个独立的、不受他人控制的自己。

心理操控的本质是欺骗

他骗过了所有人

故事发生在BBC的一个游戏节目里，这个节目叫“金球”(Golden Balls)。节目开始有四名选手参加，经过许多轮对人性的考验和互相之间的角力后，到最后只剩下两名选手和一大笔的奖金。

这时，主持人会给每人两个球，其中一个写着Split（平分），另一个写着Steal（偷走），他们需要从中选择一个球。根据两人的选择，会出现三种情况：

1. 如果两个人都选择了Split，那么皆大欢喜，两个好人可以平分之前累积的奖金，这是最理想的情况；

2. 如果其中一个人选择Split，另一个人选择Steal，那么选择了Steal的坏人可以拿走全部的奖金，而选Split的好人则一分也拿不到；

3. 如果两个人都选择了Steal，那么两个坏人都一分钱也拿不到。

在做出各自的选择前，两个人可以互相商量。于是在这个节目里，就经常出现这样的情况：其中一个人极力保证自己一定会选择Split，让对方也选择Split，这样两个人可以平分奖金，但最后他选的却是Steal，坏人伪装成好人，偷袭成功拿走全部奖金。

另一种常见的情况是，两个人都说好了选Split，然后两个人都反悔选了Steal，结果两个人都拿不到钱。

这是一个类似囚徒困境的逻辑题，选手往往会被复杂的人性和游戏的规则所玩弄。但在其中一期节目里，一个选手却成功地玩弄了这个规则。

这期节目的最后两名选手，一个叫尼克·科里根，一个叫易卜拉欣·哈森。

易卜拉欣向尼克表示，自己一定会选择Split，请尼克也选择Split，这样两个人可以平分奖金。为了让尼克相信他，易卜拉欣还说了一个父亲教育自己要为人诚实信守承诺的故事。

没想到，尼克却态度强硬地向易卜拉欣表示，自己一定会选Steal，但他同时表示，只要易卜拉欣选择Split，他会在节目结束后把拿到的奖金和对方平分。

这是此前节目从来没有出现过的情况，现场的观众和主持人都不敢相信尼克会作出这样的表态，易卜拉欣更是气得直骂娘。

在尼克一定选择Steal的情况下，易卜拉欣面临的情况是：选择Steal，两个人都拿不到钱；选择Split，那么尼克拿到所有的钱，然后节目结束后两人平分，但尼克是不是会遵守承诺可不好说。

但是易卜拉欣没有别的选择，在尼克如此强硬的情况下，他只能选择Split。

而尼克呢？对着镜头，他展示了自己的选择：也是Split，而不是像他之前表示一定会选的Steal。

就这样，两个人皆大欢喜，平分了奖金。

节目结束了，但是这个故事最精彩的部分是在节目之后。

媒体调查了易卜拉欣，结果发现他从来没有见过自己的父亲，他从小是被母亲养大的。他讲的那个关于父亲教他如何做人的故事是他从一部电影里看来的情节，纯粹是欺骗尼克的借口。而他本来要选的是Steal，这样要么两个人都拿不到钱，要么他一个人拿走所有的钱。

而尼克设计的小伎俩，成功地摆脱了这种状况，让易卜拉欣没法使坏，也耍了游戏规则一把。

其实，尼克的行为在操纵界并不稀奇，因为高明的操纵者都精于控制之道，他们的一言一行都进行了精心的设计，意在控制个人乃至公众的行为。

如果你想学会与人交往的技巧，学会区分真实的他人和你“想象中的”他人，是十分重要的。因为那些精明的操纵者，都是谙熟人性的人，他们会以你希望看到的模样出现。他们可能是看上去充满魅力的经理人，热情洋溢的社团负责人，某个领域的权威等。更不必说充满了各种“烧脑子”行为的营销手段，那里充满了不可告人的行业秘密。比如，很多销售商总是会表现得十分诚恳，给你留下一个虚假的诚实印象，几乎没有人怀疑这个谎言。而我们不知道的是，商人会花很长时间去策划这些事，并竭尽所能通过简短的交流表现自己，让你对他们产生信任感。

顶尖商人炼成术——不是欺骗的欺骗

美国犹太实业家路易·E. 沃尔夫森被商界誉为金融奇才，可谁能想到他的实业道路是从负债开始的。他就是通过游走于灰色地带，为自己收买了人心，他“操纵人心”的做法是商界很经典的例子。

他首先向人借了一万美元，买下了一家废铁加工厂，很快，他的个人资产就突破了百万美元。沃尔夫森又用 210 万美元的价格买下了“首都运输公司”，公司负责运营华盛顿的一套地面运输系统。

公司还没有赢利，沃尔夫森就开始宣布，公司将要增发红利。这类做法本身并没有特别出奇的地方，只是沃尔夫森准备发放的红利超过了公司这一段时间的赢利额。也就是说，他用可能会亏本的代价，制造了企业高赢利的假象，借此让公众产生对该公司的过高期望，以提高公司的股价。

结果，和沃尔夫森预料的一样，“首都运输公司”的股票在证券市场被大家一致看好，价格一路上升，趁此机会，沃尔夫森将其手中的股票全部抛出，仅此一举赢利额竟高达原来股票价值的 6 倍之多。

要在商战中站稳脚跟是非常不容易的，不过成功的经商者并不会一味地采取欺诈的方式，因为这样做生意是不会有长久的客户的。许多“欺骗”手段可能不符合商业道德，但也不违背商业交易的规定，这就与行骗区别了开来。对于商家来说，他们给了消费者想象中的允诺，使之成为某种策动人心的力量，而现代商业是靠法律来约束，而不是靠伦理来约束。这是一种不欺骗的欺骗，也是操纵术中十分高超的大手笔。只要运用好这种经商的操纵术，每个人都有可能成为顶尖的商人。

原来我们只是他们的玩偶——非对等的关系

莫娜，29 岁，是一个美丽动人的女人。但是她最近却心情抑郁地敲开了心理咨询师的大门。她说她想和一个男人分手，而这个男人就是她的老板。

看得出来，莫娜的情绪有点激动，咨询师给她倒了杯水，并让她尽可能舒服地坐在沙发上。她捧着杯子出了会儿神，然后抬起她精致的脸庞，将她与这位老板爱人的过往说了出来。

原来，莫娜大学毕业后进了一家广告公司，她成了这家公司老板的秘书，并因为自己的勤奋努力，成为了老板的得力助手。她的老板叫卡尔，一个 48 岁的资深广告人，涉世未深的莫娜很容易就被这个待人诚恳又风度翩翩的男人所吸引。他们合作默契，似乎总有说不完的话。后来，由于二人确定了关系，卡尔允许她了解自己生意运营和交易的内幕情况。公司里的员工很快就发现，莫娜成了副经理，这个位置使她得以具体参与业务竞标等核心工作。

莫娜的好朋友得知她的这段恋情后，曾经警告她不要与自己的老板有这样的瓜葛，尤其是他还是个已婚人士。但是在莫娜眼里，卡尔成熟、风趣，懂得女人的心思，这是与她同龄男人所无法给予她的。更重要的是，卡尔一直对她说，自己与妻子的差距已经无法弥补，他一直很苦闷。两人独处时，卡尔常常向她描绘两人结婚以后的场景，这让莫娜欣喜莫名。她相信卡尔会为了她与妻子离婚，只是时机还不成熟而已。

就这样，他们见不得光的关系持续了两年，莫娜渐渐有些焦虑，因为卡尔对离婚一事始终按兵不动。莫娜终于明白了一件事：卡尔对同时有一个妻子和一个情妇的现状很满意。一个周五的晚上，两人吃晚餐时，卡尔神色平常地告诉莫娜，打算带妻子和女儿一起去马尔代夫度假，可是不久前他们才刚刚讨论过在那里结婚。莫娜觉得卡尔何其残忍，她搞不清楚，在他心里，自己究竟是爱人，还是仅仅是一个供他享乐的玩偶。于是她告诉卡尔，她累了，不再想与他这样继续下去了，"虽然这样令人痛苦，但至少我们都可以过上正常的生活了。"

莫娜原本以为卡尔至少会挽留自己，可是卡尔听莫娜这样说了之后，竟然没有流露出一丝一毫的不舍，他只说了一句话："如果我们的关系恢复到以前，那你就和我的公司说再见吧。"莫娜惊呆了，她知道卡尔掐住了她的死穴，因为她一时间是无法面对失恋又失业的双重打击的。卡尔让莫娜陷入了两难的境地：要么失去工作，要么继续无名无分地和他在一起。

从莫娜的这段故事中，我们不难看出，卡尔是一个不折不扣玩弄感情的人。作为一家公司的领导，他深谙"非对称式管理"，也就是说，卡尔在看透莫娜心思的前提下，把她足足玩弄了两年。

卢梭曾经说过："女人和男人有同样的欲望，但她们没有男人般的权力来表达。"当女人缺乏直接的方法满足自己的愿望时，她们就不得不依靠间接的或拐弯抹角的基本方式以得到力量和控制。卡尔很清楚莫娜的愿望：她缺乏经验，但又有很强的事业心，同时只对成熟男人感兴趣。莫娜渴望的这些都能够在卡尔身上得到，这段从一开始就不对等的关系就形成了。

卡尔对莫娜的操纵是极有说服力和针对性的，尤其当这种操纵涉及感情时，变成了最有力的操纵。在卡尔眼中，莫娜是一个对他充满感激、爱慕的女人，这实在是一个太理想不过的目标，因为这类女人往往把别人的愿望和感觉放在第一位，就很容易被利用，而且能使她们对只考虑到自己的感觉和需要而感到内疚。

总之，对自己的上级产生情愫是危险的，因为这意味着，你可能面临着双重惩罚。那么，在任何关系中，要判断自己所接触到的人是不是一个操纵者，从而避免成为别人手中的“玩偶”，一个很重要的法则就是：你是否在接触中丧失了“自我”？你是否在面对对方时，已经不敢说出自己的想法，而是只能被他的意志所左右？如果你发现已经出现了这样的情况，那么你要做的，就是反省你们的关系，查找自己是否有弱点或者把柄在他手中，尽早终止与他的关系，以免使局面变得不可收拾。

你是受害者，也是同谋——忍气吞声的后果

美国社会心理学家弗里德曼等人曾经做过这样一个实验：他们安排两位大学生担任实验的具体实施者，让他们去登门拜访一些家庭主妇。第一次，其中一位大学生向被访者提出一个小要求，即要求她们在自己家窗户上挂一个小招牌，或者在一份请愿书上签字，目的是为了表明自己支持有关“美化环境”或“安全行驶”这一类的倡议。家庭妇女们觉得这是一些无害的小要

求，都欣然同意了。

两周以后，另一个大学生再一次来到这些家庭主妇家门口，请求这些主妇们在自家门前的草坪上放一块巨大的，但却与周边环境有些格格不入的广告牌，上面写着诸如“安全行驶”、“美化环境”的字样，并请求能够放上两个星期。面对这样的请求，主妇们有些犹豫，但最后还是答应了。与此同时，实验组还安排了一个参照组，也就是让第一个大学生去从来没有拜访过的家庭直接提出第二个要求，结果他被毫不客气地拒绝了。

这个实验的意义在于揭示了某种心理，即很多时候，操纵者都是被我们纵容出来的。有时候，我们被人哄骗引诱，或者为了得到别人的好感而答应了别人的小要求之后，就很难拒绝后面更大、更不客气，同时更有实质性的要求了。这种情况被心理学家形象地比喻为“跨门槛”：如果一个人要进你的家门，一旦他先把一只脚踏过了你的门槛，那么你就很难拒绝让他整个人都进入你的家门。可是，如果你一开始就把他毫不留情地拒之门外，那么他也就根本进不来。

操纵者从来都是从小事开始来试探我们，比如你本来计划好要出去玩，而你身边的操纵者却流露出不高兴的神情，他希望你能留下来陪他；周末你下厨，想做一些自己喜欢吃的菜，可是操纵者又生气了……这一件件的小事，最后都因为你为了要讨好操纵者，让他赶快高兴起来而牺牲自己的快乐和渴望。

也许你会说，这些真的只是一些小事情，甚至旁人也会说：“这不是再正常不过的事吗？你做点事情让你关心的人高兴不是应该的吗？”好了，这就说到了问题的关键！其实，重点不在于你为操纵者做了什么，而是你究竟是出于何种心态在做这些事情？你是心甘情愿地为他去做，同时自己心里也十分满足呢，还是怕他的要求没有得到满足而发脾气？你是否会觉得他一次次提出新的要求，你会在内心深处感到很委屈，可又不得不去哄他高兴，因为你以前都是这样做的？你已经习惯于为了满足他的要求而牺牲自己的意愿，一旦违反，你就觉得自己反而成了坏人？如果是后面这种心态，那就说明你已经被他的情绪所左右，直到有一天你发现自己不是在为自己活着，而是被这个操纵者的喜怒哀乐所控制，而他的一颦一笑正在左右你的行为。这一切，都是因为你的一再容忍，给了操纵者得寸进尺的勇气和资本。因此，残酷的事实就是：你既是操纵者手里的牺牲品，同时又是造成这个事实的同谋，对于那些你遭受到的操纵，你应该负一部分责任。你选择忍气吞声的主要根源就在于：缺乏辨别操纵者的能力，并且希望通过他人对自己的评价来实现自我价值。

那么，你真的没有退路了么？当然不是，即使对方已经把一只脚伸进了门槛，你仍然有办法可以对付他。首先要做的就是不要被操纵者影响，不要为了照顾他的心情而改变自己的计划。比如说，你今天晚上已经约好要跟朋友出去，他知道了以后怒气冲冲地回来，要求你取消计划。请注意，操控者一般来说不会直接要求你改变计划，而是会对你说“你去玩好了，不要管我”之类的话。实际上，他却会用动作、神情和语调暗示你这时候应该留下来陪他，就像你以前无数次这样做过的那样。这时，你可以选择不要去看他，并对自己说：“不要听他的，千万不要留下来，就按照我原定的计划出去玩。”

本质上，这类操纵者的内心也是脆弱的，他们希望通过控制他人得以证明自己的魅力。之前因为我们对他们的纵容，使他们以为跟人相处的时候，可以放肆地运用这种手段给自己带来最大的效益。你要记住，如果他这次的发作再次成功地让你改变了原先的计划，他下次就会变本加厉。为了不让他陷入一种“病态的依赖”怪圈，也为了不要让你的心情总是被他影响，你该让他学会为自己的行为负责，让他学会用健康的途径跟你交流他的感情。

你容易被操控吗？——被操纵者的几种特质

场景一：

莎拉的丈夫皮埃尔每次和妻子产生分歧时，都会戏剧性地躺在地上。

皮埃尔从来不会明确告诉莎拉他对这种冲突感到难过，莎拉也总是搞不清楚他究竟要什么。皮埃尔只是会变得垂头丧气，然后就一个人跑出去溜达。对于莎拉来说，这时的皮埃尔有着世界上最悲伤的眼睛。等他从外面溜达回来，如果发现莎拉仍然没有任何松动的痕迹时，他就会大大地叹一口气，躺倒在地上，两只眼睛直直地盯着天花板。莎拉如果问他怎么了，皮埃尔也只是哀伤地看她一眼，然后说："没什么。"

莎拉面对这样的皮埃尔，总是觉得是自己做错了什么，她恳求皮埃尔："要是我做错了什么让你不高兴，我很抱歉。"但他压根儿什么都不说，总是要等一个小时以后，皮埃尔才会再次提出要求。这时，莎拉就会想："我怎么能对皮埃尔这么小的要求都如此吝啬呢？"因此，莎拉又一次同意了，皮埃尔会马上喜笑颜开，从地上一咕噜爬起来，莎拉则会暗暗地松一口气。

场景二：

卡秋莎的父母因为工作调动，只能转学到一所新学校。作为插班生，卡秋莎感到自己很难融入这个新集体中。为此，她不惜一切代价改变自己，买新的文具用品，穿新衣服，甚至在课间经常请同学们吃各种零食，可是大家仍然对她不冷不热。

圣诞节到了，卡秋莎认为这是个好机会，她决定邀请班里的女生们到家里参加Party，但这不是一笔小数目。卡秋莎的母亲感到十分为难，于是想和女儿商量是不是可以少请几个同学。谁知，卡秋莎竟然大哭大闹，说什么也不肯答应。母亲不忍心看到卡秋莎伤心欲绝的模样，只好同意。Party上，女生们都很开心，她们毫不客气地吃喝玩乐，卡秋莎也欣喜于自己终于得到了同学们的认可。

谁知，卡秋莎意料之中的同学友好并没有一直持续下去，开学后这些女生又对她视而不见了，因为她们知道，只要始终与卡秋莎保持适当的距离，她就会一直不遗余力地用物质讨好她们，这样她们就永远有好吃、好喝、好玩的东西了。就这样，卡秋莎被她们毫无顾忌地玩弄于股掌之中。

上面这两个例子，都是操纵与被操纵的典型案例，在我们的日常生活中也经常会看到类似的事情。那么，为什么有人这么容易被操纵？你的身上是否也有被操纵者的弱点呢？下面让我们来看几个关键词：

关键词之一：讨好

如果你认为自己是为了满足别人的需要而存在的话，那么恭喜你，你已经具备了被操纵者的第一个特点。你不再是偶尔答应别人的请求，也不是真正出于善心帮别人做好事，而是将自己的情绪完全与他人对你的期望保持高度一致，最后却让自己身心疲惫。请记住，这个世界上，没有一个生命是为了满足别人而存在的，你没有必要活得那么卑微，别人的看法和期望并不是你活着的唯一目的。

关键词之二：自我缺失

事实上，操纵者与被操纵的关系大都建立在彼此需要的基础上，如果你连自己在一段关系中的定位都不清楚，那么你就已经是“自我缺失”人群中的一员了。没有自我的人也是缺乏自持力的人，这类人在关系的界限里没有能力自我满足。当自我的不成熟越来越严重时，必然就会面临索取和索取不得后的矛盾与失衡。请记住，如果你希望摆脱他人的操纵，那么你就必须学会对自己负责，找回自我，使你们的关系变成相互支持而非相互需要。

关键词之三：负面情绪

当一个人身上担负着过多的负面情绪，比如愤怒、忧郁、焦虑等，就很容易变得具有侵略性，容易与他人发生冲突和对立。这类人在操纵者眼中也是理想的目标，因为他们往往会使自己陷入孤立无援的境地，而这正是操纵者所希望看到的。因为当一个人与外部信息隔绝后，操纵者就能够轻易地灌输自己的理念，从而达到操控他人的目的。请记住，学会舒缓自己的负面情绪，与外部环境保持一定的交流十分重要，这可以使你避免进入某种小集团中，被操纵者利用和洗脑。

关键词之四：优柔寡断

对于这类人来说，对别人说“不”是件非常困难的事情，因为他们会觉得对人说“不”会使自己充满了罪恶感，他们把说“不”等同于令人失望。操纵者最喜欢这类人，因为他们习惯于妥协和让步。请记住，拒绝别人不合理的请求并不丢人，这正是你对自己负责的表现。当然，这不是一朝一夕就能够改变的，如果实在说不出口，那就试试巧妙地转变话题，或者微笑着摇头表示拒绝，然后保持沉默。

批判者的用意：他在故意贬低你

贬低：优越感和掌控感的来源

万圣节当天，瑞贝卡简直忙疯了。晚上朋友要来家里聚餐，她不允许自己出一点差错，因为丈夫汤姆是一个喜欢“挑刺儿”的家伙，这让瑞贝卡总是充满了焦虑。她知道，丈夫在这方面的经验比自己多多了，但他却不愿意帮自己的忙，因为在他眼里，这是家庭宴会，理当由女主人出面料理。

宴会开始了，每个人都乐陶陶的，汤姆却在到处查看有什么做错了。“亲爱的，你快来看啊，哦，天哪……”瑞贝卡惴惴地过去，汤姆遗憾地告诉她，肉烤焦了，乳酪酱汁里面少了生菜，洗手间没有放客人专用的毛巾，洗手液也没有放在客人容易找到的地方。

在汤姆看来，这么简单的事情，瑞贝卡却总是做不好。他认为自己这是在做好事，他的指责和批评是为了改进宴会的质量。他告诉宾客们：“你们看，瑞贝卡总是这样丢三落四的，如果我不告诉她怎么做，她就永远不会把宴会办得更好。”听到汤姆这样说，瑞贝卡更慌了，在准备最后一道甜品树莓蛋挞的时候，她把盐当成糖洒了进去。结果，好好的宴会尾声成了一场灾难。瑞贝卡听到汤姆大声的埋怨声，她瘫倒在厨房的地上，掩面哭泣。

然而，出乎瑞贝卡意料的是，当汤姆安抚完宾客们之后，他竟然显得十分体贴地对她说：“亲爱的，别担心，你现在的水平注定了你无法承担这种规模的宴会，慢慢来吧，我会指导你的。”说完，他就哼着歌上楼去了。

你们是否有这样的感觉，社会上那些经常挑错的人似乎总会给人某种权威的感觉，这种“挑错”的方法会给人以优越感。事实上，汤姆正是不断地用瑞贝卡的一些小差错来困扰她，使她神经紧张，并最终犯了些真正严重的错误。瑞贝卡没有意识到的是，她的紧张和混乱感觉完全是由于汤姆挑剔的态度所刺激出来的。

最后，汤姆心满意足了，因为他成功扭转了因为瑞贝卡制造出来的灾难而变得混乱的场面，他安抚了每一个宾客，他十分享受这种英雄式的感觉，而他的妻子则像个傻瓜。令人不可思议的是，如果他不能在瑞贝卡操办的宴会里找到什么错处的话，他还会感到非常失望。

而对于瑞贝卡来说，她的悲哀在于，她过多地屈从于丈夫的期望，这也是众多被操纵者们的共同特点。她生活的格言是：“只有当我是个好女儿、好妻子、好母亲时，我才有生存的权利。”她付出的代价是，必须时时忍受由此带来的恐惧和无力感。

操纵者除了通过贬低对方的能力来使其丧失理性外，他们还会通过贬低我们的品格、动机和自我价值的方式来向我们施压，尤其是在那些家长想牢牢控制自己的成年子女的家庭中。爱和尊重就意味着完全的服从，否则就意味着背叛。

虽然爱丽丝已经离开父母外出求学有几年了，但是每当她听到父母说“你伤了我的心”，或者“你令我很失望”时，她还是感到了这些言语给她带来的压力。其实，大学毕业后她本来想在家乡找一份工作，她并不是属于那种事业心很强的女孩。可是母亲并不这样认为：“你怎么能读个大学就满足了呢？你看看你的表姐，她可是考取了常青藤的名校啊。”爱丽丝为了不让母亲失望，只能拼命努力，好不容易考上了纽约大学的研究生。虽然离母亲的要求还有差距，但她真的已经尽力了。所以，研究生期间，她很少回家，为的就是躲开父母那些刺耳的话语。

研究生毕业后，爱丽丝在纽约找了一份广告公司的工作，虽然母亲仍然不满意，但是也无可奈可。这个周末，她满心欢喜地带着相恋半年的男友回家，可是当父母了解了男友的情况后，脸上的笑容就渐渐淡了。送走了男友，爱丽丝的父母就开始轮番轰炸："我说爱丽丝，你好歹也算是在纽约站稳脚跟了，你怎么能找这种自己开公司、工作朝不保夕的男人谈恋爱呢！你看看他，穿得像个乡巴佬，说话吞吞吐吐，一点气度都没有，你让我和你爸爸以后怎么做人！"爱丽丝简直无法相信自己听到的，她还没来得及反驳，只听父亲也说："爱丽丝啊，我看你还是趁早和他分手吧，这种没见过世面的男孩子太不靠谱了。"

这天晚上，爱丽丝在床上辗转反侧难以入眠，她觉得自己不能让父母满意就算了，现在竟然连男友也被父母贬低成这样。她不愿意分手，但又无法说服父母，真是左右为难。

这些出自我们亲近的人的话语，不停地在我们耳边响起，影响着我们为人处世的原则，使我们的自我意识开始摇摆不定。显而易见，我们可能被贴上自私、没用甚至愚蠢的标签，尤其当这些标签来自父母时，我们更加难以忍受，因为这会更快地摧毁我们的自信。

你真的一无是处吗?

我们要认清一个事实：贬低你的人其实更害怕被遗弃。在他们的潜意识中，会特别害怕配偶或子女离开他去生活，变得太独立，或太成功。所以，他们会选择使用晦暗而危险的手法，试图挟制配偶和子女。如果你想改变这种状况，首先要使其相信，这种贬低技术对他们的关系而言是有害的，但你不能采用抱怨或唠叨的口吻。

如果你是瑞贝卡，你可以尝试这样一种做法。比如你们要外出旅行，事先得谈好一些条件："只要你对这次旅行有一句不满，我们马上就结束旅行。”要使这个条件有效，必须在贬低你的人第一次说出不愉快的话时，马上把它付诸实现，即使才离家半小时就回家也在所不惜。可能在最初的几次尝试中，习惯于贬低的那个人会对此感到非常不适应，甚至横眉冷对，但只要你不被这种反应吓倒的话，贬低者就会在心里改变对你的态度，即使他出于自尊而没有立即表现在行动中。

如果你是爱丽丝，那么请先记住一点：你的父母并没有恶意，千万不要因此怨恨他们，或者自暴自弃，这样对你们关系的改善和你自身的发展没有任何好处。例如你父母如果在苛刻的教育环境长大而有所成就，那么他很容易认同这样的教育方式。说实话，如果你想摆脱这种桎梏，实际操作起来是非常困难的。我们永远不能低估成年人的固执，尤其是作为权力下层（孩子）对他们提出建议时，只有民主型的家长才会顺利接受。

你能做的，就是尽快成为一个心智成熟，能依靠自己强大内心消解父母负面影响的人。在体谅他们的前提下，充分分析他们话语中积极的一面，至于那些攻击性的话语以及它们所带来的负面影响，就请直接漠视之。

其实，有很多人的成长经历与爱丽丝相同，他们也很少得到父母的正面评价，即使拼命努力考到第一也只会得到“你千万不要骄傲”的评语。但他们并没有因此自卑，变得习惯于讨好别人，而是努力将自己雕琢成另外一个样子。请记住，来自他人的评价永远只是评价，它是无法代替你作为一个真实的个体存在于这个世界上的。

挑拨的背后：如果身边的人都远离你，当心有人离间

艾米医生端着一杯茶，看到她的同事杰姬医生从大楼外面款款走来。杰

姬很优秀，优秀得让艾米觉得，自己不得不痛恨她。艾米和杰姬7年前一起在这家医院作博士后研究，那时她们就结为好友了，至少在杰姬看来是这样。但现在，艾米听说杰姬或许会得到一个投资巨额的新项目负责人的职位，这让艾米无法接受。

杰姬走到草坪上，她抬头往上看，注意到艾米就站在办公室的窗边。她朝艾米挥了挥手，艾米羞涩地对她笑了笑，也朝她挥挥手。

就在这时候，艾米的手机响了，助手通知她今天第一个病人到了。这个病人名叫威廉，是个挺拔、英俊的男子，如果他看起来不是那么怯懦就完美了。

其实，威廉是杰姬的病人，而艾米只是他行政意义上的负责人。他们会一周见面两次，了解他目前治疗的情况，从而评估他是否可以出院。艾米已经从杰姬那里得知，威廉的病情已有了极大的改善，她计划安排他出院。

现在，威廉就坐在艾米·史密斯的面前，努力让自己表现得好一点，不再是一个妄想症患者。

"威廉，我听说你觉得自己已经好多了。"

"是的，史密斯医生。我整个人都感觉轻松了很多，也没有那么多的杂念了。"

"为什么你会认为这些念头再也不会来烦你了呢？"

"你知道吗？这是因为我很认真地练习杰姬医生教我的自我治疗的技巧，我觉得她的办法很有效……嗯……我想杰姬医生也是这样鼓励我的。"

"你的意思是，杰姬医生认为你可以出院了？"

"对，她是这么建议的，就在昨天……哦不，前天说的。"

"真的吗？"艾米显得很困惑地看着威廉，"她可不是这么告诉我的。"

威廉浑身一颤，他的双手开始无意识地相互绞缠着："你这么说是什么意思？"

艾米故意发出一声充满同情的叹息，她怜悯地看着威廉，并从办公桌后面起身走到威廉旁边。威廉害怕地瑟缩了一下，仿佛艾米会伤害到他。

艾米很清楚妄想症是怎么回事，她知道威廉已经开始怀疑杰姬背叛了他，即使他前一刻还认为杰姬是他在这个世界上唯一的朋友。

“杰姬医生告诉我，她判断你现在比刚进来时严重多了，她从来没有同意让你出院。她说，你可能会借她的名义让你出院，这说明你已经很危险了。”

威廉脸涨得通红，但他保持着沉默，他没想到，这次竟然是他最崇拜、最信任的杰姬医生背叛了他。

艾米看他没有说话的打算，就打电话让助手进来，他们把威廉带了回去，重新用药治疗。艾米很有把握，威廉不会跟任何人说刚刚他们交流的内容。艾米感到心情舒畅，因为杰姬刚刚失去了一个很不错的患者——威廉是一个大有来头的老板的侄子，同时也是她即将接手的项目投资方。艾米不会被任何人怀疑，她会把这个病人交给其他的医生，然后杰姬的医术就会成为大家讨论的焦点。

在杰姬毫不知情的情况下，艾米就这样借着可怜的威廉，在医院中散播对杰姬的怀疑、猜忌、不和。艾米是一个技巧高明的操纵者，她利用十分隐蔽的手法，随心所欲地玩弄她的病人，而周围人根本没有察觉！

尤其当团体的负责人是一个操纵者时，他就有能力让团体成员的关系失衡。艾米利用自己的职位之便，让自己嫉妒的杰姬失去了作为一个医生的名誉。有时候，操纵者要想制造不和，只需要一句话，就能达到目的，但最可怕的是，他明明伤害了对方的感情，却又表现得是为他人着想。操纵者经常利用一种迷惑人的逻辑：如果对方通过另外的方式来知晓这个坏消息的话，结果会更加严重，而他这么做的目的就是为了让对方免于伤悲。

当你作为一个新人加入某个团体，比如进入新的单位，组建新的家庭，加入新的社团，你发现你与周围的人渐渐产生裂痕，那么就应该提高警惕了。往往是那些你认为值得信任的人在捣鬼，如果总有人对你说“以前我们大家相处得可好了”，或者“我真搞不懂最近究竟怎么了”这类的话语，那就说明你身边有人是挑拨离间者。

如果夫妻之间有一个人是挑拨离间者，那么他们会让配偶慢慢疏远周围的人，让配偶不能维持自己的朋友圈子，尤其是那些他们结婚之前就有的朋友。通常情况下，操纵者并不会公开地禁止配偶和友人交往，但是他们可能会指责配偶，让他们不要有那么多的朋友。

那么，这类挑拨型操纵者会怎么做呢？下面是非常典型且显而易见的特点：

1. 当别人陈述自己观点的时候，他都会横加批判；
2. 让别人在公众场合丢脸；
3. 一直保持沉默，好像对大家讨论的话题都不感兴趣；
4. 表现出迫不及待希望他们赶紧离开的样子。

如果在你身边出现了这类人，你就必须得提高警惕性了。

利用信息的不透明性，引导你产生联想

其实一切都只是你的想象

当查尔斯在星期五的傍晚到达这座小镇时，他没有钱吃饭，更没有钱住旅馆。无奈之下，他只好到教堂找管事的人，请他帮自己介绍一个能提供安息日食宿的家庭。

管事人浏览了一遍记事本后对他说：“这个星期五，经过本镇的穷人很

多，每家都安排了客人。不过，只有开首饰店的凯尔特家例外，因为他一向不肯收留客人。”

查尔斯谢过了管事人，便向他打听凯尔特家的地址。等凯尔特先生打开门时，查尔斯表现得很有教养。

“尊敬的凯尔特先生，请恕我冒昧。我是途径此地的商人，听教堂管事人说您是首饰店老板，不知您是否可以帮我一个忙?”凯尔特先生挑了挑眉毛，不置可否的样子。查尔斯笑了笑，从大衣口袋里掏出一个砖头大小、包裹得严严实实的小包，小声说：“请问，砖头大小的黄金值多少钱呀?”

凯尔特先生一听是黄金，不由眼前一亮，可是，这时已经到了安息日，按教规是不可以做生意的。但他又舍不得让这宗送上门的大买卖落到别人的手中，便连忙挽留查尔斯在他家住上一宿，到明天日落后再谈生意。

就这样，整个安息日，查尔斯得到了首饰店老板的盛情款待。到星期六晚上，可以做生意了，凯尔特便满面堆笑地催促查尔斯把“货”拿出来看看。

“我哪有什么金子?”查尔斯故作惊讶地回答道，“我不过想问一下，砖头大小的黄金值多少钱而已。”

在这个故事中，查尔斯在一个不能谈生意的时期，问了一个似乎关于生意的问题；而到可以谈生意的时候，这个关于生意的问题，又成了一个非生意的问题。

其实，查尔斯一直没有明确他是否在谈生意，因此，关于查尔斯那句话的理解完全在于首饰店老板个人，查尔斯只不过为首饰店老扳的联想提供了若干参照物。例如，他礼貌而又神秘兮兮的样子，还有那块吸引老板注意的砖头一样的东西，而所有这些参照物同样也是没有明确界定的，是十分模糊的。说到底，查尔斯真正利用的是首饰店老板急于赚钱的心理，这才让他的操纵发挥了作用。

在商业领域，推销员的行为也是以引起顾客对商品的注意或好感为导向的，个中高手总结的诀窍就是：这就如同一杯饮料那样，放入四分之一的现实，四分之三的感觉，然后把它们搅拌到彻底融合。准客户喝下去会顿时感到未来是美好的。营销员通过一些与现实相关联的美好事物，诱发准客户积极的情感，使准客户通过商品，从心底里生发出美好的感受，为购买商品奠定蠢蠢欲动的情绪。

被操纵者的联想是如何产生的?

从信息发出与接收的角度来看，如果发出的信息与意图并不相匹配，那么对于接收者来说，就意味着出现了干扰。心理学家把这些干扰称为“多余的”或者“有杂质的”东西，它们通常是焦虑、情感、以前的经历、偏见等。当一个信息表达不清晰时，那么它就面临着很多不同的阐释。

操纵者很清楚这种话语不透明的威力，他们只要巧妙地向被操纵者给出一部分信息，就能达到激发接收者兴趣的目的。

操纵者的表意不清所达到的控制效果是明显的：

1. 让被操纵者感觉，对方是神秘的、友好的、为我们考虑的，我们不会感觉他们过分含蓄或者直白。

2. 让被操纵者盲目地追随他们。

3. 因为操纵者的信息可以被任意解读，所以被操纵者很容易受操纵者的影响，改变自己的观点。

4. 如果被操纵者没有按照操纵者所期望的那样行事，他们的人格、能力、价值会受到贬低。

面对这种操控，你只须用一招即可拆穿对方的诡计，那就是不断发问，将对方所传达的模棱两可的信息变得透明化、具体化、清晰化，这样以来，这种引导性的联想也就失去了必要的载体，对方的操纵也就无法实施了。

反对你的人只是为了追求存在感

让我们来看看，下面的这些对话，你是否会觉得很熟悉：

当我们的工作或家庭中遇到麻烦时，有人立刻跑来愤怒地冲着你喊："我就知道不该做那个决定。你看，现在都变成什么样了！"或许他还会继续说："一开始我就不赞成这样做，我告诉过你要你暂时缓一缓，可是你听进去了吗？你根本听不进去任何意见。瞧，这就是你的好决定！"

你对这些指责会作何感想呢？你会感到心里很不安吗？你会想为自己辩护却又不知从何说起吗？如果你已经开始怀疑自己，觉得都是自己的问题，那说明你已经落入了对方的圈套。

有许多夫妻相处的运行模式就是这样一种"以牙还牙"的形式，用攻击、否定、处罚对方的方式来寻求原本不可能得到的平等。以下的"如果……我就"、"只要……"的语句表达出了"以牙还牙"关系的特征：

"如果你能把家弄得像样点，我就会整天在家，全身心地爱你。"

"只要你不喝那么多酒，我就不会这么神经质了。"

"如果你能不在我说话的时候乱插嘴，我相信我就能改掉爆粗口的坏脾气了。"

"只要你不在宾客面前让我难堪，我就再也不会和别人调情了。"

"只要你多读些书和杂志，我们就不至于无话可说了。"

"只要你不再去玩那些无聊的游戏，我就不会整天在外面逛街了。"

"只要你能去学点烹饪手艺，我就不会一直批评你的厨艺了。"

……

从这些话的字面上看，我们似乎碰到的是“鸡生蛋还是蛋生鸡”的老问题。但其实如果结合具体语境来看，我们会发现说话者也是一个操纵者，他将自己放置在一个高一等的位置上，并通过一个条件式的语句，来突出自己的主宰地位。这种控制和操纵，是建立在对对方的否定式期望的基础上。

然而，如果被否定的一方真的按照要求照做了，事情就会往好的方向发展吗？举个例子：一个学富五车的男人也许会觉得他的妻子应该多读些书，这样他俩就会一直有内容可以探讨，他们可以共享的东西也会更多。但是，当她的妻子真的变得知识渊博了，他的丈夫很快就会发现，他在家里再也演不了“聪明人”的角色，而且优越感和自尊心将大受威胁。他并没有做好承受竞争的准备，也不愿放弃在家中扮演主角的位置。所以，很多时候，这类操纵者的内心并不愿意付出这样的代价以换取对方的改变，他们否定的真实意图并不是要对方发生真正的改变。

追求存在感，是这类操纵者的终极目的。这可以从他们在“事情发生时默许，事后才抱怨”的模式中发现这一规律。比如丈夫可能批评妻子经常插嘴，但是在事情发生的当场，他却并不阻止此种行为。也就是说，他们从不会在自己所不喜欢的行为发生时，当场把自己的意思明白地表示出来。他们要的，只是通过否定他人，获得一种优越感，或者把自己的不完美归咎到对方的不完美上。

那么，我们面对这样不易被人察觉却又让我们很不舒服的操纵时，该怎么应对呢？我们不妨来看看凯特是如何对付丈夫乔的操纵的：

在外人眼里，凯特和他的丈夫乔是属于郎貌女才型的，凯特是拥有高学历的公司骨干，但长相很一般；而乔却生得仪表堂堂，但是他只是个专科生。为此，乔总是喜欢在熟人面前拿她的外貌开玩笑，乔总是说自己娶了凯特是拯救了世界上的其他男人。凯特知道乔是爱她的，但她总是对此感到很不舒服。有时候，凯特也会在私底下用俏皮话反击他做事没有章法、思维没有逻辑等，但更多的时候，凯特只是把这种不愉快埋在心里。因为她不希望为了这么小的事情，让尖酸的对话升级为一场战争。

后来，凯特意识到，既然外貌无法改变，那么她只能改变自己的行为，让这一局面得到改变。当下一次乔又在朋友面前侮辱她时，凯特直接在朋友面前说："乔，你真不该说这种欺负人的话，我想朋友们也和我一样会感到不安。如果你有什么话要对我说，等到我们回家后，再私下好好地谈。"谁知，乔依然故我，凯特提高了嗓门，理直气壮地说："我已经要求过你中止这些讨厌的话了，约翰。我不想在朋友面前和你争吵，使朋友难堪。但是我绝不容忍这种话。我先回去了，我们回家再说。"这样的对抗发生了两次以后，终于使乔意识到凯特不容他人随便拿捏的决心。

乔对妻子外貌的攻击，其深层原因恰恰是源于他内心深处的自卑，他试图用这种控制手段寻找夫妻关系中的优越感。心理学家认为，在一段关系中，当一方试图建立自己的尊严和威信时，他很容易就会在潜意识中对配偶产生具有毁谤、攻击的举动。这种行为常表观为"你伤害我，所以我才伤害你"的模式，从而形成一种心理上的抢劫、掠夺、削弱的力量。

但是，很少有人能够及时发现这种举止发生的原因及其危害，因为它们大多十分模糊和隐晦，操纵者也会运用各种手段粉饰自己的意图。不过，令人警醒的是，心理学家们已经发现，在大多数破裂的婚姻中，这一类破坏性的行为存在的比例十分高，但却很少有人能够像预防感冒那样及早发现，以至于这些致病的细菌一直破坏着家庭的抵抗力，最后使其防御系统失灵，造成重大的危害。

与此同时，这一类的攻击并不限于夫妻之间，也会发生在老板和雇员，甚至是相邻而坐的朋友之间。你会发现，在某个谈话过程中，有人会悄然改变着谈论的主题，人们会不自觉地被带到那个人所熟悉的领域。当发生这样的情况时，就说明场面已经被这个人控制。原因就在于他并不是很熟悉之前谈论的主题，但又不想被别人看出来；当别人掌控谈论的主题时，这个人会非常不舒服，以至于想要攻击、挑衅、批评，或者贬低对方。这类操纵者并不想通过聆听以及积极提问来加以学习，而是更倾向于从某种意义上否定对方提出的观点。他们会说："现在不是讨论的时候"，"我认为这个问题并不重要"，"我想你说的在座的朋友都不会感兴趣的"。之后，他们就会理所当然地改变话题，让主动权掌握在自己手上。

摆脱操纵：我的生活不需要你的指导

摆脱，从学会坚持自我开始

31岁的罗伦在一次聚会上遇到了一个老同学，当时，一番寒暄之后，同学问他有没有结婚，罗伦笑着摇了摇头，同学马上说："啊，你的父母一定感到很伤心吧?"

一年之后，他再次碰到这个同学，同学又问了跟上次同样的问题。罗伦的答案显然还是不能令他满意。而且，他的反应几乎和上次一模一样："唉，你的父母一定很为你操心吧?"这一次，罗伦感到十分不悦，他生气地告诉他，父母从不干涉自己的私人生活，并且尊重自己目前的选择。

这个操纵者仅仅用一句话就传达出了一个大道理：在罗伦这个年纪，还没有结婚的话就不正常了。他必须结婚，否则就会让父母失望。罗伦是对的，在应该做出反击的时候表明自己的态度和立场，让操纵者无处插手。

每个人都有各自的看法、计划、原则，每个人的人生目标和社会经历都各有不同，为什么非要为了迎合他人，强迫自己走一条别人认为正确的道路呢？尤其当操纵者是一个年长的人，比如你的父母、师长，你就很难质疑他们。但不妨问问自己：他们的人生理论真的是典范吗？

冲破双重困境

很多时候，操纵者就是你的亲朋好友，而且他们中的绝大多数，都是出于好意才要干涉你的生活。那么，你该如何既不伤害彼此的感情，又让自己有充分的自由度呢？

我们先来了解一下心理操控的基础是什么？曾经有一位母亲经常斥责女儿缺乏积极主动性，但是当有一次女儿独自开车出去看望好友却没有告知母亲时，她的母亲就想方设法要联系到女儿。“不知道女儿的行踪”这个事实让母亲难以忍受。这里，我们就会发现这位母亲的矛盾心理：她一方面“希望女儿长大成人”，另一方面又认为“她还是个孩子”。

这个母亲的心态是十分典型的，她使母女双方都陷入了一种双重困境。一方面，操纵者不允许被控制者独立思考，另一方面，他们也并不认为自己的掌控是完全正确的。

迎战这种悖论的目的只有一个，就是找出操纵者想法中不合逻辑的部分，并强迫他表明自己的立场。这个过程同样可以让你清楚地向他宣告，你不是傻子，他不能任意地控制你、操纵你。追求合理性，是我们最主要的防御方向。

看透操纵者：控制，源于焦虑

狂热的操纵者总是会让人备受折磨：他们总是在不停地给出建议，命令人们严格地执行他们的日程、计划与时间；他们爱对别人指手画脚，例如要求配偶以特定的方式把衣服放入收纳箱中，而且仓库里的工具也都得放置整齐，他们还会提前安排好圣诞节的每一分钟该怎么过。如果计划被打乱或者不按照其计划行事，他们就会变得暴躁又愤怒。

这一切的一切，都源于他们内心深处的焦虑。在他们看来，“控制”显然是一个缓解焦虑和不安的好方法。通常情况下，焦虑的操纵者们往往是在混乱的环境中长大的，他们的父母甚至还有虐待倾向。作为孩子，他们只能如履薄冰，时刻观察着父母的情绪。因此他们变得高度警惕，时时刻刻处于警戒状态。等到他们成年后，他们已经习惯于让一切掌控在自己手中，因为他们无法承受一切不可预测的变故。

反省自己：有时候，你真的不必那么在意

当我们了解，焦虑的操纵者们内心并不比我们更好过以后，我们要学会试着让自己松口气。操纵者口中源源不断地出现的那些道德准则，只是为了让自己显得更有说服力，他们让人觉得自己已经完全理解这些大道理了，并且还利用这些道理来影响别人。此时，你要告诉自己，他们这样做的原因是源于他们自己的焦虑，这可以让你觉得少受些伤害，不会觉得他们对待你就像对待一个十岁的孩子。

当对方用外部力量来虚张声势时，你要做的，就是增强自己的内心力量。美国最权威的社会学家库利相信，所谓的“镜中我”能够提高人们自我反省的能力。他提出三个简单的步骤，你可以用它们来检验有关控制的问题：

1. 首先，在脑海中想象你自己的容貌、特征和个性；

2. 其次，想象别人会对你作出何种反应，然后根据这些反应来判断他们是怎样看待你的；

3. 你的自我认知不在于你自己如何看待自己，而应建立在别人对你的看法和反应的基础上。

操纵者对我们的控制力度是在不断的试探中增加的，因此，我们对自己底线的设定就至关重要了。在你的伴侣要求你做完晚饭后必须给整个厨房消毒，或者要求你严格地按照他制订的步骤烹调海鲜面时，你就需要考虑一下这些是否让你觉得舒服，你又是否乐意这样做。

你们可以进行一次坦诚的交流，把那些对方让你感到烦躁的做法明确地说出来，并试着就这些问题进行一次理性的、成熟的谈话，但要注意场合，尤其不要在彼此十分激动，或者你心烦意乱的时候进行，这只会让一切变得更加糟糕。你要问一问对方在担忧什么，然后尽量在适当的妥协下达成一个双方都能接受的协议。

大胆回应："我不在乎！"

当然，有些操纵者并不以强势的一面示人，他们总是显得那么柔弱、无辜，让你感到无所适从。如果你发现自己面对的是这样一个假装可怜但却居心叵测的操纵者时，你还有一个终极杀手锏。

玛格丽特·米切尔的史诗性小说《飘》中的女主角郝思嘉擅长装出可怜兮兮的样子，以达到控制别人的目的，她为我们树立了一个消极控制者的典范。但赫斯嘉最终为自己的个性付出了代价。在小说的结尾，她故技重施，恳求丈夫不要离开自己。我们可以用白瑞德那句著名的回答来对付任何一个消极型操纵者的纠缠："坦白说，亲爱的，我不在乎。"

所有的这些建议都是说起来容易做起来难，但是就像许多的人际关系问题一样，你需要在问题之中寻找真正的问题，换一种方式对待对方，然后变得理性成熟。即使短时期内你看不到什么明显的变化，甚至会激化某些潜藏的矛盾，但是只要你们真正彼此在乎，那么你们的关系就会发生良性转变。

第五章

心理暴力和情感勒索

最危险、最不易察觉、最难于防范的操纵和情感勒索往往来自于我们最亲密的人！他们对我们的弱点十分了解，并且深知我们出于对情感的需要会无条件地做出妥协，因此，他们总是习惯性地向我们索要回报，或者让我们绝对服从于他们。这种操纵大都是从我们内心最深处着手的，会对我们造成看不见的伤害，我们将这种行为称为“心理暴力”。

心理拉锯战：越亲近的人越危险

我们似乎很难把最亲近的人与“勒索”这个词联系起来，但情感的勒索作为强有力的操纵方式，恰恰最容易发生在和我们亲近的人之间，有时候是有意识的，有时候是无意间的。如果我们不顺从他们，他们就会惩罚我们。一个心理暴力者或者情感勒索犯的危险之处在于，他们知道我们的弱点，还往往知道我们埋藏最深的秘密，我们的妥协和让步就是他们所需要的回报。

场景一：

一天晚上，一个女人接到男上司的电话，临时要去公司赶一个文件。她丈夫说：“如果你的上司是个女人，我一点意见都没有。但现在的问题是，你的老板是个男人，这么晚了能有什么好事？你打电话给他，说你已经很累了，明天再说！”

女人再三解释，因为公司最近正在进行紧张的招投标，会面临随时加班，自己的手机也是24小时开机的，大家都去加班，自己怎么能不去呢？丈夫蛮横地说：“这不关我的事，我只知道要是你早听我的，放弃工作做家庭主妇，就不会有今天的这些麻烦事了。我今天还就告诉你了，如果你今天离开这个家，我们就分开！”

结果，这个女人无奈地决定取消赴会，为的就是平息因为自己的加班使她丈夫燃气的怒火，她不想为此感到内疚。这个故事里，丈夫如果不是一个情感勒索者，那么他真诚的说法可能是：“我对你又要去加班感到很难过，因为我害怕你会变得独立而不再需要我了。”

场景二：

杰西和珍妮是要好的闺蜜，她们在讨论最近正在举行的一个招聘会。杰西问珍妮是否可以为她写一封推荐信，并且要在信中虚构一些杰西并没有做过的事情。珍妮觉得很为难，因为她从来没有写过这样的信，而且她知道杰西要求写的这些内容都是虚假的。杰西恳求珍妮无论如何要给她写一封信："瞧，我们成为朋友已经那么长时间了，你比任何人都了解我。如果你真是我的朋友，你就一定会写的。"

结果，珍妮还是决定为杰西写这封信以挽救友谊。虽然珍妮觉得，真正的好朋友是不会提出这样过分的要求的。

场景三：

一个男人和女人正要参加一个老朋友的聚会。在路上，男的说："你知道，你今晚最好不要和约翰说得大多。我知道他是我的朋友，我也很信任他，但我担心的是别人看到你和他不停地交谈会怎么想。他离婚已经很长时间了，如果你和他单独说话，有可能会有不好听的传言。再说，你穿的衣服太暴露了。"

结果，这个女人整个晚上都尽力避免和约翰谈话，而且她也总是不自觉地拿自己的着装和别人作比较，为自己不够稳重而愧疚。其实，如果男人对女人说："如果别人发现你那么有吸引力，我会嫉妒，我怕你会离开我。"那么，女人的感觉会好很多。

无论是父母和子女、夫妻、姐妹、兄弟以及好友之间，关系的亲密并不意味着不会产生情感勒索的情况。我们都可能成为感情操纵的牺牲品，也会对别人的心理挥起拳头。

一旦亲密关系建立起来，感情操纵者者就会通过最佳方式——通常是爱和关注作为筹码来索取回报。感情操纵者能够以情感为条件，试图让被操纵者按他们的意图行事；被操纵者因为害怕失去操纵者的感情，就会长期乖乖就范，甚至会和操纵者共谋。

我们曾经尝试过反抗情感操纵者，试图躲避他们的控制。可是到最后还是发现，我们的所作所为并不能彻底摆脱困境，我们往往会试图维持对操纵者唯命是从的假象，而且这些行为还非常可笑：撒谎、保密、左右逢源。我们的行为就像一个十几岁的叛逆的孩子的行为，为了不辜负勒索者而违背自己的原则，又因为失败而背负上非常沉重的自责。

关系越亲近，风险就越高，我们也就越脆弱。情感操纵者正是因为知道我们心中对他们的牵挂，才能够一次次得逞。可是每次的妥协换来的，只是操纵的升级，甚至最可怕的极端危险——人身伤害。

情感勒索：人际关系中的软暴力

康妮和杰米结婚5年了，这5年的岁月里，杰米一直扮演着一位完美先生的角色。杰米对自己的高要求曾经是吸引康妮的魅力所在，但是一旦步入婚姻殿堂后，康妮就发现，事情变得没有那么美妙了。

“就算你和他约会迟到5分钟，他都不会等你。他要让你知道，你应该准时，他就是这样一种人。”康妮对她的好友黛比说，“当他把我的杂志摆在咖啡桌上并抱怨说我放得不整齐时，我就应该知道他是哪种人。从我们开始在一起生活，他的规矩——每一件小事他都有规矩——就是关系紧张的源泉。”

结婚2年后，两人有了孩子，但是杰米还是一再要求康妮保持家中一尘不染，他丝毫不在乎家中有正在蹒跚学步的孩子。

“天呐，他也太不切实际了吧！康妮，你不能事事都顺着他，你得让他知道你的辛苦。”

“哈，如果他能体谅我，他就不是杰米了。我记得有一天，我把几个碟子放在水池中，没有放到洗碗机里去洗。当我回来后，发现杰米竟然把碟子堆在地板上，太令人难以置信了！”

“那你怎么做了？别告诉我你只是捡了起来而已。”

“是的，黛比，我什么也没说，因为我不想为这种小事和他吵架。”

康妮觉得，杰米似乎总能找到办法来纠正她的“过失”。有一次康妮出去忘了关车库的门，她回来时，他把自动开门装置的钩子松开了，使得康妮不得不下车自己把门打开。杰米做的这一切，就如同父母给孩子的惩罚，希望孩子永远也不要忘记他们的教训。

“他让我相信自己是一个懒惰、不负责任的坏妻子、坏母亲。我自觉内疚难当，最后以道歉收场。”康妮痛苦地对黛比倾诉道。

后来，康妮觉得两人的关系变得十分诡异，杰米似乎忘了自己是一个丈夫而非一个父亲，而康妮也无法在这段感情中体会到快乐，她经过反复挣扎后向杰米提出了分手。杰米对此怒不可遏，威胁她说如果她要带走孩子，他有的是办法让康妮没法好好生活，或许切断她的经济来源是一个不错的主意。康妮觉得万分恐惧，她感到自己面对的男人是如此的陌生和可怕。

在杰米和康妮的婚姻关系中，杰米对康妮采取“婴儿化”的方式来掩藏自己对她的无情操纵，而康妮也根本没有想过向杰米表达自己的愤怒，然而这种对情感的掩藏，却强化了他的惩罚行为。情感勒索者往往会通过观察我们对待他们的态度，来确定勒索我们的程度。杰米的惩罚性行为不断重复升级，最终在她要离开他时，达到了令人痛苦、恐惧的顶点。

上面的这个案例所反映出的问题时时刻刻都发生在我们身边，而我们却往往把它当做很平常的事情。很多人觉得，夫妻之间、父母子女之间、好朋友之间，难免会有矛盾和口角，都不是什么大事情，因此很少有人会注意到这其实是变相的心理虐待。这种“虐待”与我们所知道的“家暴”——身体上的暴力不同，精神上的操控和侮辱其实更加恐怖。因为我们意识不到，所以不会加以防护，结果不但自己会受到伤害，而且我们本人也有可能变成无意识的施暴者。

“情感操控”也是心理虐待的一种，译自英文“emotional manipulation”，指“以感情为武器操控别人的行为而达到自己的目的”这样一种行为。

我们见过很多老夫老妻，相濡以沫了几十年，有时候一个眼神、一个手势，就已经清楚对方的意思。可是，当一对情侣刚刚开始交往，其中一方就经常要求另一方了解他/她的需求；当对方没有意会，或者猜错之后，就责怪他/她不体贴，根本不爱他/她，那么我们就可以判断出，这个人就是一个情感勒索者。

雪莉就是这样一个女孩，她总是对旁人诉说男朋友罗宾对她不关心。她很喜欢一对耳环，希望罗宾送给她做礼物。于是，她拉着不喜欢逛街的罗宾去商场里面，对他说:“你看那个耳环好可爱。”罗宾本来就对逛街这种事情心不在焉，而且他知道雪莉对看到的每件衣服或者包包都会说“你看那个×××好可爱!”所以，他也只是点点头，没有说什么。雪莉生气了，甩了他的手，自顾自地朝前走，而罗宾只是摸摸鼻子，猜不透雪莉又哪里不高兴了。

其实，罗宾一开始还是提出要给她买东西的，只是雪莉什么都没有说，他也只能随便她逛。后来雪莉对朋友说:“我分明就是想要那个耳环嘛！我说其他的东西可爱只是随便说说啊！他连我的这点心思都猜不到，一点都不爱我！”两人交往到后来，罗宾越来越无法忍受雪莉这种什么都不肯明说，总是让他猜的交往模式，果断提出了分手。

无论是雪莉还是杰米，他们都从来不会直接用武力威胁对方做什么，而是希望通过让别人产生内疚、惭愧的心理，从而达成自己的目的。他们渴望永远有人能够体会他们的意图，把他们需要的东西在他们还没有开口时就自动献给他们，否则，就会受到他们的惩罚。

我们的生活中，其实充斥着形形色色的情感勒索者，有时候暴力程度强一些，我们能够很快意识到；有时候，这种软暴力并不强烈，以至于我们会习以为常。但是，我们要牢记的是：良好的交流习惯是要努力培养的，无论是对陌生人，还是身边亲近的人，都要表明这一点。如果对方无法接受，那么我们也实在没必要把精力浪费在反复揣摩对方的心思上。

冷暴力：感情世界里的无声对峙

安吉拉属于别人眼中十分典型的女强人，她不仅学历比丈夫高，而且性格外向，行事风格大胆泼辣；在公司里，她素以处事果断、办事高效而出名。很快，她就晋升到了公司的中层位置。

在如此成功的妻子面前，丈夫大卫原先的果敢、坦率、坚决、自信等男性特质在迅速退化。于是，在他们的婚姻中，“能者多劳”的局面便不知不觉地形成了。安吉拉常常忙完了单位的事情，回到家里还是继续充当管理者、决策者的角色。大卫就只能在这个强者统治的环境里扮演着弱者的角色。他在经济上只能处于附庸的地位，由于没有经济决策和支配权，在精神上也逐渐显得压抑、屈从。

这天下班后，照例是大卫先回到家准备好了晚饭。两人在一起安安静静地各自切着盘里的牛排，安吉拉还会不时接到上司打来的电话。晚饭后，大卫在厨房洗碗，背后突然传来了安吉拉的声音，大卫竟然下意识地一哆嗦，紧张得差点拿不稳手里的盘子。大卫异常的举动引起了安吉拉的猜疑：莫非他有外遇了？但很快这个念头又消失了，因为看着丈夫整天没精打采的，哪里像有了情人的样子？

后来，女儿出世了。情感上长期受冷落的丈夫从此有了寄托，把所有的心思都用在关注女儿的成长上。相比之下，安吉拉对女儿关心得就少得多。由于女儿从小时候开始，就与父亲在一起，两人的爱好、生活习惯都非常接近。一次，女儿非常想养一只狗，大卫也同意了，可安吉拉却认为养宠物不干净，坚决不准，没有任何商量的余地。类似的事情后来经常发生，安吉拉常常成为他们的反对者，总是站在他们的对立面。渐渐地，父女俩形成“统一战线”，对安吉拉越来越疏远。后来夫妻干脆分居，女儿也不愿挨着母亲睡，就把自己的小床搬到父亲的房间里，而安吉拉也乐得清静。就这样，三人的冷战一直持续到女儿小学毕业。

在这样的家庭氛围中，三个人都感到窒息。进入中学后，女儿的性格变得古怪起来，不懂得尊重别人，十分不合群，尤其排斥和女同学待在一起。学校老师发觉孩子不太正常，在开家长会时对大卫和安吉拉反映了这种情况，两人才觉得问题严重，但都感到束手无策。

就像老话说的那样：“冰冻三尺，非一日之寒。”安吉拉的家庭问题有一个日积月累的发展过程。大卫由于长期受妻子冷落，遂将对妻子的爱在无意识中发生转移，全身心地投入到女儿身上，以替代受挫的夫妻感情，产生了过强的“恋女心态”。安吉拉忙碌的工作，使她忽视了与丈夫和孩子应有的交流，导致家庭冷暴力的发生。在他们这个家庭里，女儿与父亲既是父女，又像情人，妻子则像外人。冷暴力使他们的生活失去了弹性，双方都拒绝改变，拒绝角色转换，最后使这段关系变得僵化，并且严重影响到了女儿的心理健康。

曾经有一个心理咨询师接待过这样一个女孩子，她常常在傍晚突然惊叫，接着在地上打滚，大吵大闹，有时甚至做出一些怪动作，像跳舞一般在地板上跑来跑去。每次发作一两个小时，夜夜如此，持续了好几个月。家里人束手无策，只好带她到心理门诊求治。咨询师与女孩子进行交流时，她总是一概回答："不知道"、"忘掉了"、"我也不知道怎么回事，只是每到傍晚，就自然发作"。

最后，心理咨询师运用催眠术，让她保持浅睡眠状态，然后与之谈话，再问以同样的问题。结果，女孩子在朦胧状态中，慢慢说出了她第一次生病的情形。原来这个女孩的父亲非常疼爱她，管束得也比较严，不让她随便外出或与男性交往。有好几次，她都与一位朋友约好了出去跳舞，可是到了傍晚时分，父亲就会一直坐在门口看报纸，寸步不离。她一方面害怕父亲，不敢对他开口请求让自己出门；另一方面又担心朋友会一直站在外面等，于是心里非常着急。后来有一天，在这种越等越急的情况之下，她忽然忍不住大声叫，大声闹，在地上打滚，四处乱跳。自此之后，每到傍晚，便自然感到焦灼不安，然后就发作起来，而她早已将第一次发病的病因忘得一干二净了。

这位父亲对女儿无声的控制使女儿的心理发生了"潜抑"。"潜抑"是把不能被意识所接受的念头、感情和冲动不知不觉抑制到潜意识中去的一种心理防卫术。一般而言，人们都具有将一些所不能忍受或能引起内心挣扎的念头、感情或冲动，在尚未为人觉察之前，便抑制、存储在潜意识中的倾向，目的是让自己忘却这些念头，以保持心境的安宁。这些存储在潜意识中的念头、感情和冲动，虽不为人知，却可能不知不觉地影响到人们的日常行为，使人往往做出些莫名其妙的事情来。

相对于家庭中发生的身体暴力，精神暴力属于隐形暴力，伤害强度大，持续的时间也会较长，却又很难让人发现。这种精神暴力或者说冷暴力常常表现为家庭语言暴力、父母的忽视，或者就像上面这个案例中这位父亲所采取的方式：冷酷而沉默的控制。在这种环境中成长和生活的孩子，往往容易出现性格缺陷，他们容易产生自我怀疑甚至自我否定，缺乏安全感和自信心，在人群前容易感到自卑或耻辱，导致抑郁挫折的悲观情绪。

过度依赖：丢不开的麻烦

琼斯的家庭从小就与众不同。母亲生了她和妹妹莉迪亚，父亲喜欢莉迪亚，而母亲则比较喜欢琼斯，所以琼斯从小对父亲和骄纵的妹妹并不那么亲密。母亲在琼斯15岁的时候，患病去世了，但父亲对琼斯的生活并不怎么关心。后来，琼斯的姨妈得知这一情形，就把琼斯接到了自己家中抚养。这样的情况一直持续到琼斯20岁。那年父亲做生意失败了，而琼斯已经找到了一份收入不高但很稳定的工作，莉迪亚在父亲的授意下经常来找琼斯“蹭吃蹭喝”。

琼斯的经济状况也并不宽裕，她还要照顾体弱的姨妈，每月只能留给自己5镑钱做生活费。有时候朋友邀请她参加聚会，她一旦参加，那就意味着第二天的午饭没有着落了。这天，她又接到妹妹的电话，说第二天要过来一起吃饭。那时琼斯只剩下20先令了，这点钱还得维持到月底呢，可是琼斯无法对唯一的妹妹说“不”，只能答应了。

琼斯知道附近有一家价格实惠的小饭馆，在那儿可以一人花 3 先令吃顿午饭。这样的话，她就可以省下 14 先令用到月底了。

莉迪亚对琼斯带她到这样简陋的餐馆用餐有点不高兴，但是她也没有说什么，只是虎着脸看了一遍侍者拿来的菜单，对琼斯说："吃这份好吗？"

那是一道法式烹饪的鸡肉，是菜单上最贵的，7 先令，琼斯只能无奈答应了。她只为自己点了最便宜的 3 先令套餐。这样，她用到月底的钱就还剩下 10 先令，不，9 先令，因为她还得给侍者 1 先令呢。

"这位女士，您还想要什么吗？"侍者说，"我们有俄式鱼子酱。""鱼子酱！"莉迪亚叫道："对，那种俄国进口的鱼子，棒极了！我可以要一些吗？"

于是，她要了一大份鱼子酱，还有一杯酒以及那份法式鸡肉。琼斯只剩下 4 先令了，4 先令还够买一周的奶酪面包。可是，莉迪亚刚吃完鸡肉，又看见一个侍者端着奶油蛋糕走过，"嘿！"她说，"那些蛋糕看上去非常好，我不能不吃！就吃一个小的吧。"

莉迪亚心满意足地饱餐了一顿，侍者拿来了账单：20 先令。琼斯心痛地在盘里放了 20 先令，没有侍者的小费。

莉迪亚看了看钱，又看了看她。"那是你全部的钱？"她问。

"是的，莉迪亚。"

"天哪，你怎么会那么穷，你不是有工作的吗？"

"我的收入并不高……"

"上帝！"莉迪亚说，"你怎么不早说，这顿午餐差点撑死我了，我通常的午饭只是一杯牛奶和一小块面包。"

毫无疑问，莉迪亚是一个典型的依赖者，她会把所有的问题——真实的或者想象的，归咎到你头上，如此，她就为自己的要求找到了正当的借口。如此戏剧性的场面、歇斯底里和紧张的气氛围绕着琼斯和莉迪亚，也充斥在所有依赖者与被依赖者之间。

不可否认，每个人都有着与生俱来的依赖性，当我们还是婴儿时，还不会把自己与母亲区别为两个独立体。然而，在不少成人身上，依然能够找到这种界限模糊的状态。这类人甚至还会认为，这是自己对被依赖者怀有真挚感情的佐证。

一位年轻妇女说："我的生活实在不能没有亨利，和他在一起时，我觉得自己了不起。只是因为他，我剩余的生命才有意义。当他出差或探亲离开我时，我感到怅惘若失，不胜寂寞。我知道他是爱我的，但我需要不断地印证他的爱情。我睡不着觉，全身疼痛。我怕有一天他会离开我。有一次当他猛然将电话挂断时，我服了过量安眠药。没有亨利我一文不值，毫无价值。"

当依赖者的依赖程度达到没有对方就无法生存时，情况就已经十分严重了，他们甚至会用自己的人身安全威胁对方。这时，无助本身反而使依赖者变为操纵者，处于强有力的地位了。

"岳母把我们的手脚全都捆住了，"一位男子说道。"她不肯独自生活，尽管我们已经帮她把房子买在只与我们隔一条马路的小区里。她说独自生活很寂寞，但她又不肯帮我妻子料理家务——她说她的身体干这活吃不消。她也不想花一点儿功夫为她自己找个精神寄托，比如编织或者画画。她才56岁，却已经在我家住了六年。每次我们提议让她搬出去住，她总是不失时机地病倒。事实证明她的病从来也算不上严重，但已经足以使我们的计划泡汤。她就是这样掌控着我们的家，却连手指头都无需动一动。"

使用"无能"来控制他人的操纵者能够成功的很大原因在于：依赖者已经洞察了自己所控制的被依赖者不敢说"不"的心理，他们的妥协一次次助长了他人对自己的依赖性。其实，依赖双方之所以彼此纠缠，互相束缚，就在于他们都有着怕被别人拒绝的想法，这在心理学上称为“被拒敏感”。

被依赖者的心理成熟度也是欠缺的，他们也同样希望通过讨好别人、达成别人的目的和愿望来获得别人的肯定，所以他们即使牺牲自己的利益，也不愿违背他人的意愿。这种想法形成了束缚其内心的枷锁，从而备受人际焦虑的折磨。其个性决定了他在人际交往时，会高度关注他人的行为反应，包括他人的需求。正是这一点，让依赖型操纵者有机可乘，大肆利用。

过度付出：当他（她）用全部去爱你

“你现在和她相处得怎么样啊?”

在一家咖啡馆里，安见到了多年未见的老同学理查德。她惊讶地发现，理查德不再是记忆里那个风度翩翩、英俊优雅的男人了，他整个人显得那么憔悴、疲惫，带着点儿漫不经心。

“和她在一起，我压力很大，觉得很累，我觉得我和她并不是很合适。”

他们在聊的是理查德大学时的女友，当时两人的恋情在同学中传为美谈，时隔多年，安以为他们早已结婚了。

“我和她分过手，你知道吗？几个月前。”

安挑了挑眉毛：“分过手？你的意思是没有成功?”

“没有分成……你知道，我工作压力很大，在工地时几乎是没有休息日的，每天除了睡觉吃饭就是在工作，回到家，还要面对她，我真的觉得很累。”

安突然明白理查德为什么会约自己出来，他们在大学时就是像哥们一样的好朋友。理查德在老朋友面前才可以毫无顾忌地倾诉，也许，他根本找不到一个地方倾诉。

现在，理查德将自己放松地靠在座椅靠背上，微仰着脸，透过挡风玻璃看向远方。他慢慢地说着："安，也许我真的不是一个好对象，我的工作性质决定了我不能有更多的时间陪女朋友，换做是谁，都会有抱怨的吧。"

安觉得自己能理解他，安慰他说："你可以好好和她沟通嘛，她又不是不讲理的人。"

"你是不知道，她每天不间断地给我发短信，她一个月短信包月有2000条，竟然还不够她发，你能想象吗?"

安这才真的有些吃惊了，她从来没想到大学里温婉优雅的那个女孩谈起恋爱来是这么疯狂。

理查德揉了揉眉心，苦笑道："我知道她爱我，但我不喜欢我们之间现在的样子。你知道我有多久没有和朋友出去吃饭了吗？她总会表现得很伤心，用她那双大大的忧伤的眼睛看着我，然后说：'怎么了？你厌倦我了吗？你不想再和我在一起了吗？我还认为你疯狂地爱着我呢。'我过去不知道她那么黏人，有时候一个女人如此需要你，不愿让你离开她的视线，这种感觉很棒。但是老实说，现在我很沮丧，她总是利用我的内疚随心所欲。但是我又不能谴责她。噢，我怎么能指责一个对自己这么尽心尽力的姑娘呢？她把我的饮食起居安排得一丝不苟，餐桌上总是摆满了我最爱的食物，家里的所有家具、电器，甚至壁纸都是我最喜欢的。有一次，她的生日，我陪她去商场买她喜欢的裙子和香水。可是，你一定无法想象，最后我们竟然拎着大包小包的男装回家！她对我密不透风的爱让我感到喘不过气来，也让我总是感到很愧疚，总是这样让步，尽管这让我感到自己很无能。"

安知道，面前的这个男人已经完全没有自己独立的空间了，他与女友的关系完全是病态的，彼此折磨，无法摆脱。

对于理查德来说，他只是想一步一步踏踏实实地发展与女友的关系。当有那样一个女人激情澎湃地爱着他时，他们确实有过一段甜蜜的生活。可是偏偏他的女友错误地理解了爱，她迫不及待地想完全拥有理查德的这种行为，根本与成熟的爱无关。

在我们的生活中，确实存在这样一类人，他们渴望竭尽全力地证明自己懂得爱，也值得爱。其实，从心理学的角度来看，一段和谐的关系，必然有付出与接受，可是一旦这个付出和接受的循环被破坏，情感输入和输出的比例不协调，关系也随即向坏的方向发展。这种破坏往往不是源于不愿意给予，而是因为某一方不愿意接受。对此，德国家庭治疗大师海灵格描绘说："我们付出的时候，就会觉得有权利；我们接受的时候，就会感到有义务。"

正如武志红在《感谢自己的不完美》里写的那样："只付出不接受的人，会有一种清白感，会觉得自己在这个关系中绝对问心无愧。这是一种很舒服的感觉，有这种感觉的人，会觉得自己在关系中永远正确。那么，相应地，关系的另一方就会觉得很不舒服，会频频感到内疚，会经常觉得问心有愧，即便他不明白付出者为什么那么喜欢付出，他最终一定会产生逃离的冲动。"

逆向行为："我太了解你了！"

有这样一对年轻夫妻，丈夫常买些小礼物给妻子。有一天，他拎了一大包巧克力回来，对她说："我想你一定馋得很。"她的妻子只能在他的注视下，拆开其中的一包当场吃了，可实际上，她为了减肥正在进行节食。过了不久，因为妻子要求出去玩，他就买了两张棒球赛的票回来。等他看到妻子换了一身运动装后，对妻子说："瞧，我就知道你会喜欢看棒球的。"然后，他满意地搂着妻子出门了。可是，这时候他的妻子心里却觉得委屈极了，她讨厌体育运动，一直想出去看电影，可丈夫似乎从来没有意识到这一点。

事情就这样继续下去：如果妻子想穿新衣服，丈夫会到廉价商店部挑一件他认为正适合她的衣服给她一个惊喜。每次送这种礼物给妻子时，丈夫总是一脸骄傲、自得、满意的神色，自以为是最体贴人的人。可是妻子拿着衣服，感受到的不是“惊喜”，而是“惊吓”。

尽管妻子陷身于这种周而复始的游戏里不能摆脱，但她每次都会接受丈夫的“好意”，她很少有反对的勇气。可是丈夫不是傻子，他看得出来，妻子的快乐是装出来的。

结果就是，丈夫觉得妻子不知感恩，而妻子认为丈夫过于自私。我们相信丈夫是出于善意的，他只是不能了解自己的行为到底有何差错。其实，他忽视了一个事实：即他所认为的对方的需求，是出于他自己的幻想，而他又把自己的善意行为当成了一种施舍，长此以往，就变成了“独裁”。

从被控制方的感受来看，他觉得自己的任何暗示与信息都被忽视或充耳不闻，或被当做是不知感激。如果被控制者想维护自己的观点，谈话大概会是这样的：

“你说我从不为你做任何事情，这是什么意思？我两天前还带你去看电影了。”

“但是，亲爱的，你忘了我并不想去看电影吗？我那天晚上累得很。我告诉你，我只想早点儿上床睡觉。”

“你没说清楚。你只说你很疲倦，我以为去看场电影可以使你轻松一下。”

“但是想看电影的是你，我讨厌西部片！”

“好啊，看我以后还带不带你看电影！别人家的妻子从不出门，我想做做好人，你却反咬我一口，这是最后一次了！”

由此可见，一个人若把某种欲望加在其配偶身上，可能与其配偶的真正需求完全不一致。这种“施予”与“需求”完全不对等的情况，就造成了这种操纵与被操纵的关系。

当然，在某些情形里，有人也许能主动地、恰到好处地施予，因为他基于过去的经验，知道其配偶期待怎样的礼物，何时喜欢拥抱或特别喜欢哪种食物，这种情况下的付出就会变成一种浪漫的行为。如果一个人真能敏锐地觉察出另一人的需要，他的“施予”行为是为了满足对方而不是满足自己，那么就不存在操纵与控制了。而大多数情况下，即使是朝夕相处的两个人，也并非完全能够了解对方的喜好，因此，这种不对等的行为模式和不健康的心理状态就出现了。

在心理学界，将这种心理亚健康的状态称为“逆向行为”或者“逆向接触”。

正如之前案例中所描述的那样，丈夫认为，他是了解妻子的，他要把这种了解用他的方式表达出来，而不是直接听取妻子自己的想法。妻子的默认更使他相信，他对妻子想法的主观判断是合理的、正确的，是某种坦诚相待的方式。这也正是为什么当丈夫发现妻子对他只是敷衍、强颜欢笑时，他会那么难以忍受。

逆向行为造成的影响是可大可小的，有时候仅仅是给当事人造成困惑，而最糟糕的情形就是产生某种毁灭性的效果。心理学家发现，越是那些不能接受、甚至是意识不到内心感受的人，才会用一种自以为是的态度去评价他人，干预他人的生活，而他们丝毫都没有注意到自己是这么做的。

在我们的生活中到处都是这样一种人，他们觉得这么做是理所当然的。那些人会说诸如“男人都是……”或者“女人应该……”此类的话，这些主观臆断的言论马上就把全世界几乎一半的人都卷了进去。

仔细想想，难道不觉得这种由别人来对我们下结论的行为方式十分荒谬吗？尤其当我们听之任之时，这些所谓的结论会束缚我们，我们将失去自由、安全、自信、信仰，甚至自我。

聚光灯下的存在感："你们只能关注我！"

暑假前夕，7岁的卡洛琳背着小书包跟着妈妈来到了位于旧金山的继父家里，那是一套复式小别墅，装修得简单又温馨。因为卡洛琳一直和外婆住在一起，所以没有安排她的房间，妈妈就让卡洛琳睡在小女儿凯丽的房间，凯丽则跟爸爸妈妈去主卧睡。凯丽一开始很不情愿，还哭了鼻子，在继父肖恩的训斥下，才瘪着小嘴跟着爸爸妈妈去了主卧。

夜里，卡洛琳躺在凯丽的小床上，仔细地打量着这个房间，粉红色的窗帘，嫩黄色的家具，粉紫色的床上用品，还有一屋子大大小小的毛绒玩具，果然和那个娇俏可爱的凯丽很配。

卡洛琳不由得想到了自己的房间，冷冰冰的水泥地面，坑坑洼洼的墙上还贴着许多过季明星的海报。凹凸不平的天花板角落里，满是雨天漏水的印迹。

对于凯丽拥有的这样一个梦幻又甜蜜的房间，卡洛琳不是不羡慕的。

暑假里的一天，卡洛琳在做作业，肖恩看见了就坐在她身边指点着她的功课，卡洛琳心里有了小小感动。肖恩是个温和、儒雅的人，这对于从小就欠缺父爱的卡洛琳来说，是一种陌生而奇妙的感觉。然而此时，卡洛琳浑然不觉不远处有一双怒气冲冲的眼睛狠狠地盯着她。

"爸爸……"凯丽颠颠地跑过来，一下子就扑到肖恩的腿上，"爸爸，爸爸，我们去游泳吧！"

“再等一会儿，宝贝。姐姐的作业马上就做好了，然后我们一起去。”

“我不嘛，我不嘛……宝贝现在就要去！”凯丽长得白白嫩嫩，一双大眼睛像极了肖恩，她撒起娇来楚楚可怜。肖恩立马缴械投降，一把抱起凯丽就走了：“好好好，现在去，等一下妈妈洗完衣服再带姐姐一起过来。”

卡洛琳只能眼巴巴地看着他们的背影，在肖恩怀里的凯丽还不忘朝她做个鬼脸。

等到妈妈做完家务叫卡洛琳去游泳馆的时候，卡洛琳已经完全没有了兴致。她借故说作业没做完，拒绝了妈妈的邀请。

有一次临睡前，卡洛琳在洗手间刷牙。凯丽穿着她的粉红色睡裙跑出来，看到卡洛琳的“睡衣”——破了几个洞的背心短裤，她就皱着眉说：“你不要把我的床睡脏哦！”

卡洛琳还来不及说话，就听到凯丽很大声地问妈妈：“她什么时候回家啊？她抢了我的房间，还要抢我的爸爸！”这时，妈妈和肖恩都会大笑，然后一把将凯丽抱起来回到他们三人的卧室，里面传来他们嘻嘻哈哈的笑声。而卡洛琳就一个人孤零零地在洗手间里，眼神呆滞地看着镜子里的自己：满手满嘴的泡沫，眼泪不听使唤地缓缓流淌了下来。

凯丽虽然还只是一个孩子，但这并不妨碍她成为一个操纵者。从小深受父母宠爱的她，形成了“我是特别的”这种自我认知。基于这个概念，她强烈需要别人的关注，也无法忍受别人来分享自己的一切。她认为自己有权利只关注自己，因而不会顾虑他人的感受。

有些操纵者为了让大家的目光都聚焦在自己身上，甚至不惜窃取他人的胜利果实。

苏雷斯是一个乐团的创办人之一，同时也是这个机构的经理。记者就建立乐团这件事对他进行了采访，他十分自豪地宣布：这个新乐团的诞生，完全是他一个人的创意，并且这个创意也很受客户的欢迎。当他的助手索菲偶然在杂志上看到这段话的时候，感到很愤怒，因为她才是自始至终参与筹建这个乐团的人，无论是策划、联络，她都亲力亲为，而她的经理只是知道乐团的名字而已。然而在访谈的全程，经理只字未提她和整个团队的工作。此外，当一些客户要求通过电话和索菲进行沟通时，经理都会十分巧妙地拒绝。

这个经理也是一个操纵者，他盗窃别人的观点、想法，无视他人的存在。这类人经常会这么说："那个啊，我早就知道了"，"你倒是提醒了我，我正想说这些呢"，"我早就料到你想和我说这个"，或者"当然了，这不明摆着的嘛"。

有时候，他们还会插手周围人的私人生活，迫使别人接受自己，还让人深信这是为了大家好，他们完全没有错。他们的论点看上去都十分有逻辑，以至于你不知不觉中就掉进了那套歪理的陷阱，认同他们的需求和观点。

毫无责任感："这不关我的事！"

戴维斯最近很郁闷，原因是他一直以为自己会是部门副经理的候选人，可是这个梦想被一个"空降"的女人给打破了。大家都在传言，这个女人与公司老板的关系很不一般。

几个月过去了，戴维斯与新上任的副经理关系很不好，他一直耿耿于怀。不久，他突然接到了大学同学雅克的电话，雅克约他一起去打高尔夫球，戴维斯同意了。

雅克与戴维斯可以说是同行，在另一家规模稍小的公司里担任业务经理。相比之下，戴维斯虽然收入不比雅克低，但总觉得低人一等。

打球打累了，两人坐下来休息，雅克状似不经意地问："你现在怎么样？跟女朋友相处得如何？"戴维斯点点头，没有多说什么。雅克笑笑，又打趣道："怎么，看你是有心事？工作不顺利？"

戴维斯眉头皱得更紧了："别提了，来了一个女人叫艾达，纯粹是关系户，事情全都交给我们做，你说这叫什么事！"

雅克惊讶道："艾达？不会是我认识的那个女人吧，她好像还是你女朋友妮娜的闺蜜呢。"

戴维斯这才转过头来，似乎对这层关系感到很吃惊。

雅克突然转了话题："最近那个大学改造的项目你在经手吗？"

戴维斯隐隐知道了雅克找他的真实意图，他不动声色地问："什么意思？"

雅克诚恳地说："其实，我今天找你，是想问问你，有没有兴趣一起合作？"

过了几天，雅克接到了戴维斯打给他的电话："雅克，我觉得我帮不了你的忙，这次的投标全都把控在我们老板手里，除了他和副经理艾达，其他人都不能插手。"

"还有时间，你再看看有没有别的办法。"雅克说。

挂了电话，戴维斯觉得自己太没用了，雅克和他约定，只要这次能将自己公司的投标价透露给他，不仅会给自己30万做报酬，而且还会帮助自己到雅克的公司里做部门经理。可是，怎么才能弄到投标价格呢？

回家后，他还沉浸在自己的世界里，冷不防被一个人从后面一把抱住，戴维斯一看，原来是女友妮娜。

妮娜通红着脸，对他说："亲爱的，我要告诉你一件事，我怀孕了。"

戴维斯顿时就惊呆了，但是盘桓在自己脑子里的念头既不是欣喜也不是无措，而是——这是上帝赐予给他的一个转机。

……

一个月后，开标，雅克的公司中标。

大雨倾盆的雨夜，艾达冲到妮娜家里，一遍一遍打她的电话，可她就是不接电话。她站在妮娜家楼下，大声喊："妮娜！你给我下来！下来！"终于，妮娜打开了门，只见她披着外套，脸色惨白，眼神闪烁，手无意识地揪着衣服。

"妮娜，你为什么要这样做？为什么要利用我对你的信任当商业间谍？枉我那么相信你！"艾达几步走到她面前，扬起手想要给她一个耳光，妮娜身子一颤，左手护住了头，右手却下意识地护住了自己的肚子。艾达的手在空中凝固了许久，迟迟没有落下。

妮娜浑身抖成了筛糠，突然如同崩溃了一般，她捧着脸呜呜地哭了起来。

"对不起……我也不想的！但是戴维斯说，如果我不这么做，他就不会要这个孩子。他说如果想要让他负起一个父亲的责任，就必须帮他弄到你们的投标价，他说这都是为了我们的未来着想……呜呜！"

"这个禽兽不如的家伙！他怎么不想想，自己是孩子的父亲，难道他心里只有自己吗？"

这句话如同戳中了妮娜的伤疤，她哭得更伤心了，现在一切都败露了，她和戴维斯真的完了。

"究竟怎么做全都在你，如果你肯帮我，等我们成功了以后马上就结婚……如果你不肯，那说明你并不足够爱我，孩子与我也没有任何关系，你自己看着办吧，谁让你的好闺蜜抢走了本该属于我的位置！"戴维斯无情的话语还在妮娜耳边回响，她真的不知道该怎么办了。

卑鄙的戴维斯，为了自己的利益，让无辜的妮娜来承担一切，而且还似乎将错误全都转嫁到了妮娜身上。这就如同一个扮演操纵者的负责人对秘书说：“我之前忘了签署这个文件，这很正常啊。你今天上午要求换个假期，让我心烦得很。你当时只需提醒一下，让我想起来就好了！”通过这样的表达方式，错误的责任就在秘书了，看上去她才是直接导致这次失误的人。

这类不负责任的操纵者还经常把自己放在受害者的位置上，就好像他才是最无辜的人，按照戴维斯的逻辑：“妮娜，我让你这么做，全都是为了我们的未来做准备。你的闺蜜艾达抢了我的位子，我才是最无辜的人。”其实，这是一种不用负责任的方法，也是把自己重新置于可怜的受害者一方的方法——让自己成为好人。

利用负罪感：“你怎么可以这样对我？”

安琪忐忑地走进了心理咨询师米拉的工作室，米拉亲切地接待了她。

“米拉，不知道是不是我的大脑出了问题。”安琪心烦意乱地问米拉。

“你可以告诉我你为什么会这么想吗？”

“我渴望一段牢固的、真诚的爱情关系，但似乎我总是找错对象。”

在米拉看来，安琪是一个很有魅力的姑娘，经过一段时间的交流，米拉已经可以推测出让安琪苦恼的症结所在。安琪25岁了，直到现在她都只有短暂的恋爱经历，而且总是与一些同她理想中的伴侣完全不一样的人在一起。她的前任男友是一位结过婚的工程师，安琪对他而言，只是繁忙工作后的生活调剂品而已。

随着治疗工作的进行，米拉渐渐发现，安琪的心理问题都指向她童年时就已经形成的负罪感。安琪的父母结婚时，母亲是强势的一方——有财有貌，而父亲只是一个家境一般的穷小子，但因为一表人才又会说话，获得了安琪母亲的芳心。可是，随着父亲事业的稳步上升，母亲的地位渐渐下降，尤其是在她成为全职太太以后，家里的经济大权就全部掌控在了父亲手里。母亲知道自己与丈夫之间的感情出现了危机，她就把所有的注意力聚焦在了女儿身上。安琪的母亲脆弱的心灵给幼小的安琪带来温暖的同时，也造成了伤害。她严厉，但又害怕外面世界危害到自己的女儿，就长期把安琪与外界隔绝开来，把她庇护在自己的保护伞下。而安琪的父亲常年在外，很少关心女儿，只是一味地在物质上满足女儿。

安琪初中的时候，曾经带同学回家一起做作业，这在班级里面是很平常的事情，可是她的母亲却感受到了一股压力。她告诉安琪，她这样与其他孩子打交道让她感到呼吸困难，头晕目眩，她希望单独与女儿在一起，她们之间不应该有其他人的存在。为了守护母亲对她的爱，安琪毫不犹豫地舍弃了同伴之间的亲密友谊。后来甚至发展到，只要她在母亲面前提及某个同学，她的母亲就会反应紧张。慢慢地，这就形成了某种心理反射，只要她与外人接近，内心就会涌起对母亲的愧疚感。

这种反应模式深深印在安琪的脑海中，并成为一种无意识的记忆被存储了起来，以至于已经是成年人的她仍在遵守着这个戒令——避免由于找朋友或者恋人而背叛母亲的“禁令”。这种冲突产生了“负罪感”，她不自觉地总是寻找那些不适合她、对她也没有浓厚兴趣的男人。她无意识中用那些始终“错误”的男士带给她的失望来惩罚自己与他人交往的行为，从而减轻负罪感。

真正的罪恶感来源于对社会规则的严重违反，如杀人、纵火这类故意犯罪。而负罪感的产生有时则与违反社会规则无关，例如，当我们碰到以下情形时，会感到负有责任：

——亲人正在生病，但我们无法陪在身边照顾时；

——家长会上，被告知孩子在学校里成绩较差时；

——我们拒绝了朋友的请求时；

——我们没与别人分享某种东西时；

——我们顺利找到了工作，但朋友却屡遭拒绝时；

……

负罪感也和其他情感一样，我们无法用意识对它加以控制，反而时时要受到它的侵扰。当这种情感来袭时，我们往往无法驾驭。尤其当某些负罪感本不应该产生时，操纵者们就能凭直觉察觉出我们内心的感受。对父母来说，让自己的孩子产生罪恶感简直太容易了！就像米拉的母亲那样，她不仅是女儿内心负罪感的创造者，更是一个可怕的维护者。她的表现让米拉相信，这种愧疚的感受不是假象，而是确实存在的。

有时候，负罪感还源于“错误的内疚”。内疚本身是一个有责任感的人的基本情感。当我们做了违背个人或社会伦理规范的事情，良心就会真实地记录这种不愉快和自责。然而，我们需要注意的是，当我们的内疚感错误地解读了我们的行为，就会使我们感到懊悔、自责，会在头脑中形成这样一个错误的思维模式：

我有这种行为；

别人因为我的行为而感到难过；

不管这种难过与我的行为是否有关，我都将负全责；

我感到内疚；

我愿做任何事情来补偿，以此换取内心的平静。

我们或许不愿相信，母亲会伤害自己的孩子，医生会从精神上剥削他的病人，丈夫会从心理上摧毁他最亲密的女人。但事实上，我们恰恰最容易被我们最亲近的人反复灌输道德观念。一旦不按照他们所说的去做，亲密的操纵者们就会让我们产生内疚之情，进而背负起罪恶感，让我们觉得，如果我们不对此负责，我们就是十恶不赦的坏人。

绑架赞美:“求评价的目的很简单，就是希望你表扬我。”

她茫然地睁开眼睛，身边的电脑，还一闪一闪地亮着灯。

她猛地坐起身，扑到电脑前，点开自己的Facebook，第一件事就是看有多少人点评和点赞。她把前几天去拉斯维加斯度假的照片上传到Facebook有一会儿了，其中好几张照片是她穿那件最美的真丝及地长裙拍的。

“为什么？为什么只有两个评价？那么美的我就没有人欣赏么?”她感到很失望。

再也没有了睡意，她感觉满心的失落和惆怅。她发了一会儿呆，赤脚下楼。

打开冰箱，里头塞得满满的，应有尽有。她满心的怒火似乎唤起了强烈的食欲，取出一瓶鲜奶、一条吐司、一盒生菜沙拉、一块提拉米苏、一块海鲜披萨……

停不下来的手，又冲了一杯热可可，陆续从微波炉取出一大包的爆米花、一盘焗烤意大利面和咖哩烩饭，满到餐桌再也放不下。

然后，她看着桌面上摆得满满的、冷的热的、中式西式的食物，又拿出手机开始拍照。各种角度的美食，再配上自己的完美的笑脸:“瞧，这么多美妙的食物，你们羡不羡慕呢?”

拍完照，上传到Facebook，她感到稍稍满足了，接下来就等着别人评价和赞美了。

过了五分钟，她拿起手机开始刷新，不错，有一个点赞和评语，她马上回复了这条评价，又给好友都群发了消息："快来看看我新上的图片吧……"

放下手机，她靠着桌子，脑海有一瞬是空白的。

很静，静得连每一次的呼吸声都清晰可辨，整间屋子空荡荡的。到了夜里，那种可怕的空虚感，还是会无边无际地向她袭来。

她拿着手机，回到床上，等待别人评价的过程是那么漫长。她时不时地要看看手机，没有，还是没有。"大家应该都还在睡梦中吧。"她缩在床角，紧紧抱住自己泛凉的身躯，一屋子的黑暗与寂静，像是一只无形的大手，将她牢牢攫住。

她不知道的是，自己群发的信息把不少人从美梦中唤醒，他们看了看手机，都咕哝一句："这个女人……真无聊！"然后关机，睡觉。

第二天，女人兴致勃勃地起床，花了两个小时梳妆打扮，然后开始布置自己的小别墅。她前几天发了请柬，用美食、美酒和有趣的游戏吸引朋友们前来参加自己的派对。这些朋友中也包括昨天晚上被她骚扰的人们，虽然大家心里都知道她其实是为了获得别人的赞扬，但是看在她向来花钱买赞美的习惯上，大家也就不计较了。

中午，陆陆续续有人开车来了，伊芙是第一次跟着丈夫艾伦参加这种私人聚会，她很紧张，艾伦则显得很随意，他边开车边随意地扫着自己的Facebook最新信息："啧，这女人又大晚上的不睡觉，上传照片了。"他拿给伊芙看，伊芙很吃惊，因为看上传的时间，是凌晨3点。

艾伦笑着说："亲爱的，放轻松，没什么好紧张的。你只要记住一条原则：无论你看到什么，听到什么，都对着女主人点头微笑并赞美她，那么你就会得到最好的服务。"

伊芙很疑惑，她看到艾伦娴熟地在一个Facebook主页上点了赞，并写了几句赞美的话。

艾伦和伊芙下了车，两人手牵手走进了别墅，伊芙赞叹地欣赏着整个空间，里面是钢和钢化玻璃切割的空间。阳光透过玻璃照射进来，经过特殊的处理，室内的光线充足而不刺目。伊芙仰头看着上面，辨认着像蜂巢一样错落有致的房间。

但这显然不是她喜欢的房屋风格，她想想都觉得住在这么个空间里，整日像在太空行走一样，会特别不踏实。

艾伦握了握伊芙的手，只见很多人簇拥着一个打扮得花枝招展的女人走了出来。

“亲爱的艾伦，你可算到了。哟，这位大美人是谁啊?”

伊芙仰头看了很久，脖子这会儿有点儿酸。她看着面前这位美丽得近乎张狂的女人，脸上的笑容都僵硬了。

“小姑娘，你觉得我的房子怎么样啊?”

“恩……很好，我很喜欢。”

“怎么能仅仅是喜欢呢，来吧，我带你来参观一下。”

伊芙看看艾伦，艾伦对她点点头，示意她跟着女人走，伊芙忐忑地跟随着这群人一起往前走。

从楼梯口一直往下，站在一个宽阔的空间的入口，才知道这个半地下的空间才是女主人的主要活动区。

女人笑吟吟地说：“在这儿，一个一百人的Party是没问题的。那边是厨房，虽然我懒得做饭，偶尔也得煮碗面。这边往里走是我的卧室，下面一层有一个酒窖、一个四季恒温的室内泳池、一间影音室和一间健身房。要不要下去看看?”她向伊芙询问道。

众人的目光都盯着这个陌生的女孩儿，伊芙吓得摆摆手：“不……不用了。”

女人的眉头微不可见地蹙了蹙，她嘲讽地说：“这么快就累了啊，那就算了。”

伊芙知道，自己说错话了，她感到自己头皮发麻，只想快点离开这里。

在我们的身边，总是有那么些人，他们很关注自己的形象，服装、配饰乃至生活的环境都不容有一点马虎，因为那都是他们的素材。他们永远都是在征求别人的意见，但最终的目的是要让他人承认：他们更聪明，更漂亮，更有魅力，更有能力。他们会细心地观察、比较乃至策划，为的就是体现出别人与他们的差距，从而用微妙的手法来划清与别人的界限。

聊天栏里，一群人正在讨论一首诗。这首诗是群里的某个人创作的，他在诗歌的后面加了一个括弧，注明四个字："欢迎'拍砖'"。小T读完整首诗之后，就开始发表自己的意见："诗歌构思巧妙，意象新颖。但是思维过于跳脱，逻辑显得混乱，用词太过晦涩，拼凑痕迹明显……"

还没等小T说完，诗歌的创作者就发怒了。他急速地在聊天框里发着消息："你懂什么？你这个连诗都看不懂的人有什么资格评论我的诗？就是因为看不懂，你才觉得晦涩！你什么都不了解，就不要评价了！真是个没文化的家伙！"

小T惊得冒出了冷汗，他认为自己的评价很客观，不知道怎么惹怒了这个创作者。

"是他自己说欢迎大家'拍砖'的呀！"小T气急了。

当有人问你："你觉得……怎么样时？"你还没有来得及张嘴，他就已经给出了自己的意见——赞美自己。如果你不回答，他就会坚持说："很好，对吧？"你知道，如果你告诉他"我觉得这个并不完美"，他会表现出生气和失落的情绪，甚至会对你心生怨恨。最后，为了避免麻烦，你只好说出他们想要听到的答案。当赞美也被强行绑架时，你会感觉，一切都变了味道。

“锋利”的玩笑:“我不是故意损你的。”

朱莉是一个很普通的小职员，每天坐在格子间内接听各种电话，打来电话的人都是“9·11”事件的遇难者家属，她要做的就是为他们处理各种事情。工作是烦闷、枯燥的，有时还要受各种委屈。她最大的快乐，就是每天回家后，做各种好吃的。美食，成了她逃避现实生活的一种手段。

这天，当丈夫给在厨房里忙碌的她端来一杯香槟酒时，发现她不像往常那样神采飞扬，感觉她明显情绪低落。

“亲爱的，怎么了？又是糟糕的一天?”

朱莉抿了一口香槟，喃喃自语道:“明天又有科布沙拉午餐会，担忧，担忧啊!”

原来，朱莉大学毕业后，每个月都会与同寝室的三个女生聚会一次，她们称之为“科布沙拉午餐会”。对于朱莉来说，这是无法摆脱但是又令她痛苦的聚餐。

第二天中午，朱莉急匆匆地赶到餐厅，另外三人已经到了。“抱歉！可恶的地铁，太慢了。”朱莉急忙道歉，但她们似乎已经习以为常了，都摆摆手随口道:“没事，我们早就习惯了。”朱莉脸色一僵，是啊，谁让她们都有自己的车子呢。落座后，朱莉很快发现，米歇尔一直对着手机说着:“1850，崔西，听清楚了吗？让他们抬高到1850。”坐在米歇尔对面的莎拉很好奇，“什么1850？你在说什么?”米歇尔神态得意地说:“1850万美元，我们在整合市中心的那块地。”其他两人都流露出吃惊和艳羡的神情，只有朱莉还懵懵懂懂。而坐在朱莉对面的莉迪亚已经迫不及待地开口了:“说完了你的，该轮到我了。我昨天刚刚晋升为公司公关部经理，这意味着我年薪又上了一个台阶，而且我可以以2%的利息借贷50万美元。”莉迪亚长长地叹出了一口气，整个人满足地靠在椅背上，朱莉则睁大了眼睛，感到难以置信。米歇尔似乎这才注意到朱莉。

“那么，你的工作怎么样了？”

“哦，我的……”

“看看你那憔悴的脸就知道，还是老样子吧？”

“我……”

“你也别太拼命了，毕竟大家都没指望你能出人头地。噢，你其实也可以有自己的理想啊，而且这个理想很容易实现——你可以当个家庭主妇嘛！哈哈……”米歇尔笑道。其余的两个人也顺势笑了起来。

她们根本没有给她说话的机会，因为手机声又此起彼伏地响起来了。

过了一会儿，莉迪亚发现朱莉眉头皱着，似乎很不高兴。她察觉到了什么，对朱莉耸耸肩，说：“我说朱莉，我们就是开个玩笑而已。这么多年的好姐妹了，不会连开玩笑你都介意吧？”

朱莉能说什么呢？她只好笑着表示自己没放在心上。

朱莉感到自己失败透了，毕业到现在快10年了，身边的朋友们一个个都事业有成，而自己却在这10年里，放弃写了8年的小说，辞掉了编辑的工作，窝在一个格子间里，整天不知在忙些什么。她感到很茫然，每次的聚餐她都只有羡慕的份，恐怕以后，她会连她们在说什么都听不懂了。似乎每一次的聚会，都是对自己失败人生的一种见证，她恐惧这样的聚会，但是她还是每次都来参加，然后再被她们戏谑的语言和鄙夷的眼神伤害得遍体鳞伤。

虽然朱莉感到很痛苦，但她还是宁愿相信，她的朋友们对她说的话都是出于善意的，她从来没有想过，自己是否应该承受这一切。为什么她们可以这么容易就把她内心的挫折感、不安全感和恐惧给激发出来呢？但她又为自己陷入这种感觉而感到惭愧。

现在，让我们来看看损人者的心态。其实从根本上来说，他们的内心也有着一种很深的不安全感，所以只要有人对他们的话作出反应，他们的生命就有了意义。其次，损人可以让别人把焦点投在他们身上，他们为了抬高自己，会不择手段地批评你，用煽动性的语言讽刺你，他们的目的可能纯粹是让你纳闷自己是否真的那么笨。等你感到不舒服时，他们则会无辜地望着你说："我就是开个玩笑而已。"

那么，面对别人语言的挑衅，我们是该坐以待毙还是出言反击呢？还有别的更好的处理办法吗？当然有。

1. 充分审视自己

被人损其实并不可怕，但问题是，你该做出何种回应。我们要谨记，当我们被人言语攻击时，首先该对自己说些什么：我的感受如何？我为什么会生气？话语中是否具有真实性？对方究竟是针对某件事情，还是针对我这个人本身？

2. 践行你自己的原则

损人与被损这种事情是一个双向的过程。当你做出反击，尤其是徒劳的反击时，对方只会更加幸灾乐祸。只有你内心的原则会告诉你："别太在意他的话，按照你自己的意愿去做吧。"试着把焦点放在更长远的事情上，不要将别人的讽刺放在心里。心理学和哲学都会告诉你的一件事就是：没有人可以真正伤害到你，而我们的内心感受取决于我们自己如何看待整件事情。因此，如果我们对自己说："这个人竟敢对我说这种话"，我们就会产生挫败和愤怒的感觉。就如马尔库斯·奥列里乌斯所说："它只有在摧毁你的人格的时候，才会摧毁你的生命。不然，它里外都无法伤害你。"

3. 牢记“三成定律”

詹姆斯·阿图彻在他的著作《选择自己》中曾经说过：“不管你是谁，不管你做了什么，不管对象是谁，总会有三成的人会喜欢，三成的人会讨厌，三成的人不会在乎。选择爱你的人，不要再多花一秒钟在其他人身上，生命这样就会过得比较好。”

第六章

“潜移默化”的力量：你正在被他人影响

你的行为和想法都是听命于你本人的意愿吗？对我们大多数人来说，答案是否定的。我们的想法、意念、思维、行动，甚至情感体验，无不被周围的人们影响着。这些影响，有些是积极的，但更多的是消极和有害的，它们让你处于矛盾和迷茫之中无法做出理智的选择，它们一直在绑架你的人生。洞悉这些负面影响，才能找到冲出牢笼的出口。

因为看不见，所以残忍——录音带效应

可怕的服从机制

在世界近代史上，曾经有三次大规模人类大屠杀的行为，而这三次屠杀分别有不同的人在接受命令后将其贯彻执行。

第一个人是纳粹负责虐杀犹太人的艾希曼，曾经有高达600万数量的犹太人在他的指挥下，被逮捕并送到集中营杀害。

第二个人是美国陆军的威廉·卡里中尉，他在越战时期，曾经率领军队在南越的索米村虐杀了100多名手无寸铁的村民。战后，当卡里中尉接受军事法庭的审判时，他坚称："我是遵从上级命令才去杀死敌人的！"最后，在他终身监禁判决下达的第二天，尼克松总统就下令即刻释放卡里中尉，他恢复了自由。在卡里中尉被释放以后，舆论调查结果发现，认为卡里中尉无罪的人数占79%，认为被判终身监禁判的罪刑太重的人占81%，而赞成尼克松总统释放措施的人则更是高达83%。

通过这个调查结果可以发现，大多数人都认为卡里中尉只不过是奉命行事的，所以个人不需要负责任。这和先前艾希曼的情况相同，因为艾希曼同样是执行希特勒的命令。

最后则是在广岛投下原子弹的飞机驾驶员们，每年在纪念原子弹受难者的日子里，他们都会发表同样的言论——"我们是奉命这么做的，并不是我们个人残忍冷酷的表现"。

1965年，美国人密格兰为了解开这三次屠杀的人类行为的心理之谜，

做了一个服从实验，目的就是为了研究人们对权威的服从。

实验的过程十分复杂，这里只简单介绍一下实验的结果：人们会将权威人士下达的命令贯彻始终，无论这个命令会带来何种后果，同时大部分人都认为自己对此时的行为无需负责。但事实还并没有那么简单，如果控制方在会接触到被控制方的状态下，被要求给予被控制方负面影响，这时被控制方会产生一种抵抗感；但如果被控制方在看不到控制方的情况下被下达同样的命令，则不会产生太大的抵触情绪，有时甚至还会做出更残酷的行动。

我们日常生活的某些所作所为，有些是出于自己判断而采取行动的，但其实还有许多行为是接受他人的命令、指示甚至暗示而行动的，这些行动往往与个人的意愿无关。即使发出命令者并不是什么具有权威的人，只要对方指示自己做的事情在当时的情境看来是理所当然的，我们就会服从。将服从指示或命令本身当成是理所当然的事情，加以正当化，然后决定自己的行动，这就是我们所说的“录音带效应”。就好像是我们按下录音机的开关时，录音带就会随时播放出所记录的声音一样。因此当我们听到某个命令按下开关时，就会反射性地展现所记录下来的行动。

当我们成为了“服从”的工具

在日常生活中，我们都能体会到所谓“情绪的共鸣”，即当别人表露出某种强烈的情绪唤醒的信号时，我们也往往能够体验到同样的情绪。不仅如此，这种共鸣情绪一旦引发出来，甚至会对我们的行为产生很大的影响，这往往是利他行为、攻击行为、歧视行为等各种行为产生的原因。比如，邻居的小孩丢失，父母悲痛欲绝，痛哭声会使人产生恻隐之心，从而表现出一定的助人行为。

让我们回到这三次大规模的人类屠杀，现代战争只要一个按钮就能进行，完全看不到敌方的脸，因此会变得十分残酷。由于大规模杀伤武器的发达，使得人类战争的心理也有所改变。艾希曼、卡里中尉和原子弹投放者，他们作为“奉命行事”的执行者，与被屠杀的民众不可能存在“情绪的共鸣”，他们也体验不到战争、屠杀所带来的强烈痛苦，只有完成任务才是他们所必须做的事情。可悲的是，民众竟然也十分认同这种辩解。

录音带效应在实际生活中

“录音带效应”在现实生活中既可以解释某种心理，同时也可以加以有效利用。而这种利用，正是基于“密格兰实验”得出的结论。例如，当你在工作中搞砸了某件事情时，你除了打电话向上司道歉以外，是否还有更好的措施呢?

结论就是尽可能与上司面对面进行沟通，这样可以让上司真正了解和体会到你的愧疚感，从而产生原宥之心。相较而言，打电话或者发邮件都是十分危险的做法，难保你不会因此被调职甚至被解雇。

同样的道理，当父母责骂孩子的时候，借助外物责打孩子是最不好的方法。如果非教训孩子不可，记着不要用外物，而只能徒手打孩子。徒手打孩子就提供了彼此接触的条件，在无意识中家长就会放轻手部的力量。但如果是用外物打孩子，那就很难控制自己的力量了。

心理距离越近，越容易被影响——熟悉效应

拖着疲惫的身体，小张将自己重重地抛进了沙发，出差一周的她累得一句话也不想说。丈夫加班还没有回来，房间里只听得到卫生间滴滴答答的水声。她觉得有些奇怪，起身到卫生间一看，顿时火气上涌：丈夫把积攒了几

天的脏衣服堆在水盆里，没有关紧的水龙头正在滴水，水早已从水盆中溢出。她心里咒骂着，也顾不上休息了，赶紧弯腰把水盆中的衣服捞出来。取肥皂时，小张一时没拿稳，“哐”一声，肥皂掉在了地上。捡拾的过程中，她又瞥到洗衣机的排出管漏水了。

一股灼热的愤怒瞬间从小张的心中升腾起来，她将手中的香皂狠狠地甩向地面的塑料盆。愤怒在她的心中继续燃烧，她看到丈夫的脏内裤和衣服，特别想找一把剪刀将它们剪得稀巴烂。

这时，丈夫刚好下班回来了。她把对丈夫的愤怒大声咆哮出来：“你眼睛瞎了吗？难道都没看到我们的洗衣机坏了吗？衣服放了几天，为什么你就不能去洗？你眼中为什么没有这个家？你眼睛瞎了吗！你个懒货！懒货！”骂完了以后，她的内心只感到了空虚和悲伤，她彻底崩溃了，坐在马桶盖上嚎啕大哭。因为就在刚才，她忽然意识到这些都是她的妈妈常常对爸爸说的话。

让小张崩溃的不是生活琐事带来的挫折感，而是她发现，自己竟然与妈妈一样咆哮着那些刺耳的话语，而这些话语是她从小以来一直打心眼里排斥的。妈妈三十年来一直在抱怨父亲不帮忙干家务，家中常常充斥着她的抱怨声，那一声声“你眼瞎了吗？”“你个懒货！”一直让小张很难受。为了让妈妈少一点抱怨，懂事的小张总在帮忙母亲做家务活。她曾在心中暗暗发誓：我以后绝对不能像妈妈一样。

大学毕业后，小张经过几年的职场打拼，成为了一名光鲜亮丽的职场白领。她一度觉得自己与家庭主妇的妈妈是不一样的，但是今天她发现，自己与妈妈没什么一样。“我不想和妈妈一样，但是我还是和妈妈一样。”这个事实让小张无法接受，仿佛她做的一切都失去了价值和意义。

结构派家庭治疗的开山鼻祖Salvador Minuchin曾经遇到过很多这样的案例，它们都呈现了“我不想和妈妈一样，但是我还是和妈妈一样”的模式。

其中有个案例是这样的：家庭中的三代女性前来找Minuchin咨询，原因是15岁的外孙女怀孕，而她的外祖母在16岁就结婚怀孕了，这个少女的妈妈则在15岁时怀孕生下了她。虽然少女肯定不想像妈妈和外婆一样早孕，但她还是和妈妈和外婆一样，做出来连自己都无法接受的行为。这个家族中，女性的命运似乎在进行着强迫性的重复。

少女的妈妈对怀孕的女儿说："你是我的生命。15年之后，我仍然在挣扎，试图要把握住事物。你选择坚持下去，但真的很难获得成功。""我非常在乎你，真的很在乎。我只是不想看到过去发生在我身上的事，也发生在你身上。"

其实，这样的例子就发生在你我身边，也有可能，你就是其中的主角。那么，这一切是如何发生的呢?

还是以家庭关系来说，孩子与母亲的亲近是与生俱来的，心理学的研究显示，对孩子人格影响最大的是母亲，而父亲多半是这个影响的背景因素。母亲如果有很多心理创伤，没有得到修复的话，会以各种方式，传递给后代。在这一点上，母亲对孩子的影响是不分性别的。有不少男性提到母亲对他们人格的影响，"我不太有安全感，常常为小事担忧，这是受了我母亲的影响。""我习惯逃避冲突，跟我妈妈一样。""我一直以来都觉得很悲伤，因为我母亲是个很忧郁的人。"这里，我们并不是要否认母爱的伟大，但是如果一个母亲自身有很多心理问题，恐怕会给孩子带来很多的负面影响。

尽管，在意识层面上，我们能够清楚认识到无法与母亲达成认同的那部分，我们想要超越母亲，成为一个更好的自己。但是潜意识层面上，我们对母亲还有一份巨大的忠诚。当我们比妈妈过得更好，比如比妈妈更有钱，更快乐的时候，我们的潜意识中甚至会产生一种内疚感，仿佛自己背叛了养育我们的妈妈。因此，每一个人都有一份强烈的归属需要，当我们与熟悉的人（如母亲）心理距离越近，潜意识就会支配着我们的思维和言行向他们趋近和靠拢。

对情境的再定义——哈洛效应

一个春天的早晨，一位盲人在布鲁克林桥上乞讨。他的腿上放着一块牌子，上面写着“先天失明”。人流不断地从他眼前涌过，却无动于衷。一位陌生人停下脚步，他拿起牌子，翻过来，在牌子背面潦草地写了几个字就走了。随后，奇迹发生了：所有人都转过头来，很多人感动地停下脚步，将一枚枚硬币投入他的乞讨钵里。发挥作用的只是简单的几个字，“春天已经来临，可我却看不到它”。

一个人之所以做某件事情，必然是出于某种动机，而促使他人去做一件事情就是通过交流产生一种意义。拿上面的例子来说，在第一种情境下，过路人什么也没有给予，因为他们的捐赠行为没有任何积极的意义，甚至是具有“负面意义”的，他们认为不过是“又一个乞丐”；在第二种情境之下，过路人施舍给乞丐，是因为他们的行为对自己具有一种积极的意义，这个意义就是，“我应该帮助这个可怜的盲人减轻痛苦”。

在生活中，很多人做某件事情都是为了追求一种心理上的意义，即使很多时候，这种意义只是象征性的。同时，在大部分情况下，他们不会去追问自己这样去做的真正原因是什么，只是觉得在当时的情况下，有一股无形的力量促使他们必须这样做。

那么，这股无形的力量改变了什么，使我们觉得“必须”这样或者那样呢？还是以乞丐的告示牌为例。那位天才的陌生人改变了告示牌上的话语，由此重新定义了情境。它让人们重新思考，也赋予了施舍行为新的意义。牌子改变了对乞丐的定位，使得他不再跟其他乞丐一样平庸无奇，而是一个被剥夺了最平常的快乐的盲人，这一快乐可以被人类所有成员共同分享，而他也应该是其中的一员。同样，牌子也重新定义了人们的施舍行为，使其产生了积极意义，所以人们都愿意参与进来。

哈洛，指的是画在圣像上的后光，正是因为这层光晕的存在，圣像就不再是普通意义上的人物画像了。“哈洛效应”就是指借助于某种强大权威或者象征意义所形成的，高于其真实性的影响，中国古代的“伯乐相马”就是这种效应的典型例子。

在商业领域，为了创造出产品的外部光圈，达到提高产品知名度和经营竞争力的目的，更是将这种效应运用到了极致，我们在不知不觉中，也深受这种效应的影响。接下来，让我们通过分析一款伊夫·圣·罗兰女表的经典广告，来感受一下哈洛效应所营造的美好氛围，以及他们对潜在客户心理的精准把握。

在一间有着古色古香的大镜子、奇彭代尔式桌椅、大理石柱以及巨幅壁画的高档餐厅里，三位男士围坐在一张桌子旁，一位年轻女士站立在他们面前。女士高挑、漂亮、优雅，佩戴着黄金首饰，其中当然包括伊夫·圣·罗兰品牌的手表。男士身着深色西装，系着领带，头微微前倾，凝望着女士，充满着欣赏的目光。广告画面右上方写着：“有些女人懂得迟到的艺术”。这句话的潜台词就是，这位女士是“有意”迟到的，但又把时间控制得很好，原因就是她有豪华名表伊夫·圣·罗兰的精准时间。她懂得如何吸引男士，令他们倾慕：只需比男士们稍稍晚到一步。结果，几位先生都被她的魅力所征服。

这幅印刷精美的广告现身于女性报刊上，色彩亮丽，纸质高档。该刊物的对象为“高端”或希望跻身“高端”的女性读者。这个提高身份的定位通过精美奢华的语境场面得到升华：这样的女性自然属于奢侈、高雅的世界。“高层次”和“精致阶层”女性的概念，也通过广告页下部黑色宽栏上的文字昭示出来：“伊夫·圣·罗兰”品牌的名称用白色粗体字显示在很宽的黑底上。黑色和白色都是公认的高层次与奢侈的代表色。另外，“伊夫·圣·罗兰”这个品牌本身就是“高雅阶层”的印证。因此，女性读者会因受到拥有“奢华”地位想法的驱使而不惜重金去购买这款“伊夫·圣·罗兰”手表。

被这则广告瞄准的中产阶层女性可以通过广告上楚楚动人的女性形象找到自我，两者之间的关系一旦贴近，广告信息的影响力肯定会加强。这则广告的寓意在于，购买该手表会提升佩戴者的身份。这种“提升购买者身份”意义的创意很有趣，它不是通过一目了然的方式被消费目标领会，而是通过构建一种情境，让隐藏含义发挥暗示的效用。试想，哪位女性不渴望获得这种可以提升身份的情境呢？

这种强化还来自于广告中的文字设计，从黑底里跃然而出的醒目白色文字：“有些女人懂得迟到的艺术”，这句话发挥了巨大的威力。文字的定位强化了广告的暗示效果，同时也在无形中发挥了规范的权威性。

这则广告是“伊夫·圣·罗兰”品牌的代表作，也是对哈洛效应的经典运用。它的目标客户是所有拥有优越地位或希望跻身名流的女性。广告方通过这则广告与目标客户建立起了一种关系：一种与希望自己魅力无限的女人之间的默契关系。

失控的角色扮演——路西法效应

1971年的一天，在斯坦福大学任教的津巴多教授准备开展一次大胆的心理学实验。他把心理学系大楼的地下室改装成监狱，并以每天15美元的酬劳请来了24名学生参与实验。这些学生已经通过测试，证明他们是“心理健康、没有疾病的正常人”。学生以随机的方式被分成了两组角色：其中9名学生担任监狱中的“囚犯”，另外9名学生则以三人一组轮班担任“狱卒”的角色（没有被选为狱卒和囚犯的学生则作为他们的替补，随时准备替换退出实验的学生）。津巴多教授本人担任监狱长的角色。

为了使实验更真实地模拟现实，担任囚犯的学生都被按数字进行编号；他们每个人都穿上犯人的衣服，戴上脚镣和手铐；担任“狱卒”角色的学生则穿着警服，并戴上黑色的墨镜以增加权威感。在囚犯进牢时，他们按照监狱的正式程序，被脱光衣服，洒上除虱药粉，然后用水管冲洗。监狱方之所以会这么做，其实就是在暗示：来到这里，你的尊严、隐私将一文不值，你必须受我们的支配。

实验的一切准备是相当充分且具有“真实性”的，这也使得参与者们很快对自己的角色有一种定位并迅速地融入到自己的角色当中。

其实，对于实验的主持人津巴多来说，他并不认为会有什么大的意外，这些“狱警”实在太业余了，他一再告诉“狱警”们：你们拥有处置这些“犯人”的权力。渐渐地，情况发生了变化，“狱警”们开始意识到自己是拥有某种权力的人，他们开始对“囚犯”们行使这种权力。他们对“囚犯”进行数个小时的禁闭，强迫“囚犯”用手清洗马桶，剥夺“囚犯”的睡眠时间等各种屈辱性活动。在实验进行了仅仅24个小时之后，实验人员发现，“狱警”们已经对虐待“犯人”产生了兴趣。更可怕的是，他们开始以此为乐。

这个实验当中还发生了一个小插曲，一名编号为8612的“囚犯”心理已经崩溃，他向津巴多提出要退出实验。按照最初的规定，参与实验的人随时都可以退出。可是津巴多却认为8612的心理承受能力太差了，才开始一天怎么就能要求退出呢？于是他驳回了8612号的请求。后来，一个叫做克莱格·哈尼的实验负责人在经过强烈的思想斗争后，私自放走了8612号，这让津巴多大为恼火。最后，替补人员填补了8612号的空缺。

事实上，津巴多作为这个实验的策划人和组织者，他也开始沉迷于自己所扮演的“监狱长”的角色，从而失去了客观性和同情心，似乎一切都超出了人们的预想。

如果不是被邀请而来的津巴多的女友克里斯蒂娜看到这一切而感到极度震惊，并坚决要求津巴多立即停止这个实验，津巴多还将要将整个实验继续下去。实验进入第六天时，在克里斯蒂娜看来，津巴多如同换了一个人，他是如此冷漠、绝情，甚至有些丧失人性。直到实验结束，津巴多才感到恍若隔世，他意识到这些天所发生的事情是疯狂而违反人道的。他们是中了魔咒吗？否则该如何解释一个模拟的实验就这样变成一个“人间地狱”了呢？

人性，是心理学研究永恒的话题，斯坦福监狱实验作为心理学实验中的经典案例，向人们揭示了环境对个体行为的影响是多么巨大。好人真的会变成恶魔吗？这个实验证明了在一定的社会情境下，好人也会犯下暴行。这种人的性格的变化被津巴多教授称之为“路西法效应”——上帝最宠爱的天使路西法后来堕落成了第一位堕天使，被赶出天堂。路西法曾经是侍奉于神右侧的天使，他有着巨大的、闪耀着银色光辉的一对翅膀，并且十分被上帝看重。而后来，由于他不肯跪拜圣子，不承认圣子的地位比天使高，率领天界三分之一的天使举起反旗，因失败而堕落成撒旦。

斯坦福模拟监狱实验起初是为了研究实验者的角色认知理论，而在实验过程中却发生了诸多变异。本来“善”的狱卒在实验中暴露了“恶”的本性，使他们在实验中与实验外成为截然不同的两种人；而“囚犯”在集体反抗被镇压后逐渐成为任由狱卒摆布的“玩偶”，失去了对自我角色的认识，更失去了反抗的能力；甚至连实验设计者监狱长津巴多教授都因过分地投入实验而不能自拔。这其中不可缺少的是监狱情境给他们带来的影响，处于监狱环境中，他们对自我角色的认知使他们很快地融入到这一体系当中，并影响到个体的生存意志。

唤醒心中的怪兽——群体效应

历史老师罗恩·琼斯正在给学生们讲述德国在“二战”时期的故事，有不少学生都提出了自己的疑惑：纳粹的大屠杀是否意味着德国人真的是生性嗜血残暴？为了解开这个困扰大家的问题，罗恩·琼斯决定做一个大胆的尝试，让全班同学参与一个实验——模拟当时的情景，时间为五天。

实验开始了，罗恩·琼斯首先宣布，他将采取一系列与希特勒当年纳粹政权相似的高压控制：严格的课堂纪律，包括绝对的服从，尊称罗恩·琼斯为“琼斯夫人”，等等。很快，整个课堂的气氛都发生了改变，而原本的优等生不再具有优势，反而是那些所谓的“差生”，显得更能适应环境。

接着，琼斯要求所有人都要喊致敬的口号，比如“有纪律才有力量”、“合群才有力量”等，只要一声令下，就必须齐声喊出来。

此外，琼斯还让学生们建立独立的小圈子，创造用于辨识圈内人的秘密暗号或者手势，他们还要负责招募新成员，制作标语、横幅悬挂在学校里。

这个小圈子很快就建立起来了，琼斯赋予了他们很大的权力，甚至包括监督其他同学的作业和听课情况等。

令人惊讶的事情发生了，琼斯发现，大家的性格都发生了变化，尤其是那些圈内的人，他们凝聚成了一股力量，对自己圈子以外的人显得非常残暴。

对于琼斯来说，之前所做的这些都仅仅是铺垫，关键还在后面。他向这个圈子里的学生透露了一个“秘密信息”，说他们是一个全国性运动的一个分部，运动的目的是要找到那些愿意为政治变革而英勇战斗的学生。马上就要有一位总统候选人来参加他们的集会，他会在电视上宣布，要成立一个青年组织。学生们全都热血沸腾、信以为真了。

集会当天，超过两百名学生来到了学校的大礼堂，他们兴奋地穿上了统一的白色制服衬衫，佩戴着亲手缝制的臂章，在礼堂周围还贴上了各种各样的标语。然而，罗恩·琼斯却在这些学生面前，播放了纽伦堡大审判的影片，并对他们说：“每个人都要接受谴责，没有人能宣称自己置身其外。”实验到此结束。

在第一节课上，琼斯曾经向学生们提问：“独裁统治的基础是什么？”当时，学生们都知道包括意识形态、控制、监视、高失业率、社会不公、通货膨胀、政治信用破产、民族主义等。但是，学生们真正面对的时候，书本上学到的一切，似乎都被他们忘记了。

这股操纵学生行为、使他们忘记自己曾经牢记的一切做事原则的力量正是来自于群体，来自于某个集团。罗恩·琼斯的实验证明了：几乎每个人都可能成为纳粹，集体犯罪其实是一个心理问题。

伏尔泰说：“人人手持心中的圣旗，满面红光走向罪恶。”合群是人类的天性，但当人们毫无原则地盲从、毫无底线地追随时，我们的个性就会被抹杀，理智就会离我们越来越远。

在心理学中，有个词语叫做群体效应，指的是个体形成群体之后，通过群体对个体约束和指导，群体中个体之间的作用就会使群体中的一群人在心理和行为上发生一系列的变化。这种作用会凝聚成一股无形的能量游走在每个成员之间，让每个个体的能量在群体中都得到强化。如果是正能量变强，无论是对自己还是对社会，当然都有好处；如果群体滋生了负能量，比如说“犯罪集团”，那么就会危害到社会。

对于我们个人来讲，我们或许不具备改变全体的能力，但是，我们至少拥有选择群体的自由。所以，当你选择加入某个集体时，一定要想想，这个集体给你带来的是正能量还是负能量。

《浪潮》是根据罗恩·琼斯的心理学实验拍摄的，电影中有个学生叫蒂姆，他性格内向，不善交流，缺乏成就感。在学校里，蒂姆经常被别人欺负，因此人送外号“软脚虾”。或许是因为这个原因，蒂姆一直希望自己身边能有几个“兄弟”。

为了结交兄弟，蒂姆经常给其他男生送一些小礼物，并在他人近乎鄙夷的目光中讨好对方说：“是送你的，我们是兄弟。”可事实上，没有人把他这个窝囊废当兄弟。正因如此，在“组织”成立后，蒂姆非常积极地加入。

对于蒂姆来说，组织意味着一种梦寐以求的力量。

组织给一直处于校园底层的蒂姆带来了生活上的“转机”。所以他全心全意地为组织服务，服从组织的一切安排。

组织规定要穿着统一，所以蒂姆就焚毁了家里所有名牌上衣。统一的服饰的确给蒂姆带来一种神奇的力量。当他被别人欺负时，他开始敢于反抗，用假手枪吓退了寻衅斗殴者，而且那些和他穿一样服装的组织成员也走过来保护了他。

因为组织的存在，蒂姆感觉自己不再懦弱，变得非常强大。在喷涂组织标记时，蒂姆不顾危险，爬上市政府大楼。

组织中的首领叫文格尔，蒂姆自告奋勇地要给他当保镖，弄得文格尔感到莫名其妙。蒂姆一心一意地想维护组织的利益，希望光大它的荣耀。在他看来，组织就是他梦想中的帝国，而文格尔先生就是引领他未来的领袖。

当我们了解了蒂姆的这种近乎疯狂的心理，就很容易理解为什么最后组织要解散时，蒂姆会拔枪威胁解散组织的老师。从中我们不难发现，极端组织成员加入的过程，实际上也是一种彼此绑架的过程。它提倡以组织的名义消灭异类，却不允许成员主动退出。因为主动退出，对于组织而言是一种无法控制的行为。

在《浪潮》中，蒂姆更像是一个隐喻，就像是每个人心中被唤醒的怪兽一样，控制着人类的心智。事实上，组织的影响是潜移默化的，在群体中，一旦独立的自我站不住脚跟，人的行为就会变得难以控制，变得盲从而疯狂。

他们是如何利用传统观念来捆绑你的——答布效应

看到“飞机头”，你想到什么？

班迪亚加拉城的达公族人，人人都梳8根辫子，这种发型名叫“库塔里”，意思是民族统一，要让部族人统统牢记他们出于同一个祖先。之所以辫子梳8根，是因为传说中他们出自8个神圣的家庭。任何心血来潮想要改变发型的举动都是“作死”行为。

非洲富尔贝人的发型也同样具有神圣色彩，把头发盘成鸡蛋状的大发髻，虽然“奇葩”了些，但他们是很严肃地在纪念曾拯救他们祖先的神鸟。

在很多民族，发型都能让我们清晰地辨识出他们的身份。巴西的印第安妇女们，会把长发梳成层层立体式，每一层表示10岁，出门看发式就能知道大概年龄，相亲时连身份证都不必掏出来了。尼日尔小孩的家庭背景通常能从他们的辫子上看出来，扎一条小辫，意味着他失去了父亲，扎有两条代表失去母亲，扎三条的话，表示他的双亲都已逝世。

原始部落的传统发型是如此的讲究，那么作为生活在城市里的人来说，发型是不是就可以随心所欲了呢？在美国，有研究者曾设计了一个实验，让一个演讲者以不同的发型对两组人演讲，以测试其可信度。

面对第一组时，演讲者把他长达3.8厘米的头发竖着梳起来，面对第二组时，则让头发贴在脑袋上显得短平。结果显示，他在第二组获得的能力评价要高得多。一个简单的发型，竟然可以成为评价一个人能力的重要因素，而这种认定，恰恰是来自于传统观念。我们通常认为一个人的发型显得轻佻，就是因为我们认定的那一类人通常都留着“轻佻”的发型，从而给我们带来了既定印象。

唯一的想法，是最危险的想法

让我们暂时把话题追溯到原始社会吧，根据研究认为，当时就有一种传统的习惯和禁律，史称之为“答布”。“答布”是人类社会最初期的一种生活规范，当时虽然还没有宗教、道德、法律等观念存在，但是人们在生活中，已经将这三种观念混合起来统一使用。史学家通称“答布”为“法律诞生前的公共规范”。“答布”为什么能有这样一种效应呢？社会心理学家分析，这是由于原始社会的科学文化水平很低，所以人们对于所谓的神怪或是污秽事物有一种禁忌心理，认为如果触犯禁忌，便要蒙受灾害，故而必须对他们敬而远之。由这种信念所形成的习俗，就是“答布”。当时的文化发展水平也使人们初步认识到，作为参加社会活动的个体，其行为必须要服从于一定的法则和行为规范，这便是“答布效应”的由来。

现代社会所赖以维持的力量，现代人角色行为的“导演”，已经不是什么“答布”了。但是，从社会心理学的意义上来说，“答布效应”所揭示的“角色行为是受角色规范控制的”这一内涵，却是不会过时的。

现代社会里的“答布效应”有狭义和广义之分，狭义的是指那些经过一定程序使之成为可见的条文，如各种法律政策规定、公约守则等。广义的则是指那些不成文的东西，它们存在于人们的头脑中，通过舆论的形式表现出来，这就是风俗习惯、道德观念。这些东西虽然没有写进有关条文，却渗透在每一个角色扮演者的心理和行为之中。道德观念、经验习俗就是这种渗透的最集中体现。

很多时候，各种束缚和阻碍都是人们借用“传统观念”的幌子，让我们按照既定的道路前进，而将其他各种可能性忽略。时间一长，当我们沉迷于过去的经验，执著于固有的惯性思维模式时，一旦环境改变，就容易陷入一种“熟练的无能”——越是熟练越是无能的尴尬境地。

当思维被“成功理论”所引导——“成功学”的陷阱

让我们先来看一个发生在美国某小镇上的故事：

一天，警察接到报警，说是一家商店店主声称自己杀死了一名抢商店的匪徒。如果店主没有说谎，那么他的行为属于正当防卫，但是警察对死者是否曾经在商店里抢劫产生了疑问。警察怀疑：这个顾客根本就没有抢劫，而是因为琐事与店主争吵后，店主激动之下杀人报假案，甚至不能排除这个店主是蓄谋杀人。

可是，接下来发生的事情让人感觉这不是在破案，而是在推理，且看警察是如何一步步引导人们进行判断的：

店主的律师说，根据历史经验数据，黑人抢劫商店的概率比白人大，而这名死者是黑人，所以店主属于正当防卫的概率要比制造假案的概率大，所以店主应当无罪或者轻判。你可能会说，这种基于概率判案是荒谬的，法官怎么能够根据“黑人抢劫的概率比较大”而非事实来判案呢？可是，这种基于概率的审判确实存在于当代司法制度之中。

这时候，检察官又提出，死者是坦桑尼亚新近移民到美国的，和那些在美国几百年的黑人不同，应当根据坦桑尼亚新移民在美国的犯罪概率判案。店主的律师一查，糟了！坦桑尼亚新移民在美国的犯罪率竟然比白人还低，怎么办呢？回头一看，助理拿着一张密密麻麻的表格跑过来说：坦桑尼亚新移民在美国的犯罪率确实比较低，但是死者来自坦桑尼亚北部，坦桑尼亚北部的人在美国的犯罪率很高！检察官不买账，立即又提出，死者来自坦桑尼亚北部的阿鲁沙区，根据历史统计数据，阿鲁沙区新移民在美国的犯罪率很低……看来，如果要这样无限细究下去，不追究到那个死者小时候居住的村子是不会罢休的了。

其实，知道死者居住地区的犯罪率，和这个店主是否说谎有关系吗？群体的概率和个体的犯罪并没有必然的逻辑关系，每一个个体都是独特的，是无法用概率或者经验来衡量的。这个道理同样适用于我们冷静看待当今社会对“成功”的定义，以及对“成功理论”的追捧。

你的表现在几点钟？

心理学中，有一种“手表定理”，说的是有一只表的人知道现在几点了，有两只表的人则无法确定。所以别被那些充斥于我们身边的那些成功案例弄得晕头转向、血脉喷张了。每个人都有自己的一套哲学，一些关于生活和世界的理念和观点。有什么样的哲学，就有什么样的生活。记住尼采的话：兄弟，如果你想过得幸运一些，你必须只采用一种道德准则而不要贪多，这样你会活得更容易一些。

你的本质与你的成功是分不开的，许多人牺牲了自己的本质，去做那些自己不愿意做的事情，这就是他们不能获得真正成功的原因——他们没有选择成功的生活。这就是为什么那么多人要依赖于“成功学”的原因，因为他们不清楚自己的本质，不明白自己的需要，所以常常会因为别人品尝着成功的美酒时，也想尝尝那酒的味道，结果到了自己嘴里，竟然充满了苦涩的滋味。

成功并不复杂，但不可复制

请记住，复杂会造成浪费，而你要的越少，拥有的就越多。如果你认为只有焦头烂额、忙忙碌碌地工作才可能取得成功，那说明你已经走偏了。真正有效的、产生作用的往往只是很小一部分，但却是最关键的。成功并不复杂，但不可能复制。

中世纪时的英国，曾经发生过无休止的神学争论，处于对这类问题的厌倦，逻辑学家奥卡姆提出了一个关于“简单与复杂的定律”，那就是把事情变复杂很简单，把事情变简单很复杂。这个理论对于身处这个不堪信息重负的时代中的我们来说，也很有启发意义。

在主流社会中，成功的定义通常是指个人成就达到一个特定的程度，它往往是从物质的富裕程度、受公众欢迎程度以及社会上、职业上的声望中显现出来的。当我们因为上述行为而获得肯定与鼓励时，成功的诱惑就随之而来。令人疑惑的是，我们不曾因为当个好伴侣或好父母、减少物质上的浪费及养成良好的深思习惯而获得赞扬——尽管这些成就可能更基本、更持久，而且和生活息息相关。

如果我们不想因忙碌而失去生活的真义，就必须对“成功”重新定义，并且从更广大、更全面的角度来规划它。如果我们能成功地与我们自己、我们所关爱的人以及其他生活层面和睦均衡地共同生活，这又何尝不是一种诱人的成功呢？

苏格拉底曾经在雅典热闹的集市上感叹：这儿有多少东西是我不需要的。你是否有这个勇气，对这个物欲横流的世界说一声“不”呢？你又是否敢于承认，你所信奉的“成功理论”，你所孜孜以求的“成功”背后，不是你的内心欲求呢？唯有当你知道自己可以说“不”时，你才会真正感觉到自己所做的选择，学习如何删繁就简、与外界建立适当的界限，是我们获取幸福感的重要手段。

谁才是“坏人”——道德绑架

戴维很小的时候，父亲就因为一场意外去世了，他10岁时，母亲又被查出了骨髓癌晚期。戴维咬着牙，用他瘦弱的肩膀扛起了整个家庭的重担。

然而，无论戴维如何努力，母亲还是在半年后离开了人世，老天仿佛是故意跟他过不去——一个月后，戴维在一堂体育课上昏倒了，诊断的结果居然是白血病，戴维彻底陷入了痛苦与绝望之中。

很快，戴维的事情被媒体得知，并很快传遍了整个城市。陆陆续续有好心人为他捐了款，鼓励他要坚强地面对病魔。在众多的好心人中，有一位史密斯太太对戴维表现出了特别的关爱，她除了给戴维送来了钱款，每天还抽出大部分的时间陪在他的身旁，将戴维当成了自己的孩子般悉心照料。

戴维的不幸经媒体报道之后，引起了一位热衷慈善事业的企业老总杰克的高度关注。他在公开场合表示：要尽自己的能力，并帮助他长大成人。在大家的共同努力下，戴维最终获得了骨髓移植的所有费用，并很快获得了新生。

日子一天天过去，就在人们快要将这段往事淡忘的时候，一个极具爆炸力的新闻，又将人们的目光聚焦在了戴维身上。原来，以前陪伴在戴维身边的史密斯太太向媒体报料，当年戴维所收到的45万美元救助款中，慈善家杰克只捐了200美元。为了证明自己所说的真实性，史密斯太太还向媒体提供了杰克给戴维的汇款单据。

一时间，民众哗然，原来杰克当初的信誓旦旦竟只是口头上的虚伪承诺。众多媒体的头版头条都转载了这条新闻，民众纷纷谴责杰克利用无辜不幸的小男孩为自己博取声誉，杰克也因此陷入了众人的唾骂声中。但杰克对此事从来不作任何回应，他选择了沉默。

10年之后，当戴维已经成了一家企业最年轻的销售部经理时，杰克再次走入了公众的视线，他表示：自己当初并没有撒谎。

杰克说：“当年，我一共捐了20万美元帮助戴维渡过难关。只不过，我是从不同的地方、用不同的名字作为汇款人将钱捐出。戴维大学毕业之后，以出色的成绩被一家企业聘请，而这家企业的总裁，正是我。当时我之所以这样做，就是想让他知道，这个世界上，还有更多的好心人在默默地爱着他。”

这是一个充满峰回路转的感人故事，同时也十分耐人寻味。其实，如果戴维没有一开始的信誓旦旦，那么不管他是否真的捐出了那20万元，都没有人会去苛责他；可是一旦他做出了承诺，那么当有人发现事实并非如此时，他就只能承担社会舆论对他的道德谴责。只有当真相大白于天下时，杰克才能真正卸下道德的包袱，使这个故事获得一个真正圆满的结局。

然而在生活中，却有些人别有用心地将“道德”作为操纵他人的利器，用惩罚性和控制性的手段，让对方产生愧疚感，从而将其牢牢绑在自己身边。

赛娜曾经以为自己的婚姻和家庭是幸福美满的，丈夫体贴，女儿乖巧。然而，这一切都在10月的那一天破灭了。那天，她用丈夫的手机来给孩子拍照，在照片文件里却看到了几张陌生女人的照片。她一开始也没有多想，只是随口问了丈夫那是谁，谁知丈夫却突然眼神躲闪，言语支吾。女人敏感的天性让她感觉，丈夫有事情瞒着她。在她的再三逼问下才知道，几个月前丈夫出差，被对方厂方的负责人灌醉了，稀里糊涂地就与陪酒女上了床，这几张照片就是这个女人用丈夫手机自拍的照片。

赛娜顿时觉得自己的天都塌了，她脑子里只有一个念头：“分手！离婚！”一开始丈夫真的感到手足无措，他知道自己伤害了妻子，他内疚地对她说：“赛娜，相信我，我真的不是故意的，我与她现在已经没有任何关系了。再给我一次机会吧。”可是，此时的赛娜满脑子都是丈夫与那个陪酒女在床上的场景，她紧紧捂住嘴巴，可还是控制不住地呜咽出声。

忽然，丈夫看到门边出现了一个小小的身影：原来女儿被他们的声音吵醒了，她的眼睛蓄满了泪水，手指含在嘴里惊恐地看着他们。丈夫连忙跑过去一把抱起她，连声哄道：“爸爸在和妈妈开玩笑呢，乖，快去睡吧。”可是孩子似乎感受到了家里异常的氛围，紧紧拉着父亲的衣服不放。一家人一直僵持到深夜4点多，看着父女俩无助的样子，赛娜妥协了。

她不再提离婚，但是却与丈夫约法三章：不许夜不归宿，不许喝酒，不许和陌生女人说话。如果丈夫偶尔加班，或者有应酬，回家后赛娜也不和他吵，只是冷冷地拿出与他约法三章的保证书，嘲讽地递到他面前，对他说：“别忘了你向我保证过什么！”每当这个时候，丈夫总觉得自己是一个道德败坏的败类，总是无法直视妻子的充满寒意的目光。其实，他们都不知道，这样的日子，何时才是尽头，两个人都觉得压抑地喘不过气来。

其实，当危机发生后，损害和修复的机会是并存的。只是赛娜极度缺乏安全感，失去了对丈夫的信任感，所以她只想用丈夫的出轨作为武器，不断地用道德威胁他，期望这样就能将他牢牢地绑在自己身边。殊不知，如果爱和心甘情愿被代之以义务和强迫的责任感，那么爱是难以持久的。

赛娜之所以会选择这样做，从她内心深处还有一个重要原因，那就是她认为自己是由于不想伤害孩子，才依然维系着这段破裂的关系。以至于她会错误地认为，自己是出于强烈的责任感才放弃追求幸福生活的。她用这种想法为自己后来的行为辩护，却违背了自己的原则，原先的受害者演变成了情感的勒索者，歪曲了义务和责任的真正意义，使得被夸大的责任和义务完全掩盖了她企图操纵丈夫的事实。

第七章

想要攻克他，先得看穿他

反操纵的前提是对对方有足够的了解，只有面对一个清晰而具体的敌人，我们才能相应地采取有效的策略。而反操纵首先就应该做到“反欺骗”。操纵者深谙隐藏之道，绝不会轻易将真面目示人，只有利用一定的鉴别技巧、刺激手段，我们才能真正看穿他们的想法，挖掘他们人性深处的秘密！

没有完美的谎言，只有不够高明的识谎技巧

2009 年 2 月，香港“艳照门”事件的主角陈冠希在加拿大为“艳照门”一案出庭作证，步出法院时，他接受了香港媒体的采访。“我没想过复出。”他说。

而后他的采访视频被上传到网络，有网民指出他是在撒谎。这个结论来自于网民对陈冠希接受采访时语速、表情和肢体动作等方面的观察——陈冠希在声称自己“没想过复出”的时候，摸了摸自己的鼻子，语速变慢，而且不自觉地对一些字眼进行了重复。

这些都是我们平日里习以为常的小细节，想不到会成为推断一个人是否在撒谎的依据！事实证明网友的判断是正确的，随着事态的发展，陈冠希的确在是尝试复出！

在社会交往中我们不可能不撒谎。美国麻省理工大学的一位心理学家费尔德曼研究称，每人平均每日最少说谎 25 次。

当然，谎言有不同层次之分，有的谎言是出于善意，比如 2008 年奥运会时，射击冠军陈颖的母亲为了不影响女儿比赛，向女儿隐瞒了癌症的病情。这种谎言平常我们称之为“白色谎言”，不仅可以说，还是必要的。但是，社会纷繁复杂，更多的谎言是出于欺骗和伤害的，比如花言巧语诈骗钱财，甜言蜜语欺骗感情，瞒天过海愚弄百姓等。对于善意的谎言，我们不必当面揭穿，就保留着这份善良好了，对于恶意的谎言，我们必须要提高警惕，因为它时刻可能让你跌进对方精心设置的陷阱。

心理学大师弗洛伊德曾说过：“任何一个感官健全的人最终都会相信没

有人能守得住秘密。如果他的双唇紧闭，而他的指尖会说话，甚至他身上的每个毛孔都会背叛他。”所以说，“若让人不知，除非己莫为”，只要行骗就有迹可查，那我们又如何知道自己是否被骗呢？有没有一种可以快速确定对方是不是在说谎的办法呢？

下面就介绍一些心理学专家们研究出的识骗高招。

先看如何从说谎者的语言信息方面来进行判断。

美国得克萨斯大学曾做过一项专门研究——“谎言的真相”。他们发现，由于潜意识的作用，撒谎者在说谎时会不自觉地留下一些语言上的“破绽”。

约有上百人参与了这项研究，他们被询问关于喜不喜欢某人，或是对于失败的看法等问题。研究人员通过一种名为“语言调查”的计算机程序来测试他们的反应，以检测他们回答的真实度。结果研究者们发现，有三分之二的谎言在语言表述上都具有以下三方面的特征。

第一个特征是，为了竭力使自己同谎言保持一定的距离，说谎者在叙述他们的故事时都会下意识地避免使用第一人称“我”这个代词。

比如，要交接班了，你的同事打电话来说，她无法及时赶到，你得再坚持一阵子。理由是，“车出了问题，发动机发动不了。”

这是谎言吗？很可能是。

不过如果他这样说的话：“我努力让自己的车发动起来，但它老是熄火。我已经给修车公司打过电话了，我会尽快赶来的。”那谎言的可能性就非常小了。

美国赫特福德郡大学的心理学家韦斯曼说，“人们在说谎时会自然地感到不舒服，他们会本能地把自己从他们所说的谎言中剔除出去。”

所以如果你向某人提问时，他们总是反复地省略“我”，他们就有被怀疑的理由了。同样，撒谎者也很少使用他们在谎言中牵扯到的人的姓名。一个著名的例子是几年前，美国克林顿总统在莱温斯基性丑闻案中，面向全国讲话时，拒绝使用“莱温斯基”，而是说“我跟那个女人没有发生性关系”。

第二个特征是，说谎者在编故事时通常会避免讲一些细节。

比如，你的男朋友答应你，他会准时回家同你一起看《周末剧场》，可到了凌晨4点他才露面，理由是，“我在老王家喝酒，结果喝多了，睡着了。”

是谎言吗？有可能。

更可信的说法是：“老王今天生日，他的叔叔送了他一瓶56度的二锅头。我原本只想喝一小杯的，结果老王灌了我一杯又一杯，当我起身准备回家时，连路都走不稳了，我一屁股坐在他的床上，然后就睡着了。”

研究者指出，“如果你在撒谎，你不仅要虚构一个根本不存在的故事，而且你还要把它编得让人信服，所以你会非常心虚。在这几种压力之下，你还编得出细节吗？所以大多数时候，说谎的人都是非常简练地告诉你故事大概就完了。”

第三个特征是，撒谎者在撒谎时常常会强调一些消极的情绪，比如生气、焦急等。

比如，你的朋友没有来赴宴，理由是，“那个晚上真是太倒霉了。先是我的汽车轮胎没气了，然后又不得不送我的邻居去医院，所有一切都太不顺了！真是气死我了！”

是谎言吗？极有可能。

“因为说谎者通常都会对自己的谎言心存内疚，同时又担心被人识破，所以他们说谎时常常会用一些消极的情绪语言来掩饰。”研究者分析说。

更可信的说法是：“我在路上时，车出了毛病，当我好不容易回到家中，又发现我妈妈的一个朋友需要送到医院去。”

不过，以有声的语言信息来判别谎言，存在一定的局限性。因为说谎者会对语言进行有意识的隐藏，特别是对一些说谎高手来说。所以为了识别说谎者，还需要掌握一些从其他方面进行判别的技巧。身体语言一般较为诚实，因为身体语言体现的是人的下意识，是比较难控制的。下面介绍一些从人的身体语言方面来判别谎言的技巧。

1. “眼睛是心灵的窗口”，最能暴露一个人内心的秘密。当男性说假话时，一般不敢正视别人。而女性则相反，她们说谎时会盯着别人眼睛，以观察其反应。另外，说谎者在说谎前会眼神飘移，在想好说什么谎后，会眼神肯定，如果你冷静地进行反驳，说谎者会再次出现眼神飘移。

2. 男性摸鼻子代表想要掩饰某些真相。

3. 惊奇或害怕的表情在脸上一般不会超过一秒，否则就是假装的。

4. 手放在眉骨附近表示说话者很羞愧。

5. 明知故问的时候，眉毛会微微上扬。

6. 假笑的人，眼角是不会出现皱纹的。

7. 人在心虚时会出现生理逃跑反应——血液回流到腿部以做好逃跑准备，此时手部会变得冰凉。

8. 一个人在否定某件事时，如果突然放慢语速，并且加重其中某些字段发音，他很可能在撒谎。

9. 为了掩饰谎话，说谎者会不自觉地摸鼻子，用手掩口或用食指掩住上唇，抓面颊或耳朵。

10. 说话时单肩耸动，表示对所说的话极不自信，是说谎的表现。

11. 撒谎者面对一个提问，通常会先有点失措，然后借假笑的时间迅速思考，想出一个并不高明的谎言，然后异常坚定地回应。而且，会一直自言自语，越说越多，因为沉默的时候，会觉得别人还在怀疑他。

眼角眉梢的秘密：原来他不只是在笑

对人类而言，微笑的作用其实与灵长类动物笑容的功能无异。我们利用微笑告诉其他人，自己不会给他们带来任何伤害，希望他们能够从私人的角度接受自己。笑容是面部表情中最具有感染力的，笑容常常被认为是传达善意和真诚的。

当你向他人露出笑容的同时，对方通常都会回以一个同样灿烂的笑脸。如此一来，出于因果效应的作用，双方心中便都会自然生出一种对对方的好感。一种非常友好的氛围就会被建立起来。研究证实，会面时，双方如果都面露笑容，就能够使绝大多数的会谈更加顺利地进行，会谈的时间也会相对延长，而且会谈最后通常也能获得对双方都更加有利的结果，使双方关系更进一步。

然而，并非所有的笑容都是真诚的，也并不是每一种笑脸背后都是一颗友善的心。以下是我对那些我们在日常生活中常见的几种微笑形式的总结与分析。

★抿唇笑

微笑时双唇紧闭且向后拉伸，形成一条直线，完全看不见双唇后的牙齿。这种微笑的内在含义是，微笑者隐藏了某个不为人知的秘密，或是他不想与对方分享自己的想法或观点。杂志上经常会刊登一些成功人士的照片。从他们的照片中，我们也能看见同样的微笑，而那笑容则仿佛是在对我们说，“我已经掌握了成功的秘诀，你们猜猜是什么呢?”在这些人物访谈中，被采访的成功男士们大都会谈论一些如何获得成功的基本原则，可是，他们当中却很少会有人将自己获得成功的具体方法和细节公之于众。

女性在遇到自己不喜欢的人而又不想让对方知道这一点的时候，通常也会露出这样的笑容。在其他女性看来，这种微笑其实就是一种非常明显的拒绝信号。然而，大多数的男性却甚少能明白微笑背后的深意。

比尔凝视着屋内，目光停留在一位魅力十足的黑发女子的身上。而此时，她似乎也正微笑着望着他。于是，比尔毫不迟疑，立刻起身，走进屋内，与这名女子攀谈起来。女子的话并不多，不过，她依然微笑着注视着他，所以，比尔仍然继续着他的谈话。这时，比尔的一位女性朋友从他身旁经过，悄声对他说："算了吧，比尔……在她眼里，你现在看起来就像个蠢货。"听闻此言，比尔顿时目瞪口呆。可是，那位可人儿此时仍在冲着他微笑！

其实，比尔不过是犯了一个大多数男人都会犯的错误——误解了异性在微笑时紧闭双唇所代表的含义。

★开口大笑

人在开口大笑时，嘴巴张开，下巴低垂，嘴角上扬，给人一种很开心的感觉。这种笑容看起来有些不太自然。《蝙蝠侠》系列电影中与蝙蝠侠作对的那些丑角，还有比尔·克林顿以及休·格兰特都十分钟爱这种笑容，而且喜欢利用它在观众当中营造一种快乐的氛围，勾起他们想笑的欲望，或是为自己赢得更多选票。

★斜瞄式的微笑

微笑时双唇紧闭，同时还低下头，歪向一侧，并且斜着眼睛向上望。女性都喜欢在异性面前露出这种略有些腼腆害羞的笑容，因为这样做很容易引发男性体内的保护欲，使他萌生出保护她不受伤害的念头。已故的戴安娜王妃就是用这样的笑容征服了全世界。戴安娜王妃的这种微笑会让男人产生出一种想保护她的欲望，同时也让女人喜欢上她。对男人而言，这种既俏皮又有些腼腆的微笑是一种极具挑逗性的信号，也是一种鼓舞他们“向前冲”的暗示，所以，大多数女性会在求爱时使用这种微笑也就一点也不足为奇了。

★冷笑

跟斜视一样，冷笑同样也是表达轻视的一种举动，而且在世界范围内通用。当我们冷笑时，颊肌（位于脸的两侧）会一起将嘴角拉向耳朵的方向，使脸上露出嘲笑的表情。这种表情清晰可见，哪怕只是片刻的出现，也能让人感受到这种笑容中的嘲讽和不屑之情。

华盛顿大学的研究员约翰·葛特蒙发现，在已婚的夫妇中，当一方开始冷笑对方时，他们的感情很可能已经出现了问题。在联邦调查局的调查中，嫌疑犯常常做出这种动作，因为他们认为自己知道的比调查者多，或感觉到官方并不了解整个案件的真相，因此产生了高傲、不屑的情绪。

★歪脸笑

在一张扭曲的笑脸上，两侧脸庞的表情恰好相反。右半脑发出指令，使人的左边的眉毛向上扬起，与此同时，由于左侧的颧肌的收缩，左边的脸颊上便会浮现出一种看似为微笑的表情。而在左半脑的命令下，右边的眉毛却因为眼轮匝肌的收缩向下沉，而嘴角和整个右侧脸颊也微微下移，从而露出一种皱眉式的表情。

如果你分别观察歪脸笑者的左右脸，你会发现，他们的一半脸在笑，而另一半却是愤怒、蹙眉的表情。

笑容在你的生活中随时都可以看到，然而，不同的笑所传达的情绪是不一样的，能否抓住这些细微的情绪流露，对你了解他人的真实想法会有很大的帮助。

从眼神的表达识破他内心的真相

《孟子·离娄篇》说:“存乎人者，莫良于眸子。眸子不能掩其恶。胸中正，则眸子了焉；胸中不正，则眸子眊焉。听其言也，观其眸子，人焉廋哉!”意思是，观察人的邪正，没有比观察他的眼睛更准确的了。眼睛不能遮掩人的恶念。心正，眼睛就明亮，心不正，眼睛就昏昧。听了他的话，再看他的眼睛，人的邪正，哪里能隐藏得过去呢?

由此可知，一个人的心术是正还是邪，透过他的眼神都能看得清清楚楚。

人们常说，“眼睛是心灵的窗户”，通过看人眼神，就可以看穿一个人的内心。一个人的性格，也能从他的眼神做出一定的判定。

比如心胸坦荡、为人正直的人，其目光明澈、坦诚；心胸狭窄、为人虚伪的人，眼神狡黠、阴晦。目光执著的人，志怀高远；眼神浮动者，为人轻薄。眼神内敛的人，表明自私；目光暴露者，表明有贪婪的倾向。自信的人眼神坚毅、深邃；自卑者的眼神则晦暗、迷离。

通过眼神看人的方法由来已久，清代的曾国藩就是这方面的高手。一次，李鸿章向曾国藩推荐了三个人，正好赶上曾国藩散步去了，李鸿章让这三个人在厅外等候。曾国藩散步回来，李鸿章说明来意，并请曾国藩考察那三个人。

曾国藩讲:“不必了，面向厅门、站在左边的那位是个忠厚之人，办事小心，让人放心，可派他做后勤供应之类的工作；中间那位是个阳奉阴违、两面三刀的人，不值得信任，分派一些无足轻重的工作给他就行了，担不得大任；右边那位是个将才，可独当一面，将来作为不小，应给予重用。”

李鸿章非常吃惊，问曾国藩是什么时候得出结论的。曾国藩笑着说："刚才散步回来，见到那三个人，走过他们身边时，左边那个低头不敢仰视，可见是位老实、小心谨慎之人，因此适合做后勤工作一类的事情。中间那位，表面上恭恭敬敬，可等我走过之后，就左顾右盼，可见是个阳奉阴违的人，因此不可重用。右边那位，始终挺拔而立，如一根栋梁，双目正视前方，不卑不亢，是可堪重任的大将之才。”

曾国藩所一眼看出的那位“大将之才”，便是淮军勇将、后来担任台湾巡抚的刘铭传。

人类五官之中，眼睛是最敏锐也是最诚实的。一个人的心理活动表现最显著、最难掩饰的部分，不是语言，不是动作，也不是态度，而是眼睛。言语动作态度都可以刻意掩盖，而眼神是无法假装的。

在那次轰动全美的米纳瓦信用卡盗窃案的法庭辩论上，珀泽拉作为第一证人出庭，他要证实米纳瓦盗窃了信用卡，可他的眼神却暴露了他的秘密。珀泽拉很少眨眼睛。当有人向他提出一个涉及他的名誉的问题时，他的一只眼睛突然眨了一下，即刻之间，人们不再相信他了。

那么，与人打交道时，如何才能从对方的眼中探测出对方的真正意图呢？实际操作中，我们看人眼睛，不重大小圆长，而重在眼神。具体可从下面的表现来进行推断：

1. 初次见面的时候，故意将视线朝左右瞄射的人，表示他已经在这次会面时中据主动。

2. 被人注视后便立即移开目光，是比较自卑的表现。

3. 看了异性一眼后，便故意把目光转移的人，表示此人对对方有着强烈的兴趣。

4. 对方在与你交谈时，视线游离，表示对方对你的话题不感兴趣。

5. 对方在与你交谈时，突然把视线转移，表示对方想逃避这个话题。

孟子对齐宣王说："大王有个臣子把他的妻子儿女托付给朋友照顾，自己到楚国去游历。等到他回来的时候，却发现他的妻子和孩子在挨饿受冻，那该怎么办呢?"齐宣王答道："和他绝交!"孟子又说："有一个司法官不能管理他的下属，那该怎么办？"齐宣王说："罢免他！"孟子说："一个国家治理得很不好，那该怎么办？"这时齐宣王回头看看左右，说些其他的话把话题扯到一边去了。

"王顾左右而言他"，并不是齐宣王在满世界找什么东西，而是齐宣王觉得这个问题不好回答了，国家治理不好，自然是国君要负责任，这话在大庭广众之下说出来，将来万一给人抓住把柄，就不好办了，所以只好用眼睛四处看看，表示自己不愿意回答这个问题，如果孟子再追问不舍的话，恐怕齐宣王就要恼羞成怒了。

6. 对方在与你交谈时，忽然将视线垂下，表示对方陷入了沉思之中。

7. 一个男人想骗你的时候，他根本不敢看你的眼睛，而是会躲来躲去；女人则刚好相反，她在盯着你的眼睛的时候，你要小心了，或许她开始编织谎言了。

通过刺激源，揭开人性的伪装

一个高明的伪装者，用传统的读心方法并不是那么容易看出来的。识破他们的内心，是一个循序渐进的过程。当然，在这个过程中，如果我们可以制造一些刺激源，或者直接从他在某些情况下的表现中去分析、评判，这样才能从中看穿他们的内心想法，了解他们的本来面目。

1. 权力面前，看他是否能自控

一只山羊爬上了一个老农家的屋顶，这时正好下面有一只狼路过。山羊以为身居高位，这只狼对它无计可施，于是便破口大骂道：“你这个白痴，笨狼。”狼于是停下来说：“你这胆小鬼，骂我的并非是你，而是你现在所处的位置。”

管理学家彼得·施坦普曾说过这样一句话：“权力是一把双刃剑，用得好，则披荆斩棘无往不胜；用得不好，则伤人害己误事。”我们为了更好地生存与发展，必须有效地建立各种社会关系，并充分地利用各种价值资源，这就需要对自己的价值资源和他人的价值资源进行有效的影响和制约，这是权力的根本目的。而一旦拥有了权力，就对资源拥有了更多的话语权，在这种情况下，更能看出一个人的本性。特别是对一个人的自制能力，是一个极大的考验。许多人在权力膨胀的情况下，利欲熏心，对自己的行为也没有了节制，充分暴露了其贪婪的本性。

一个人站在了较高的位置，手中的权力大了，就容易自以为是，滥用权力。相反，当一个人身处高位时，如果还是一样的克己复礼，正直无私，懂得自我约束，其为人则是值得我们钦佩与信任的。

2. 利益面前，看他是否清廉

在利益面前，一个人的品行会赤裸裸地暴露出来。

有的人在对自己有利或利益无损时，可以称兄道弟，亲如姐妹。可是一旦出现有损于他们利益的情况后，他们就像变了一个人似的，见利忘义，唯利是图，什么友谊，什么感情都统统抛到了脑后。

比如，在一起工作的同事，平日里大家有说有笑，关系融洽。可是到了晋级时，名额有限，“僧多粥少”，有的人真面目就露出来了。他们再不认什么同事、朋友，一有机会就显摆自己之长，狠揭别人之短，背地里造谣中伤，四处活动，千方百计把别人拉下去，自己挤上来。这种人的内心世界，在利益面前暴露无遗。事过之后，谁还愿意与这种人交心认友呢？

当然，大公无私，谦逊礼让，看重友谊的人还是很多的。不过，在利益得失面前，每个人都会亮相，每个人的心灵都会站出来当众表演，想藏也藏不住。

一家全球知名的跨国公司在招聘员工过程中发生过这样一件事情。

经过一系列笔试、面试、复试等层层选拔，几百名应聘者剩下来只有不到十人走到了最后的面试。最后面试那天，这十个应聘者是一个一个接受面试的。总经理在对他们进行面试时，并没有过多地考察他们的专业知识。但是，在面试结束时，他对每个人都说了这样一句话："你还记得吗？半年前，在一个专业研讨会上，我们就已经见过面了，当时你还宣读过一篇稿子，写得真是不错……"其实，这只是总经理设置的陷阱，他本人根本就没有参加过这个研讨会。

但是，除了最后那位女孩外，前面所有的人都顺着总经理的竿子往上爬："是的，经您一提醒，我想起来了，咱们确实见过面。至于说那篇稿子，写得还算中规中矩，如果有您的指导的话……"那位女孩听完总经理的话，心里很纳闷："这位老总肯定认错人了，我压根儿就没有参加过那个研讨会，他怎么会认识我呢？可是，否认吧，当着几位考官，太不给总经理面子了；承认吧，就更不合适了……"最后，这位女孩一咬牙，非常从容地回答说："总经理先生，我想您可能认错人了，我当时在广州出差，没能赶回来参加这个研讨会。非常抱歉，让您失望了……"说完，女孩礼貌地站了起来朝外走，她觉得自己没有任何希望了。但是，就在她打开门的那一刻，总经理叫住了她，"×××小姐，我们决定录用你！"

事实证明，总经理的决定是正确的。在后来的工作中，这位女孩很快因德才兼备而被公司发展为储备管理人才。

所以，当对方正处于利益的诱惑中时，正是识别人心的大好时机。

3. 危难面前，看他是否会忠诚

有一部取材自罗马奴隶斗士的电影，名叫《斯巴达克斯》，片中描述了斯巴达克斯在公元前71年领导的一场奴隶起义。他们曾经两次击败罗马大军，但是，在克拉斯将军长期的围追堵截中，最后他们还是被俘虏了。

在电影中有这样一个情节。

克拉斯告诉几千名斯巴达克斯部队的生还者说："你们曾经是奴隶，将来还是奴隶。但是罗马军队慈悲为怀，只要你们把斯巴达克斯交出来，就不会受到钉死在十字架上的刑罚。"

气氛顿时紧张起来，经过一段长时间的沉默，斯巴达克斯站起来说："我是斯巴达克斯。"不料他身边的一个人也站了起来，然后说："我才是斯巴达克斯。"然后又有一个人站起来也说："不，我才是斯巴达克斯。"在一分钟之内，被俘虏军队里的每一个人都站了起来，并且自称斯巴达克斯。

在这次危难中，斯巴达克斯部队成员所体现出来的忠心却是日月可鉴。

危难面前，最能看出一个人的忠诚度。"告之以危而观其节"，就是指在识人时，告诉给你所要识别的对象出现了危难的情况然后让他处置，从他处理危难的情况可以看出其忠诚度。

4. 紧急期限，看他是否守信用

考察一个人的方面有很多，方法也很多，但是考察一个人的"信"却是最先一步和最重要的。

信，是为人之道。常言道："言必行，行必果，果必真。"信，就是要信守承诺，说到做到。其实，这也是一项做人的基本要求。孔子说："人而无信. 不知其可。"意思是说一个人如果缺乏诚信，那么他就难以得到正面的评价。守信的人值得我们依靠与信赖，言而无信者，说到做不到，或是说一套做又是一套，很难想像我们与之共事或与之生活的情景。

战国时，秦国商鞅，在秦王的支持下，准备变法革新，为了获得平民百姓的支持，商鞅在南城门，竖立起一根三丈长的木杆，贴出告示："将木杆移置北门者，给予黄金三百两。"

老百姓不知道其中的缘由底细，没有人敢去搬，第二天，商鞅增加赏额至一千两黄金。这时，一个胆大的人决心去搬这根木头。他费了半天工夫，累得满头大汗，终于将木杆移到了北门。商鞅当场决定，赏给他一千两黄金。

这个消息很快传遍了秦国城乡，老百姓都认为，商鞅言而有信，说出来的话必定能够实行。如此一来，商鞅即将推出的改革便有了良好的社会舆论基础。

在现实生活中，信往往是不容易做到的。有的人对下属、朋友、同事许下诺言，可是过一阵子就忘了。"急与之期而观其信"，是庄子提出的一种识人方法。其意思是，与对方设定一个紧急期限，看他是否守信。一个人是否守信，在事态紧迫的情况下求其帮助或与其相约，就会在其赴约或不赴约中得以验证。

5. 朝夕相处，看他是否懂得恭敬

"近使之而观其敬"，当我们要考察一个人是否真的懂得恭敬时，可以选择与之朝夕相处、与之亲近的方法，慢慢地观察对方。

近，既表示放在身边，也表示感情上的多加亲近，测试的是一个人应有的礼仪与尊敬。

台湾心理学者、情感专家张怡筠在接受《时尚·COSMO》杂志的采访，就如何选择男人时，提到了自己的经验：

“你要看他是否是懂得尊重别人欣赏自己的男人。我自己在这方面深受其益。我和我先生在大学认识的时候，他是那种崔健型的愤青，但我们出去吃路边摊，穿得像摇滚巨星的他去帮老先生端碟子，我觉得这个人不错。两个人交往，一定要去很多人的地方，看他怎么和别人交往。”

我们生活中大抵还有这样的倾向：对于陌生人，或者是不太熟识的人，我们尚且能做到礼仪与礼节上的尊重和恭敬。但一旦两个人的关系近了之后，我们却会随意起来。因此，我们在与他人交往的过程中，身体距离或心理距离的亲近，都可使对方的心理懈怠。“近使之而观其敬”，当我们要考察一个人是否真的对我们恭敬时，可以选择与之朝夕相处、与之亲近的方法，在对方的懈怠心理下观察对方。

设定语言陷阱：用假信息打探出你要的信息

早在两千多年前，战国时期的思想家韩非子就提出过一个方法“倒言反事以常所疑，则奸情得”，意思就是“用假话打探对方的可疑之处，能探听出隐藏的恶行”。当然，推广到今天，其用途不仅仅在探听恶行上，从更广义的范围来说，可以用来用于打探一切对方不想让你知道，而你又很想知道的信息。

一个晚归的丈夫对妻子说今晚加班，而妻子则怀疑他是和朋友去泡吧了，但是如果直接问丈夫，“你真的加班了？是不是去酒吧鬼混了？”得到的结果一定是，诸如“怎么可能？我一直在办公室”等否定回答，甚至丈夫还会反过来指责妻子疑神疑鬼。之所以说这个答案是一定的，是因为如果丈夫真的在加班，他会说“是”；但如果他没有加班？为了自圆其说，他也会说“是”。这样一来，无异于是逼迫丈夫在说谎。所以，聪明的妻子经常会用一些自己编出来的假信息迷惑对方，比如“哦，我刚才看电视，说你们单位那发生交通事故了，没堵车吧。”接下来只要静观其变就可以了。

很明显，如果丈夫说了谎，那么妻子的这个假信息对他来说就是个巨大的考验，他不知道是否该承认自己看到了这场交通事故。如果这是妻子编出来的，那么他的贸然承认就等于宣告了自己的谎言，而如果他说没看到，但实际上的确有这样车祸，那妻子就很容易知道自己没加班。但是，不管他的回答是什么，说了谎的丈夫都会做一件事，那就是停下来思考一下，是否有这个停顿的动作，是妻子判断丈夫是否说了真话的关键。因为如果丈夫真的在加班，那么他一定会马上反驳道：“你从哪里看的啊？根本没有什么塞车。”

这个方法不仅可用于试探一个人是否做了某事，你还可以在与人谈话的时候，故意制造出自己知道有一些偏差的信息，借此让对方在不经意间说出本来不该让你知道的信息。

比如，你要购买一批商品，但却不了解市场的行情或是对方的心理底线。就可以故意说错价格，从而让其报出真正的价格。一次，采购员肖扬要帮公司采购一批笔记本电脑，便打电话给某品牌代理商说：“我看了一下，这个型号去年的市场价是 5000 元。今年也差不多吧！”当然，他说的价格一定是低于去年的市场价格的，为了纠正他，对方多半会说，“先生，您看错了吧，去年我们最低的拿货价也是 7000 啊，今年虽说价格降了一些，但是怎么也得 5500 啊！”这样，肖扬轻易地套出了对方的最低价。

再比如，我们想知道一个陌生人的名字，可以用个假名字来和他打招呼，“你好！罗斯先生！”因为罗斯是你编出的假名字而非对方的名字，因此，他一定会纠正你说，“哦，对不起，我不是罗斯！我是××”。这是外国人的一种习惯说法，若在中国，对方则只会告诉你你认错人了，但是不会说出自己是谁。所以你有必要接着用假信息和认真的态度来提出质疑，“不会吧，你真的不是××？你和他长得太像了，是亲戚吗?”此时，对方一定会觉得你错得离谱，甚至荒唐透顶，便会为了证明自己就是自己对你说，“我姓×，不姓×，也不认识××”。这个过程中，对方会觉得你不可理喻，为了证明他不是你说的××而说出自己的真实姓名。

每个人都有纠正别人的“表现欲”，以显示自己的某种卓尔不群。虽然有的时候这种心理倾向深埋于人的潜意识当中，但是只要你方法巧妙，看似无意的一条假信息就完全有可能套出你想知道的信息。

故意激怒对方，让其暴露出本来面目

前面所提到的闲聊试探法、故事试探法、假借第三方试探法以及假信息试探法都是从表面无关话题探知对方心理和行为的方法。除了这种旁敲侧击式的试探方法，我们还可以正面出击，故意用对方不想提到的话题去激怒他，在愤怒中，他最有可能暴露出本来面目。

日本前首相田中角荣被卷进洛克希德受贿案之前，已经有种种传言说他和洛克希德公司关系暧昧。当时，这是每一位记者都很感兴趣的话题，于是很多记者都通过一些旁敲侧击的问题向田中角荣发难，但是口才极佳的田中角荣从未被这些问题绕进去。为了挖掘出事件的真相，一位记者突发奇想，在一次盛大的记者招待会上向田中角荣提问道：“请问您对洛克希德案件有什么看法?”

这句话一出，全场气氛变得紧张起来。被触及痛楚的田中角荣勃然大怒，以致记者招待会一度中断。盛怒中的田中角荣丧失了一贯的冷静，几乎是对那个记者咆哮着说：“你是哪家报社的记者?”

那位记者很快从这句话中悟出了田中角荣的真正意思：“你敢问我这个问题，当心自己的饭碗!”聪明的记者借着这句话大胆猜测出了田中角荣与洛克希德受贿案之间千丝万缕的联系。果然，几年后田中角荣因这起日本战后最大的商业贿赂案被传讯受审，并被判处监禁五年，罚款5亿日元。

我们可以看到，这位记者是很有策略的。为了使田中角荣露出马脚，他采取了这种高明的心理战术，这让一向以谨言慎行的田中首相也中了招。

似乎这种哪壶不开提哪壶的方法显得有些鲁莽，但这种令对方愤怒的话题是最容易让其失去冷静的心理策略。美国生理学家爱尔马做过一个实验：他把人在生气时呼出的“生气水”注射到大白鼠身上，几十分钟后，大白鼠就死了。由此爱尔马经分析研究得出人在生气时的生理反应非常剧烈，同时会分泌出许多具有毒性的物质。

这支持了生理心理学家的研究发现：愤怒会使人的神经系统出现紊乱，从而导致思想不集中，甚至失去理智。一旦对方理智的防线被打破，其在盛怒之下的口不择言就很可能会暴露出他的本来面目。所以要想撕去一个人的伪装，这样是个不错的办法。

有位富太太，对家里的仆人一向很苛刻，甚至经常殴打他们。但最近她却一改平日的恶毒形象，经常在公共场合宣扬自己的乐善好施，甚至让女仆装病，然后在电视访谈中大谈自己是如何悉心照顾女仆的。这一切作秀都是为了参选州议员而进行的面子工程。

鉴于她的支持率一直很高。竞争对手便想通过收买她的女仆制造不良影响。一向逆来顺受的女仆也想看看主人的慈悲善举是发自内心的改变，还是只是上流社会高贵外表下的伪装。

于是，她按照对方的指示，在接下来的两天里，她借口自己生病，每天都是将近中午才起床，而且故意将饭菜做得很难吃。忍无可忍的富太太一怒之下，举起鞭子，将女仆虐打了一番，并把女仆赶出了家门。让富太太没有料到的是，伤痕累累的女仆向街上的每一个人展示女主人暴行留下的痕迹，最终令她的声誉受到严重影响，支持率也大幅下降。

当你想了解对方的真实面目却又不知道怎么办时，不妨试试这个剑走偏锋的方法。比如，你想知道新来的下属是否真的任劳任怨，不妨先多分给他一些任务，如果他怨声载道，就表示他的任劳任怨很可能就是一种伪装。再比如，你想知道一个经常微笑的人脾气是否真的很好，不妨找件小事故意气气他，如果他因你的无理取闹而暴跳如雷，那么以后就小心这位“好好先生”的不定时爆发吧！

当然，你还要注意的是：通过激怒别人来获取你需要的信息是一种好方法，但是轻易被别人激怒就不是什么好事了。当你的上司或是同事毫无来由地询问令你生气的问题时，就表示对方正有意激怒你以使你吐露出你的真实意图。此时，你务必要保持一颗平常心，做到足够冷静，不然就很容易泄露自己心中的秘密。

侧面效应：在与别人交往时，他才能表现出真实的自己

夸赞的话人人会说，不过你知道当着对方的面说与通过第三者传达的区别吗？哪种方式更为有效呢？

事实上，在人际交往中，背后鞠躬即创造某些条件，通过第三者传达，让对方间接地听到你对他的关注、肯定，往往会收到更好的效果。

有位妻子就非常懂得如何使用“背后鞠躬”的“手段”。

刚结婚时，以前的闺中密友经常打电话和她聊天，每次对方问起：“你现在过得还好吗？”她总是满脸幸福地回答道：“我很幸福！他对我很好，我身体稍有不适，他都紧张得不行，还时刻叮嘱我喂我吃药……还有他的厨艺很棒，做的饭菜很可口……我工作忙的时候他就收拾家务，比我打理得还好……”

而在她这样说的时候，她的丈夫就在不远处做手头的事，“恰好”这些话就让他听了个清清楚楚，于是他心里甜蜜万分。

事实上，刚开始时，他只会做点汤，偶尔收拾一下屋子什么的。但听了妻子在别人面前这样夸他，他就更有动力去做了。

这位妻子的做法印证了心理学上的侧面效应，即人们一般不信任直接对自己的甜言蜜语，而相信一个人与他人相处时的言行或所表现出来的品质。

有时，在日常生活中我们会听别人这样说：“这个人我绝对放心，我无条件信任他！”

无条件信任？在人际关系中，我们真的会无条件信任一个人吗？显然不是，当两个人的关系到了很密切的程度，也许还有这种可能，但就一般而言，“一切以事实说话”，人们总是会依据直接或间接与你相处时你的表现，来逐渐形成对你的信任。

人生是一场舞台，每个人都在饰演属于自己的角色。作为社会人，我们都有自制力，在当事人面前，每个人肯定会努力表现出好的一面。一旦当事人不在或判定其不知道时，口蜜腹剑，笑里藏刀，嘴上一套、背后一套的人却是大有人在。

所以，在人的心理层面上，人们都喜欢与诚实、正直、表里如一的人打交道，于是人们会通过侧面去观察一个人，以建立起对他的信任感。一个人与他人相处时所表现出来的品质，会比其在当事人面前时表现出来的品质，更深得当事人的信赖。

南宋时期，宋高宗眼看自己年事已高，心想国不可一日无君，要是自己哪天突然死去，那朝中上下岂不乱成一团？于是决定趁自己目前头脑还算清醒，立下太子。

经过一番考虑，他有了两个人选。若是论做太子的硬性条件，这两个都没有什么问题，而且各有所长。但也正因为如此，他有些为难。一个是赵璩，即当时的恩平王；一个是赵昚，也就是后来的孝宗。恩平王机智灵活，工于心计，颇有城府，深得当时宪圣皇后的喜欢。赵昚则富有气魄，英明神武，性格刚直，高宗非常喜欢他。正当他左右为难时，宪圣皇后和秦桧都建议立恩平王为太子，但是高宗不以为然。他知道秦桧是害怕为人正直的赵昚当了皇帝后，对他不利。

高宗想来想去，渐渐有了自己的打算。他没有理会皇后和秦桧的意见，因为现在看不出到底哪个才能成为开明的皇上，哪个有能力保住这来之不易的大宋江山。

他决定亲自出马考察他们两个人的德行，谁的品德好就立谁为太子。这样不仅可以看出他们的真面目，而且也比较公平。不久，高宗想出了一个好计策。

一天，高宗把赵璩和赵昚两个都叫到身边，然后对他们说："最近我一直忙于国事，对你们照顾不周。前两天，我听说你们的宫女不够使唤，现在我赐给你们二十个宫女，每人十个。如此你们也可以省省心，不用到民间征用了。"

两个人谢恩后，各自领着赏给自己的宫女回去了。

一个月之后，高宗突然把赵璩和赵昚两个人招来，说："上次赏赐给你们的那些宫女需要派到其他的地方，你们把她们都送回来吧，一个也不能少！"

等到宫女被送回来之后，高宗让人检验那二十名宫女，最后的结果是赏赐给赵璩的十名都被破了身，而赵昚的那十名则完好无损。高宗得知此结果，不由地倒吸一口凉气，没想到恩平王如此荒淫无道！要是真让他坐上了皇帝的位置，岂不是整天沉醉于温柔乡中？哪里还会考虑国家大事呢！而深感欣慰的是，赵昚洁身自好，有所节制，心中不由得庆幸自己没有听信皇后和秦桧的话。于是高宗放心地把赵昚立为了太子。

与他人相处时的好言行或所表现出来的良好品质，不仅有利于赢得熟悉的人、关系一般的人的好感，也能给本处于自己对立面的"敌人"产生较大影响，从而转变自己在对方心目中的印象，起到化敌对为认同的奇妙作用。

在美国南北战争时期，罗伯特·李将军是南部邦联军队的统帅。他属下有一位军官对他并不太认同，常常一有机会就与他抬杠，不过李将军没有因他的行为影响自己的判断。

有一次，他在南部邦联总统杰佛生·戴维斯面前，以赞誉的语气说起了他的这位军官。

在场的另一位军官大为惊讶地说:“李将军，你知道吗?你刚才极为赞扬的那位军官，可是常常挑你的刺呀!”

“是的,”李将军回答说,“但是总统问的是我对他的看法，不是问他对我的看法。”

李将军的话传到了那位军官的耳中，那位军官不由地对李将军心生敬意，因此渐渐地改变了对李将军的看法。李将军正是依靠自己正直、表里如一的品行赢得了那位军官的信服。

作家、编剧石康曾撰文指出:“嘴上一套，心里一套，或是说了不做，做了不说，这便是一种无信誉的人生。”重视信誉，对自己的言行始终做到表里如一，更容易获得别人的信任。

在懂得侧面效应之后，我们就要注意，如当事人不在场或不知晓，我们要一如既往地表现真实的自己，甚至可以表现得更好以俘获人心。比如当老板不在时，我们更努力工作，通过同事让老板知道了，这样我们的加薪目的便指日可待；而开篇中的那位妻子赞美老公的方法，也可用于平时我们如此去赞美他人。

第八章

利用反向博弈，干扰对方的心理

谁说博弈就只能是针锋相对的较量？真正充满智慧的博弈手段，是以一种类似于“障眼法”的方式，进行反向博弈。如果你很强大，你就故意示弱；如果你并不自信，那就假装强大；如果你能洞察一切，可以装成一个“笨人”；如果你心思缜密，那就试着犯个小错。这种“装”出来的博弈，会在对方的意识里形成一个假象，也更容易达到你自己的目的。

制造错觉，感性的冲动比理性的思考更容易控制

当你做出某个决定后，你是不是非常坚定地认为自己是在非常理性的情况下做出的选择？你是不是认为自己因为感性冲动而做出选择，对于自己来说只是偶尔的事情？然而事实真的如此吗？心理学研究表明，这其实只是我们一厢情愿的错觉。

事实的真相可能完全出乎你的意料，恰恰相反，人们几乎总是先依据情绪和喜好做出感性的判断或习惯性的选择，然后再利用逻辑来为这种判断和选择找出看似合理的理由。

春天，各种应季水果轮番上市，卖水果的小商贩为了把冬季储存的水果尽快销售出去，会找一些新鲜的叶子摆在水果上，这些新鲜的叶子并不是他们正在买的水果的叶子，但是却让人无端地觉得这些水果也很新鲜。于是，顾客们因为这几篇新鲜的叶子而买了在冷库中储藏了一冬的水果。

钻石和其他宝石比起来其实并不具有太多的优势。从蕴藏量来说，蓝宝石、红宝石和绿宝石远远比钻石来得罕有，可在现在人们的认知中，却远不如钻石有价值。让女性朋友对外钻石“忠贞不二”的其实是那些“浪漫”的广告语，它们刻意地强化了钻石和浪漫爱情的联系。由于这种错觉渐渐深入人心，一块普通的石头，便变成了无坚不摧的营造奢侈浪漫爱情氛围的利器。

以上两个例子都是运用了人们感性思维的冲动性。生活中，小到选择一

件商品，大到一个重大的商务活动，甚至选择一生的伴侣，感性思维都是左右我们的判断和选择的首要和关键。购物时，我们很有可能会因为导购小姐的微笑和恰到好处的讲解和赞美产生愉悦之情，进而觉得这家的商品品质应该也是令人满意的。要是导购能够用语言让我们对使用产品后的效果浮想联翩，使我们感觉用上这个商品后会得到很不一般的体验，我们就会激动地掏空腰包。而在这个过程中，我们很可能对商品本身的品质完全没有仔细推敲。

因为商品代言人而决定使用某款产品也是一种很感性的认知。如果对代言人喜欢就会接受他代言的产品，而如果厌恶商品的代言人就会武断地拒绝他代言的产品。

无论是热情的服务人员，还是让我们追随的代言人，和商品本身并没有太大的关系，只是我们的感性思维将他们联系了起来，形成一种错觉，让我们做出判断和选择。

想要说服对方，就要设法启动他的感性思维。理性思维模式下，对方会考虑很多因素，往往会比来比去，思前想后。而在感性思维下，人们做出决定的速度相对来说会快很多。感性思维的最大特点就是冲动。利用一些方法就能将对方的思维模式切换到感性思维模式下，对方就会很容易答应我们的请求。

小李就职于一家房地产公司销售部。这天，一对夫妻请她帮忙找一套二手房。

正好小李手里就有一套二手房资源，但是因为户型不是特别好，所以迟迟没能出售。于是小李便带着客户来到这套房子的前面。

这套房子对面是个小池塘，此时正值仲春，池塘边上杨柳依依。女客户兴奋地对她的老公说："我小的时候，家前面也有一个池塘，池塘里满是荷花，夏天晚上蛙声一片！"

说者无心，听者有意。小李听到了女士的感慨，就有了自己的主意。

当小李引领他们走入这套房子后，丈夫开始用挑剔的眼光东瞧西望，嘴里说着，“这套户型不太合理！餐厅这块采光太不好了！”小李诚恳地说：“是的，没错。但是，外面的景致好啊。您看从这里只需一瞥，就能看到外边的那个美丽的小池塘了。”妻子立即从餐厅的后窗看出去，果然可以远远望着小池塘。于是脸上有了会心的微笑。

进入卧室，丈夫便开始抱怨卧室面积太小。这时，小李又说：这间卧室是不太大，不过放一张床，一个柜子是没问题的。而且您从窗户里往外看，窗户正对着池塘，池塘的美景尽收眼底。”妻子站在窗口，一副很陶醉的样子。

回来的路上，女主人就跟小李说了签单的事儿。因为她对小池塘的钟情，使她对于房子其他方面都不在意了。最终，这对夫妇，按照这位女士的意愿买下了这套房产。

整个过程之所以如此顺利，就是因为小李通过自己的观察，找到了顾客感性思维的触发点——重温梦想的冲动和情感。大多数人做事，都是先感情用事，然后在逻辑上将其合理化，以获得内心的安宁和平静。也就是说，当你照顾到了对方的情感需求，不用你费尽心思去解释，他自己就会主动去找与你合作的理由。

可以说，人们生活的每一个环节、每一个选择都受情绪的影响。你需要做的是必须明白对方内心真正想要的感觉，从而可以通过制造他想要的错觉来吸引对方。然而，人们的情感世界是丰富多彩的，也是因人而异的。想深入探寻对方的情感世界，了解对方的情感喜好，是需要很强的洞察力的，必须迅速找到对方的“软肋”，才可以让对方快速做出决定。

告诉他“你一定行”，哪怕只是安慰

想要让对方痛快地答应我们的要求，充满激情地为我们做事，最好是对方能将这件事情视为“小菜一碟”，绝对可以胜任。可是如果对方会认为事情难度大或者因为其他原因，态度不是很明朗，那么此时你要做的就是用自己的言语和态度去影响对方。告诉对方：你一定行！让对对自己自信，产生解决问题的动力。

心理学中有一个名词叫“有效的期待”。意思是说，大多数人的天赋与才能都深深地潜伏着，需要外界各种因素的激发，而期待、鼓励、支持、赞扬等这些积极的外界因素，往往更易激发身体中的潜能。这种外在的因素便是“有效的期待”。

戴尔·卡耐基也曾经说过：“大多数人的体内都潜伏着巨大的才能，但这种潜能是酣睡着的，需要被激发。一旦激发，人们便能做出惊人的事业来。”所以，当你想要让对方胜任某个角色，或者为你做某些事情的时候，就要多多给予他正面的激励和评价。做过人员管理和培训的人都知道，越是说一个人行，那么这个人的表现就会越来越好；相反，你越是说一个人不行，那这个人的表现就很有可能越来越差。当然，个别心灵强大的人会有例外的表现，但大多数人是会受到这种心理暗示的。

现在，请你想象一下。假如你是一名销售经理：以下哪种场景更令你的下属对自己和未来充满信心呢？

场景一：

这次销售业绩排名最后的是小李，她不好意思地走到你的办公室，你越想越生气，开口就说："小李，这次你的业绩排名最后！"小李一脸抱歉，心理百般滋味。你也觉得无话可说，最后让小李自己回去好好想想。

场景二：

这次销售业绩排名最后的是小李，她不好意思地走进你的办公室，你心里对她的业绩不太满意。便开口说："小李，这次你的销售业绩排名最后啊。"小李刚要说对不起，你赶紧说："没关系，不用太在意一次的成败。只要扬长避短，我相信你以后肯定会成为一个顶级销售员的。你的口才很不错，只是一开始分配的营销区域你还无法适应而已，下次你的业绩肯定会追上来的。"小李满怀信心地走了，回去后开始认真思考自己哪里做得不好。

很显然，两个场景下，第二种是更能激励对方的。但是现实生活中，很多人却任性地做着场景一中的事情，让对方失去积极行动的自信。当一个人的生长环境中充满负面评价时，人的内心深处会习惯性地受到负面信息以及负面评价的影响，进而顺着这种信息，做出对自己比较低的评价。一旦生活中有了挑战，首先就感觉自己应付不来。

要想他人充满自信地为你做事，你需要的是不断激励对方而不是不停批判。"激励是使别人积极主动地做你希望他们做的事的艺术。"所以，生活中做一个懂得激励他人的人，会更易于影响他人向着你所设想的方向发展，进而为你服务。

公司新来的建筑师安德毕业于某知名院校建筑系。初来乍到，生怕什么地方做得不好。然而越是紧张越觉得诸事不顺，一连交出的几张建筑设计图纸都没有通过。公司决定让老工程师哈森带一带这个小伙子。哈森有着多年的建筑经验，由于前几次的失利和上司的批评，安德在哈森面前毫无自信，不仅没有继续设计图纸的计划，反而表现出想要放弃的架势。

得知安德是因前几次自己的设计总是达不到要求，才变得如此不自信，哈森便真诚地鼓励安德说："你的设计我都看过，非常具有创新精神。如果再将细节做得合理一些，我相信你一定可以成为一个出色的设计师。"安德被哈森的话感染了，从此不再怀疑自己，渐渐走上"著名设计师"的道路。

积极、正面的语言，能够激发对方的无限潜能，从而有效地影响他人，使对方更好地为自己服务。正面激励影响越大，心态表现也越积极，从而使行动表现得越来越积极。哈森正是利用这样的方式，成功地影响了新来的设计师，使其更好地为公司工作。

激励他人是激发其行动的最有效措施。如果没有这种激励，心理便没有发展的动力，当然也就谈不上行动了。如果你想向他人施加影响，首先要学会肯定对方，使其内心深处产生强大的动力。学会向他人传递你所期望的信息，这会更易于使对方向着你所设想的方向发展。

如果很有把握，那就假装示弱——有底气的情况

博弈的最终目的是要赢得胜利，但是在博弈的过程中自始至终都保持一种强大的姿态是不太可能的，而且这并不是制胜之道，只会让你的对手对你提高警惕，而且还会和你一样斗志昂扬。相反，适当地示弱一下，却有可能让对手暂时麻痹和松弛下来，更有利于赢得最终的胜利。所以，如果你有足

够的把握，不妨先弱下来，让对方以为自己获胜了，然后再趁对方不备之时，亮出强劲的底牌。

俗话说“鹰立如睡，虎行似病”，这句话形象地说明了两种自然界中最强有力的动物在面对生存竞争时的博弈之道。这种强者装弱，先弱后强的方法，既避免了因锋芒太露而引来攻击，又可以令对手放松警惕，为下一次的攻击制造了绝好的时机。所以它们出动捕食，几乎从不落空，而古今成大事者，也往往效法它们而取得成功。

战国时，赵王派孔青率领大军救援廪丘，击退齐军。勇猛无敌的孔青，加上足智多谋的宁越辅佐，所以，大获全胜，杀死齐军统帅，缴获千余辆战车，同时留下三万具齐军尸体。

孔青要将齐军尸体埋成两个大丘，以此彰显赵国的武功。宁越则提议：赵军后退三十里，给齐军一个收尸的机会。

这让孔青感到非常奇怪，既然已经胜利了，为什么还要后退呢？

宁越胸有成竹地说：“这样可以从内部打击他们，从而让他们不敢再侵犯我国。”

孔青不太明白，“死人又不能复活，怎么能从内部打击齐国呢？”

宁越说：“战车、铠甲已经在战争中丧失殆尽，安葬战死者要用大笔的银两，这就叫从内部打击他们。古代善用兵者，该坚守时就坚守，该后退时就后退。”

孔青大致明白了宁越的用意，但转念一想，如果齐国人不来收尸，那不是就白让了吗？

“他们不会不来的！”宁越胸有成竹地说，“作战失败，是第一条罪状；率领士兵出国作战而不能使之归来，这是第二条罪状；若给他们机会他们却不来收尸，就又罪加一等。齐国百姓会因为这三条，而不再拥护政府的统治，这也是从内部打击他们。”

孔青终于完全理解了宁越的良苦用心。

有进有退，能屈能伸，这是成功的必要条件。宁越的主张看起来是对齐军的友好让步，殊不知，这“让步”里面却大有文章。那种有进无退的人不过是暴虎冯河的村夫莽汉，表面上英勇，实则成事不足，败事有余。

在与对手的交涉中，大部分人都喜欢逞强而不愿意示弱，在这种看似强大的心理攻势面前，你的对手也不会做出退步。低调做人，暂时的让步，往往是让对手放松警惕，甚至赢取对手的同情的一条妙计，这条妙计往往能让自己在韬光养晦之后崛起，然后趁机反扑。

示弱不仅能帮一个人得到人们的理解，还有助于帮你获得生存和发展的空间。

公元616年，李渊被诏封为太原留守，北边的突厥竟用数万兵马多次冲击太原城池，李渊遣部将王康达率千余人出战，几乎全军覆灭。后来巧使疑兵之计，才勉强吓跑了突厥兵。更可恶的是，在突厥的支持和庇护下，郭子和、薛举等纷纷起兵闹事，使得李渊防不胜防，随时都有被隋炀帝借口失责而杀头的危险。

李渊对突厥怀着刻骨的仇恨，按照常规的思维，他肯定会与突厥决一死战。然而，事实是李渊竟派遣谋士刘文静为特使，向突厥屈节称臣，并表示将送始毕可汗大批的金银珠宝！

之所以这么做的原因是李渊对于天下大势胸有成竹的判断。根据自己的预测，李渊断然决定起兵反隋，要起兵成大气候，太原虽是一个军事重镇，但并不是理想的发家基地，所以，他必须设法西入关中，方能号令天下，而太原又是李唐大军万万不可丢失的根据地。那么用什么办法既能保住太原，又可以顺利西进呢？

当时的李渊，手下兵将只有不到三四万人马。要实现宏图大志，既要全部屯驻太原，应付突厥的随时出没，同时又要追剿有突厥撑腰的四周盗寇。这已经使他感到力不从心了，现在又要进伐关中，显然不能留下重兵把守。所以，唯一的办法是后退一步，采取和亲政策，让突厥“坐收宝货”。

李渊深知始毕可汗是个唯利是图的人，所以，便决定暂时对其俯首称臣。由于李渊甘于让步，还得到了突厥的不少资助。始毕可汗一路上送给李渊不少的马匹和士兵，李渊又乘机购来许多马匹，这不仅为其拥有一支战斗力极强的骑兵奠定了基础，而且因为汉人素惧突厥兵英勇善战，李渊军中有突厥骑兵，李家军的威名渐渐建立了起来。

李渊主动示弱、让步的行为，使弱小的李家军既平安地保住后方根据地，又顺利地西行打进了关中。李渊建立了大唐后，突厥又不得不向唐求和称臣，突厥可汗还在李渊的使唤下顺从地翩翩起舞呢。

胸襟宽广、能容人的极致表现是强者示弱，形势不利于自己时要学会隐藏强大的实力，免得被人嫉妒而遭暗算，要给人一种软弱无力的假象，这样才能保护自己，进而伺机而动，在博弈之时稳占上风。所以，在博弈中，如果双方之间的矛盾一时无法解决，但是僵持下去又对自己不利。此时你可以先示弱，让对方放松警惕，甚至对你施以援手，然后你再以强大攻势夺得最后的胜利。

让自己看起来很强大，从气势上压倒他——没底气的情况

前面虽然讲了“示弱”和“装可怜”在博弈中的作用，但是若想要取得绝对的胜利，一味示弱肯定是不行的，必须根据情况的变化及时转变博弈策

略，做到“进可攻，退可守”。必要的时候，我们必须有一个强者的姿态。在心理博弈中，博弈双方所具有的气场，对于最终的胜负，有着很关键的作用。

想在日常的心理博弈中笑到最后，必须克服内心的软弱，保持胜利者的姿态。有时候，即便是自己的实力不够强大，但是只要一鼓作气，让自己看起来很强大，也能从气势上压倒对方。历史上这样的例子很多。

东汉名将廉范是廉颇的后代，他在云中（治所在今内蒙古托克托旗）任太守一职时，匈奴大规模入侵，报警的烽火天天不断。一次，匈奴大军气势汹汹地逼近边境，按惯例敌人来犯如超过五千人，就可以传信给邻郡。但是紧急关头，廉范没有这么做，而是亲自率领仅有的少数部队，前往边境抵御来犯的匈奴骑兵。

从人数上说，匈奴人多势盛，廉范的兵力比不过匈奴。但是廉范却并不惧怕，当时正巧日落西山，他命令自己的将士们，每人举着两把火炬，在敌人的三面都点起火把，这样一来，一个人就变成了两个人。果然，匈奴军队远远望见汉军营地扩大，火烛甚多，以为来了许多援军，大为惊恐。

廉范的谋略就是要使他们不了解自己究竟有多少人，这样他们肯定会吓得魂飞胆丧。接着再进行突袭就很容易胜利了。

第二日清晨，匈奴将要撤退的时候，廉范带着部队直奔匈奴营地。廉范命令十几人拿着战鼓埋伏在匈奴营房后面，营前的人先点起大火，一边击鼓，一边呼叫，让匈奴的士兵更加害怕。其他人则拿着兵器和弓箭，埋伏在敌营大门的两边，等他们一出来就立刻攻击。等到廉范将火点燃，军鼓震天擂起，本来就胆战心惊的匈奴军队猝不及防，顿时乱作一团，慌乱之中自相践踏，死亡上千。廉范趁势追杀，取得了重大胜利。

廉范之所以取得了胜利，就是因为他懂得营造气势，从心理上战胜对方。所以，在获得实质性的胜利之前，你必须要能够“扮演”好胜利者的角色。这是引导你成为真正的胜利者的心理法则。原世界重量级拳王穆罕默德·阿里，每次比赛前都要为自己写一首赞美诗，宣誓一定要击倒对方，然后再上场。此举为他赢得了“吹牛大王”的称号，其实这正是阿里特有的心理战略。通过宣布自己的比赛目标，在比赛前就在心理上先给对方重重的一击，使自己占据优势。

既然那么，要如何做才能让自己看起来更有气势，更强大一些呢？下面介绍一些让你看起来强大的方法：

首先，当你因为自己的实力而感到胆怯或自卑时，找出对手的弱点，先在心里将对手打倒。

你可以在心里想象对方可笑的地方，当你想着他的可笑时，压迫感、胆怯就会全都消失了。假如只看见对手的优点，往往容易高估对手的实力，而产生难以应付的意识。可只要想到对方和我们一样，说不定也正心怀胆怯；再想象一下他的弱点，你就不会再胆怯或自卑了。

如果你实在挑不出对手的毛病，那就想象一下他在其他场合可能的可笑样子，这样也会把对方从权威或力量的宝座上硬拉下来。比如，分公司里为所欲为的董事长，到了总公司的董事会上，可能只是小角色罢了；他回到家里，也可能是一个在太太面前抬不起头来的惧内先生；在娱乐场合，又可能只是一个被孩子欺负而无还手之力的父亲。

相信每个人都有与他人握手的经历。那么，当你感受到对方强而有力的握手时，你会对他产生什么样的印象？反之，如果对方连握手都是软弱无力的，你又会作何感想？所以，想要营造强者的气场，你必须从握手开始，握手有力的人，会给对方留下自信、勇敢、有能力的印象，而软弱无力的握手则会给人留下内向、胆怯的印象。握手有力的女性会得到比她们的男性对手更高的评价。

初次见面的两个人往往通过握手的力度，来推断其性格。所以，即使你本身是个比较弱势的人，但与人握手时，千万记得用点力。把你的自信和力量，通过握手传递给对方，为自己塑造一个胜利者的形象。当你用强而有力的手，握住对方的手时，就好像对对方说："我是强大的、值得信赖的。"而此时，如果你再用坚定目光注视对方的眼睛，自信而诚恳地说一句"幸会幸会"，或者"请多关照"，对方肯定会被你的气场折服。

不过需要提醒的是，握手的力度需要恰如其分，过分热情的"碎骨式"握手可能意味着自负、控制欲和缺乏可信赖性。

如果对方是不容姑息的敌对势力，那么你可以用强硬的态度来营造强势的气场，不过在这么做的时候，你一定要底气十足，让对手感到胆怯。

要在气势上压倒对方，你还要尽可能大声说话，宏大而响亮的声音，可以给对手有信心的印象，自己也能借此产生坚强的信心，进而获得意料不到的效果。这样做可以武装自己的心理，让你从内心感到强大起来。古人领兵作战，都会擂起战鼓，声音越高，士气就越旺盛，士兵斗志越强。

目光的接触也能传递你的强大和信心，用你的眼睛盯视对方眼手等某一身体部位，给对方以压迫感。这样可以给对方一种心理上的压迫感，并可避免语言冲突时双方不冷静，易冲动的心理状态。

在做这些的时候，有一个最基本的原则你必须清楚，那就是你要有绝对的自信，以小充大，以弱充强说到底是勇气的较量，意志的搏斗。所以你一定要首先做到战胜自己，然后才有可能具有吓到对方的气势。

装可怜，同情心会让对方卸下防备

人们普遍存在一种怜悯心态，面对弱者的时候，会不由自主地想要帮助一把。比如，当你的成绩不理想的时候，老师看到你忧伤的样子，就会很同情你，甚至会格外给你“开小灶”。初出茅庐的大学生，业务和人际关系自然都不是太成熟，这个时候，如果上司看到你可怜的一面，很可能也会因为同情而多给你一些机会。即便是曾经十恶不赦的大坏蛋，一旦落魄街头，人们也会不由自主地生出一丝怜悯，甚至还有可能会伸手帮助对方。

一位刚刚工作的业务员，在谈判中失利了。尽管两家竞标企业实力不相上下，但客户最终却决定选择另一家公司的产品。当知道自己失败后，他心情很糟糕。就一路垂头丧气地走回去。路上一边走，一边不停地掉眼泪。此时，对方公司的人下班了，班车一辆一辆从这个年轻的业务员身旁驶过。大家都看到了他伤心的样子，负责招标的部门经理也从车窗外看到了他。

第二天，业务员接到了这个部门经理的电话，让他再到公司一趟。经理再次比较了一下两家公司的产品，觉得他家的产品也是不错的，所以决定推掉那个竞争对手，和他签了合同。

最后，部门经理说，昨天看到你垂头丧气的样子，背个包，在夕阳的余晖下，一副很悲伤的样子，让我想起我刚刚工作的时候也跟你一样。所以我又好好研究了一下你们公司的情况。

弱者最大的好处就是经常能够得到别人不设防的帮助。扮演弱者博得对方同情心，这样的办法在心理学上被称为“败犬效应”即支持弱者效应。年轻的业务员，因为夕阳下落寞的样子而被客户同情，最后竟然伸出援手相助。

“败犬”一词来源于一只掉进河里的小狗。在博弈中，当对手看到你可怜的样子，不自觉地就会对你产生同情怜悯，也就不会太过苛刻了。两个人吵架的时候，如果一方涕泪四流，那么即使他不占理，对方也就不会再毫无顾忌地进行攻击。这个原理也被运用到政治博弈中，如果报纸和媒体都在报道某个政党或者候选人“正在苦战之中”的话，那么他们立刻就能获得许多同情票。

所以，当你与对手力量悬殊时，与其表现得视死如归，还不如表现出可怜的样子。你的强硬只会让对方更加强硬。一旦你停下来，让对方看到你“一把鼻涕一把泪”的无助情形，他很有可能就会因此停止争斗。即使在很正式的谈判中，这一招同样管用，整个谈判都有可能因为一方的“弱势”而改变。

在一次商场交易中，甲乙双方达成协定，但未签合同，此时第三方愿以更低的价钱与甲方签下合约。甲方出于商业信誉，将情况告诉了乙方，并指出，不可能有补救的措施，除非乙方愿意以与第三方同样的价格进行合作。乙方了解甲方的心态，又不想变动实质性条件，便反复解释并言词恳切地流下眼泪。这个年纪不算小的男人流淌的眼泪产生了极大的效果，会谈气氛变沉闷了，甲方代表的攻击力被冻结了。接着，甲方代表人建议休会后在内部进行讨论，提醒大家评估乙方与会者的眼泪值多少钱，请大家商量。

最后，甲方同意再让步几万美元。乙方代表的眼泪最终赢得甲方人员的同情，成功完成这笔交易。

《孙子兵法》里说：“攻城为下，攻心为上”。这是一条至高无上的原则，攻哪儿都不如攻心最有效。所以假如你不幸沦为“失败者”，也不要轻言放弃。无论再铁石心肠的人也难免不为真情所动。你完全可以通过装可怜，用你的弱小来赢得对方的同情，从而放下对你的戒备。

国外许多参加政治竞选的候选人，最后使出的杀手锏，除了采取“银弹”攻势外，通常采取哀求战术，动员太太、小孩向选民们苦苦哀求，甚至下跪，说：“我丈夫（爸爸）情势危险，请救救我们。”希望能以此博得选民的同情，拉抬声势，抢下游离选民的同情票。

不过，在这么做之前，你首先要了解对方的心理，明白怎样才能抓住对方最软弱的地方，让对方没办法对你硬起心肠，从而真正博得对方的同情心。最好是能让对方看到你非常可怜、无助的样子，让对方感觉到他是高高在上，而你却是非常弱小的，和你太过计较是一件不好意思的事情。只有这样对方才会因为“不忍心”而对你放松要求，或者卸下盔甲。一旦你成功地通过“示弱”获得帮助，你就获得一半成功了。

需要注意的是，利用他人的同情心确实是求人成事的一大秘诀，偶尔用之往往具有出奇制胜的效果。但如果总是抱着博取同情心的目的装可怜，不但无法引起任何的同情，反而会让人觉得厌烦，甚至还会招到对方的鄙夷。

心理误导，让对方以为自己占了便宜

为什么在商品促销的时候，人们会蜂拥而至，进行抢购？为什么商家的促销活动有时候让人看起来像是倒贴？难道真的有人做赔钱的买卖吗？其实，这里面暗含着一个很有意思的心理原理。掌握了这个原理，你就可以让你的对手快速地答应你的要求。

王先生是做箱包生意的。这天，来了一位顾客，想要买一个手提箱。经过一番讨价还价后，王先生将价格降到了200元，但顾客仍然想要再压一压价。王先生看透了顾客的心思，便说：“好吧，看您是诚心买，180元钱，您拿走吧。”

顾客听了依然不罢休，仍在犹豫。此时，店主人接着说：“190元是我的最低价了，但是您千万不能跟别人讲，否则我的生意就没办法做了。”

顾客感觉不对头，马上说：“唉，不对，你刚才不是说180元让我拿走吗？，怎么又变成190元了？”

王先生露出了惊慌的神色，说：“这怎么可能，180元的话我等于白忙活了，我怎么能说呢?”

听老板的话，顾客不依不饶地说：“你刚才就是说的180元，你要对自己的话负责。

沉默了一会，王先生只好无可奈何地说：“好吧，那就给你吧，就当我给你白带一件。”

就这样，僵持的买卖双方，终于达成了一致。

案例中的箱包老板利用口误给客户造成了大占便宜的错觉，顺利地卖出了箱子。其实，对方并没有占到大便宜，但是由于老板的技巧，让他心理上感觉占了很大的便宜，所以很快就掏了腰包。

一般人认为让顾客占了便宜，自己就要降低价格，于是许多商家为此拼得你死我活，实际上即便是你降到零利润，如果没有让顾客从感觉上认为自己占了便宜，顾客也不会买账。顾客也绝对不会因为你亏本而同情你。也就是说，顾客要的不是便宜，而是占了便宜的感觉。

日本人坪内寿夫曾经被称为电影皇帝，他的高明之处只有一点，就是让别人感觉到占了便宜。

第二次世界大战之后，日本陷入了贫困的深渊，人们对天皇的御旨已经不是那样感兴趣了，他们需要的是吃饭和穿衣，也就是脱贫，解决温饱问题。

当时，坪内寿夫刚刚从苏联西伯利亚的日军战俘营里被释放出来，早已饿得精瘦，很想发一笔大财。可是日本并非遍地都是黄金，而是要吃饭的人。没有更好的事情可干，他只得跟着父母经营一家很小的电影院。可是观众都没有心思看电影，上座率很低，他们一家人的生计都很难维持。

一般的情况是一场电影放一部片子，现在坪内寿夫的电影院放两部片子，观众觉得占了便宜，就连本来不想看电影的人都来看了。不长的时间，坪内寿夫的电影院就赚了一笔很可观的收入。

后来，他又用自己的全部资产修建了一座电影大厦。他的这座电影大厦有四个放射状的影厅，可以同时放不同的四部电影，影厅里用红、绿、橙、蓝四种颜色来区别。四个影厅只有一个入口，给不同兴趣的观众提供了选择不同影片的机会。但是对于坪内寿夫来说，却没有投入过多的成本，四个影厅共用一个放映室，减少了雇员。这种观影方式不但给观众带来巨大的新奇感，更重要的是让观众觉得自己占了很大便宜，就都到他这里来看电影。只经过 5 年的奋斗，坪内寿夫就成了当地赫赫有名的电影皇帝。

坪内寿夫之所以获得成功，关键就是他总是让顾客觉得在他那里能够占到便宜。这就需要我们运用一些心理学技巧。“+1 元送”的促销方式就是一个很好的例子，1 元只是象征性地收，但是对于顾客来说就感觉占了很大的便宜。再比如，“100 元抵用券免费送，满 300 元可抵”和“满 300 立减 100”相比，后者给顾客的感觉是“我要先付出才能得到回报”，而前者是“商家先付出，再由顾客来抉择买不买”。所以前者更能让顾客感到占便宜。

任何事情，如果能让对方感觉到是自己占了便宜，那么他就会很愿意和你达成合作，或者是愿意为你做事情。所以，对于博弈的双方来说，达成共识的重点就是：你要想办法让对方觉得自己占了便宜。

藏起精明的自己，扮演笨拙的人——伪装的艺术

一般来说，无论你多么聪明，也得表现得愚钝一些，在人际关系中记住这一点是不会有错的，它会帮助你更顺利地拓展自己的人脉，因为大部分人都更加信赖笨拙的人。

任何有点儿身份、有点儿成功的生意人，都有获得威信的需要，都希望能让他人看出自己与众不同的聪明和才能。那么如何显出自己的聪明才智呢？一个很好的办法就是和一个比较“愚笨”的人交往，对方“愚笨”，自然就更显出了自己的聪明，因此他们都乐于和这样的人接触。同时，一个人“愚笨”一些，本身就容易得到他人的喜爱。

比如在很多企业，聪明的部属总会想方设法掩饰自己的实力，以假装的愚笨来反衬领导的高明，以此获得领导的青睐与赏识。当领导阐述某种观点后，他会装出恍然大悟的样子，并且带头叫好；当他对某项工作有了好的、可行性的办法后，不是直接阐发意见，而是在私下里或用暗示等办法及时告知领导，同时，再抛出与之相左的甚至很“愚蠢”的意见。久而久之尽管他在群众中的形象不佳，甚至有点“弱智”，但领导却倍加欣赏，对其情有独钟。这种人其实是人际关系的老手，他抓住的正是人的本性。

在平常的人际交往中也是这个道理，有时候你表现得很聪明时，对方也许对你并不喜欢，但是你一旦表现得有些“愚蠢”，对方反而会觉得你很可爱，反倒喜欢和你做生意了。

有一个业务员就曾讲过这样一个故事：当他在一家百货公司上班时，曾

经为了和某个大企业家缔结合同而多次拜访对方的府邸。虽然这个大企业家是万贯家财的大富翁，但却非常小气。其他几家百货公司也曾经试着和他打交道，都不得要领，大家一致认为要使他成为百货业的客户是不可能的。但是，因为公司老板命令这个业务员“去看看”，他也只好来回奔波。

某一天，不知道这个大老板吃了什么开心果：“嗯，上来吧！”这个业务员终于可以登堂入室了。原以为这一次该有好的回音，事实却不然。原来是这个大老板极其无聊了，所以把他叫了上来。等他一坐下，这个老板就开始滔滔不绝地说起他如何从一介平民奋斗成为大富翁的经历。

这一番话足足说了两个多钟头。客房是日本榻榻米式格局，对方正襟危坐，业务员当然也不能直膝或盘腿而坐。刚开始他还能频频点头，注意倾听，后来脚实在觉得酸疼，对方的话就变成了耳旁风。30分钟后，他的脚已经麻痹了；又过了一个钟头，他的额头直冒冷汗。

“今天就到此为止吧！”

这个古怪的老板说完就站起来，业务员也打算站起来，不料下半身已整个麻痹，一不留神“砰”地一声跌得四脚朝天！

碰撞声确实太大了，连女佣都吓了一大跳，赶忙跑过来问：“发生了什么事？”

大老板看见这个大男人竟然跌地不起，不禁笑骂了一句：“真是个没用的东西！”然而奇怪的是，这个老板竟然从此成为这个公司的客户！那个业务员对此评论说：“这是因为他怜惜我这个‘没用的东西’的结果。”

那些“很能干”的人才，之所以一直拿不下这个大老板，就是因为他们的优点太多而断送了这笔生意；相反，那位被笑骂为“没用的东西”的业务员却成功地完成了使命。

因此在与人交往中，并不是越聪明越好，而是越能得到他人欢心越好。要想得到他人的青睐，你就要想方设法把自己装扮得“愚钝”一些。比如你可以偶尔出些小丑，或适当自我贬低一下，或搞出一副大大咧咧、衣冠不整的样子，或莽撞调皮、佯装醉汉、摆出一副憨憨傻傻的神情，等等，以之有效地博得他人的好感。

故意犯错误，消除对方的戒备——犯错也是种博弈技巧

在我们的传统印象中，越是优秀的人往往越是能聚集更多人的目光。所以，很多人在与人打交道的时候会尽量隐藏自己的不足，竭力展示好的一面，以为这样更容易缔造完美的交际关系。事实真的是这样吗？

为此，社会心理学家阿伦森设计了一个巧妙的实验：

阿伦森让所有的实验参加者同时听一段录音，录音的内容是四位选手在一次竞争激烈的演讲会上的演讲。

在这四位选手中，有两位是才能出众、水平几乎不相上下的选手；而另两位则是才能平庸、水平一般的选手。根据心理学家事先的安排，才能出众和才能平庸的两组选手中各有一位不小心打翻了桌上的咖啡。听完录音后，阿伦森要求所有的实验参加者排列一下对这四位选手的喜欢程度：才能出众，没有打翻咖啡杯的人；才能出众，不小心打翻了咖啡杯的人；才能平庸，没有打翻咖啡杯的人；才能平庸，不小心打翻了咖啡杯的人。

通过对所有实验参加者作答顺序的统计和分析，阿伦森发现：最受人喜欢的并不是能力出众而且未犯错误的人，而是那位能力出众同时犯了错误的人。与他相比，能力出众而且未犯错误的人排在了第二位。他将这种有才能的人所犯的小错误反而会增加其人际吸引力的现象命名为“犯错误效应”。

乍看起来，这和我们印象中的传统理念是相悖的，但只要我们仔细地观

察一下周围的人，你是否发现在你的周围，最有才华的人往往不是最受欢迎的人，最受欢迎的是那些能力不错但却有一些无伤大雅的小毛病的人。那么，为什么有点小毛病的人比完美的人更受欢迎呢？

与太过优秀和完美的人交往，往往会给人带来一种莫名的压力感。更为糟糕的是，很多表现完美的人本身就是一个具有高度完美主义倾向的人，对周围人和事物的挑剔和苛求，往往会让他们有些“高处不胜寒”的人际氛围变得更为凄凉寂寞。

从人的隐性心理意识来看，人们总是倾向于自我的价值得到尊重和保护，不受贬低和伤害。当我们周围都是才华出众的人，别人认为我们也不会是普通的人物，这样我们会感到自我价值的体现。另外，跟具有非凡才华的人交往，我们可以学到许多知识和经验，我们会感到自我价值的提升。因此，我们喜欢与那些有才华的人交往。

但当一个人的才华与我们相差很大，让我们感到遥不可及的时候，这种差距就会变成一种压力，促使我们敬而远之。因为与这些人交往总是衬托出我们自己的无能和低劣，使我们感到自我价值无法实现。也就是说，一个人的才华和能力在我们可以接受的心理限度内，会增加一个人的魅力。可当它超过一定限度的时候，就会引起我们的拒绝或逃避。

“人无完人，金无足赤”，没有哪一个人是真正意义上的“完人”，但是相对而言，生活中还是存在着很多足以让我们仰视的“完人”。他们可能是才华横溢、举止不俗、穿着得体，但是同时也可能是形单影只，只能孤芳自赏。原因何在呢？

一方面，从这些“完人”的行为取向来看，他们中的很多有着高度的完美主义取向。“完人”之所以会在别人的面前呈现出滴水不漏的完美，恰恰是受益于这种行为取向。他们对自己的要求很高，希望在各方面都能表现得优异和突出，最害怕的就是别人看到自己的缺点或是给予自己负面的评价，这被心理学家们称为“不完美焦虑”。

这种“不完美焦虑”产生的根源是害怕被别人评价为不完美的畏惧感。这种对于不完美感的畏惧，迫使“完人”们去不断追求完美。当一个人对来自他人的评价过度敏感，会体验到高度的压力，于是他们就会出现做事过于谨慎、害怕出错、过分在意细节和讲求计划性。同时，为了避免失败，他们将目标和标准订得远远高出自己的实际能力。实际上他们是想通过这种方式缓解焦虑，但这种焦虑同时会为其带来一定的社交焦虑。

另一方面，对于他人对自己的评价过于敏感的人，在评价他人的时候也会有着很苛刻的标准。这就会表现为对别人的品德和行为吹毛求疵，不允许别人犯错误，喜欢横加指责别人的不足之处。而且越是与其关系密切的人，就会受到越多的指责。这是因为当一个人将别人纳入自我的概念时，便以对待自己的方式来对别人苛求完美，对其不完美之处过分在意，这在心理学中叫做“同族互憎”。虽然其本人的用意是好的，但对其他人的过高要求和指责，必然会使一个人的人际关系变得紧张，造成冲突频繁、沟通不畅等人际交往障碍。

因此，与这些“完人”比起来，偶尔犯点小错误的人更受欢迎。决定人际吸引力的因素就是这样复杂，有非凡能力的人会使人感到不可接近，反而是偶尔犯错误的人与普通人的距离更近，因为他们让我们感到一种真实性，这种真实性往往可以滋生人心理上的认同感和安全感。

第九章

扭转思维，改变行为：教你不动声色地反客为主

如果你总是在人际交往中处于下风，那么很可能是你的思维出了问题。试着对自己的思维进行解剖，让思维从固守的框架里解脱出来，并采取适当的行为，主动影响对方的心理和想法，就能在博弈中得到意想不到的收获。

走不出的笼子——看他如何绑架你的思想

语言和思维之间有着奇怪的关联，语言是思维的载体，我们通过语言来表达自己的所思所想。然而语言同时也对我们的思维有着超强的绑架力。很多领导人物都善于用语言来绑架他人的思维，让别人为自己效劳。希特勒就是一位非常善于用语言绑架他人思维的“领袖”。“二战”时期，德国最致命的武器，不是精良的装备和卓绝的训练，而是希特勒那两片足以煽动世界的薄薄嘴唇。

一句具有“绑架力”的话，如果恰恰是直指人们的弱点，威力是非常大的。在日常生活中，我们常常被各种语言所诱导。比如当我们要选购一种商品的时候，多数情况下并不是该商品本身，而是受了某些词语的摆布。

曾经有人做过这样一个实验：实验者请参加实验的对象吃一种巧克力树莓蛋糕。实验中，他准备了标签上分别印有“保健型（维生素&食物纤维）”和“美味型（又甜又好吃）”的两种蛋糕，但二者成分上几乎是完全一致的。

吃完之后，实验对象被问道：“现在还感到饥饿吗？”

结果，吃了“美味型”蛋糕的人饥饿指数为3.76，而吃了“保健型”蛋糕的人饥饿指数为5.12，远远高于前者（7分为满分）。

也就是说，吃了美味型蛋糕的人，由于受“美味”一词和固有经验的影响，会下意识地认为“我摄入了大量卡路里，自然很饱”。而吃了保健型蛋糕的人则会依据“保健”一词和经验断定“我摄入的卡路里低，所以现在肚子还很空”。

脑白金之所以畅销很多年，就是因为那句极具绑架力的“送礼就送脑白金！”而且还是以收礼人的角色来说的，这样的广告语让人们的思维形成一种奇怪的定式，只要送礼，第一个就想到——脑白金。再加上后面的，送礼送健康。人们就更会觉得送脑白金不是送礼，送的是健康。于是，送礼的和收礼的，皆大欢喜！

是的，我们的大脑就是这么轻易就相信了别人的话。而人们在交际中，因为一句没来由的话而造成的矛盾、争端也源于语言的绑架。

希腊有名的勇敢战士比洛斯王，娶海王女儿施缔丝为妻，结婚当天，盛设婚宴，邀请凡间不少名士和天上所有的大小神来参加，但是唯独没有邀请妒忌女神与战争之神所生下的女儿爱丽丝参加，不请她的理由是不想她闹事，因为她所到之处一定不能安宁。

爱丽丝知道了这件事，生气地要向参加婚宴的神与人报复，使大家不欢而散。于是当贵客正在欢乐唱歌的时候，忽然从天空中落下一个金苹果，金苹果的上面刻有“赠给最美丽的美人”。

就是这样一句话，让参加婚礼的女神们开始了争夺金苹果的战争。天后希拉表示这个金苹果是属于她的，因为她不仅美丽，而且是天后，赋有极大的权利，神与人都一样尊重她。然而爱神维纳斯和正义女神雅典娜也不甘示弱，她们三位都觉得自己是最美丽的美人。

三个女神互相争执不让，僵持起来。最后只好请世界上最美丽的男子帕里斯来判决。

帕里斯同样犹豫不决，何况她们提出来贿赂的条件都是那么的优厚，希拉答应让他做一个强盛富饶的国家皇帝。雅典娜则答应他战胜世仇希腊人。但维纳斯最了解年轻人的心里，她许诺给他世界上最美丽的女人。结果他把金苹果给了维纳斯，这样一来帕里斯就得罪了希拉和雅典娜。

作为回报，斯巴达王后，世界上最漂亮的女人海伦和他堕入爱河。在一次访问斯巴达的过程中，帕里斯绑架了海伦，把她带到特洛伊。而斯巴达国王怎么肯忍受夺妻之痛？于是联合了他的哥哥阿伽门农和其他一些希腊的国王向特洛伊开战，战争历时十年，最后依靠俄底修斯的木马计，终于攻下了特洛伊城。

瞧，就是这样一句话，就让三个女神打得不可开交。由于虚荣心的驱使，三个女神根本没考虑这苹果的来历，就厮斗起来。这就是语言对于人们的思维的绑架力。生活中，我们的思想和行为都有可能受到他人的语言绑架。有个犹太笑话，戏谑地提醒我们注意语言的绑架力：

在《塔木德》上有这样一句话："大胡子的人都愚蠢"。很巧，一位大胡子犹太人看到这里感到非常生气，可是他一点办法都没有——圣书上明明白白写着：禁止剃胡子！可是圣书上也说过，胡子是可以烧掉一点。于是他就点着了火，后果可想而知，不但他的胡子被烧掉了，脸也被烧伤了。等到他面部的烧伤痊愈后，他再次拿起《塔木德》，在"大胡子的人都愚蠢"那句话旁写了一句话："此话经检验已证实。"

这个犹太人的行为之所以显得非常滑稽，就是因为他的思维被绑架的结果。一味受他人的语言影响，就会被对方的语言牵着鼻子走，失去了自己的判断。所以，不管别人说什么都要有自己的判断，不能感情用事。《三国演义》中祁山对峙时，诸葛亮为了激怒司马懿，逼他出兵交战，给司马懿送去一套女人衣服，意思是说：司马懿，你这样做，就是个女人！不过这一招并没有起作用，司马懿当着众人之面一笑置之。他心想，你说我不出战就是女人，不就是为了把我引出来吗？我就是不上你的当！再说，你说我是女人我就是女人了？所以，防止思维被绑架，不轻易为别人的某句话而乱了阵脚，就要遇事多多思考，把面子完全抛开，不要被一些多余的因素所困扰。

理性看待自己，不要活在他人的评价里

在工作中，我们经常会发现一些人因为在意别人如何看自己，而背负上沉重的心理负担。尤其是当把别人对自己的看法当成自我评价的依据时。有些人为了能够得到别人对自己的肯定甚至会去讨好别人，一旦他人对他的态度有变化，他就会变得恐惧不安。

康纳德就是一个很在乎别人怎么看自己的人，他经常为“自己在和朋友相处中有没有什么地方做得不好，会不会让人觉得我很不热心，会不会让人觉得自己不够朋友”等一系列问题中纠结，一旦想到一点他就会觉得很不舒服。有时朋友的脸色有一点不对，或者短信、微信、qq没有及时回复，他就开始胡思乱想。这种想法让他感觉身心疲惫，总是感觉自己是活在别人的目光中的，而不是活给自己看的。除此之外，他还总是有意无意地去跟人比。久而久之，连他自己都觉得自己太虚荣，活在别人的阴影里，不能自拔。

我们生活在和他人相互作用的社会中，每一个人都在他人的目光中，受着他人的各种评价。显然，如果我们完全不在乎别人是不现实的。但是就好像一盘菜肴不能满足所有人的口味一样，他人的评价对于我们来说，又有多少指导意义呢？每个人的立场、角度不同，得出的结论也就千差万别。因此，对于我们所做事情的评说，他人的看法并不一定客观和全面。

当然，他们也可能有一定的原因和道理，但不可能完全反映出你的本来面目和完整形象。所以，我们需要的是理性地看待自己，对自己有足够了解的同时也客观地了解他人对我们的态度和评价。也就是说，我们对待自己要有判断能力，对待别人的毁谤、称赞，要理性地去感知和接受，而不是把别人的话当成评判自己的唯一标准，被外界的评论扰乱了自己的方向。

古时候，有一对父子牵着驴进城赶集，路上碰到几个过路的，指着他们说："瞧，真够蠢的，放着驴子不骑！"

听了这话，做父亲的便叫儿子骑在驴上，自己在下面走。走着走着，又碰到几个路人，对着骑在驴上的儿子说："瞧，真是不孝的儿子，自己骑驴，让老父亲在下面走！"

儿子听了这话，赶紧下来，让父亲骑到驴背上，没走多久，又有人说："真是狠心的父亲，也不怕把孩子累死！"

父亲连忙叫儿子一起骑上驴背。

谁知又有人说："一头驴驮着两个人，也不怕把那瘦驴压死？"

听了这话，父子俩赶快溜下驴背。为了让驴省点劲，他们决定把驴子的四只脚绑起来，用棍子扛着。

可是在经过一座桥时，驴子因为不舒服，挣扎了下来，结果掉到河里淹死了！

这个看似老套的故事，却最能说明不假思索地接受他人的评价对于我们形成的"障碍"。要想不被他人的话所左右，我们就要多学善辨，对自己的选择要自信、坚持。歌德曾经说过："每个人都应该坚持走为自己开辟的道路，不被流言吓倒，不被他人的观点牵制。"让人人都对自己满意，这是不切实际的。

所以，面对他人的评说，任何时候都要有自身独立、清醒而明确的认知，使自己真正成为判断对错、衡量是非的主人和主角，既不因为他人的赞扬而自鸣得意、沾沾自喜，也不因为他人批评而灰心丧气、愤愤不平。过于看重和在乎他人的评价，就必然沦为他人的附庸和支配。

有一个叫玛利亚的女孩，特别喜欢唱歌，每天，玛利亚都要到屋前的草地上练习唱歌。她的歌声并不美，但是却饱含深情。邻居是一个刻薄的女人，她走过来，冷笑着说："玛利亚，请原谅我这么说，即使练破了嗓子，也不会有人为你喝彩，因为你的声音实在太难听了。"

面对邻居的嘲讽，玛利亚并没有自卑或者生气，她只是静静地回答道："其实你所说的这番话，其他人也对我说过很多次，但是我不能因为你们说什么就放弃了我最喜欢做的事情，我必须为自己而活，不需要活在别人的认可里。在唱歌的时候我很快乐，我也相信有一天我会唱得比你们都好听！

正如她自己所说，因为对于歌唱的热爱，她在后来学习了声乐和各种演唱技巧，她渐渐地被认为是一个很会唱歌的人，甚至举办了个人演唱会。

明代文学家冯梦龙的《醒世通言》中有句名言："毁誉从来不可听，是非终究自分明"。所以，这世界上没有人比你更了解你自己，而且因为关注的注意力和目的等不同，评价也不尽相同，即使是品行高尚的圣人，也不可能让所有人都认可。

如果你期望人人都对你感到满意，你必然会要求自己面面俱到。可是不论你怎么认真努力去适应他人，都无法做到完美无缺，让人人都满意。所以，一个有理智的人，他的思维应当像滤芯一样，过滤掉所有的渣滓和异物，不会轻易地相信别人的话，不会活在别人的舆论中，不受别人的控制与摆布。

别让欲望吞噬你的理智

我们生活在一个欲望横流的时代，形形色色的诱惑无处不在，稍不留神，理智便会被欲望所吞噬！我们的欲望也就成了他人利用的工具。

关于欲望的诱惑，古人早就有严厉的警戒："诱惑如陷阱，会把人毁灭"。在这纷乱的人世间，每个人都会面对各种诱惑，种种诱惑充斥着人们的生活。人之所以难以抵挡诱惑，是因为根植于心的欲望之火。

"无欲则刚"是说一个人如果没有什么欲望的话，他就什么都不怕，什么都不必怕了。然而，没有一点欲望的人是不存在的，而且，正常的欲望可以让我们更加奋进。不过，一旦一个人因欲望而失去理智，他就很容易成为被别人操纵的棋子。

一天，村里来了一个外乡人，他向村民打听哪里有野猪，村里人带他去了野猪的出没地点。可是这个外乡人根本没带猎枪，于是村民们都开始议论："这不是做白日梦吗？不带枪怎么能猎到野猪。"可是数月之后，人们发现很多野猪都被他围在了栅栏里。他们惊奇地跑来询问其中原因。

"这很简单。"外乡人说，"一开始，我先在野猪出没地点撒了一些玉米，那时候没一只野猪敢碰，但过了几周后，几只胆子大的野猪便开始走出灌木丛，它们迅速叼走一些玉米。一段时间后，很多野猪都争先恐后地吃我投放的玉米。

"接着我便在投放玉米的地方建栅栏。"

"我每次只建一小段，这样野猪们就不会察觉到对它们的威胁，每天都来吃玉米。最后，我连接了所有的栅栏，只留下几扇门，那些习惯了从门外走到栅栏里的野猪还是像往常一样走了进来。我迅速将门封起来。于是他们就被一网打尽了！”

野猪因为欲望而不能理智地判断危险。人如果意识不到欲望，也会一步步走进他人设计的樊笼。一旦你被对方抓住了欲望的软肋，就会被他所诱惑，很难自拔。很多人本来已经摘得胜利的果实，可是最终还是一败涂地，原因就在于，面对他人所设下的美丽陷阱缺乏足够的警惕。欲望吞噬了理智，人也就变成了欲望的傀儡。正所谓，“人生而有欲。”“欲望大奢者，失望亦多。”对欲望满足的过分要求，其结果是使自己成了欲念的奴隶。夏娃因为对禁果的欲望，而被毒蛇引诱，最终被逐出了伊甸园；商纣王因控制不住美色和权利的欲望，而被妲己控制，失去大好江山；吕布因为抵挡不住美女的诱惑，最终成为他人的工具，落了个英年早逝的下场。

所以，当诱惑来临的时候，你一定要用自己的理智去战胜内心的欲望，而不是让欲望之火毁掉理智的灯塔。《玉堂丛语》中记载着这样一件事：

明代有一个叫曹鼐的人，他年轻的时候曾经担任山东泰和县典吏，大概相当于现在的警察。一次，他捉住一个盗贼，对方是个年轻貌美且妩媚风流的女贼。那晚，他押解着女盗贼赶路，但因找不到客栈，只好夜宿破庙之中。

女盗贼行走江湖，有些伎俩，所以三番两次“以色相诱之”。曹鼐亦心有所动，甚至“将把持不住”。但是理智却告诉他，兹事体大。为了战胜自己，他写下“曹鼐不可”贴在墙上。其中几次，也因为自己的欲望而撕去，但最终还是理智占了上风，又重新贴上墙。这样反复十多次，终于天亮。他用理智战胜了他人的诱惑和自己的欲望，虽有几分痛苦，但换来的却是一尘不染堂堂正正。后来曹鼐考中进士，官做到吏部左侍郎，史书上说他是有作为、讲德操的好官。

人有七情六欲，有环境、性格、家人、社会等因素造成的不同的个人欲望，也正是因为有欲望，才会去为之奋斗，才会进步，但这不等于欲望可以无度。欲望是一个人的软肋，一旦被他人利用，就会成为现实的反面教材。世界上没有免费的午餐，要想不被欲望牵着鼻子走，就要时刻对诱惑保持警惕。所以，要学会拒绝，远离诱惑，把握自己的欲望，避免因头脑发热而难以做出正确判断的情况发生。只有这样，你才不会因为自己的欲望被别人利用而被人奴役，甚至断送自己的未来。

制造恐惧心理，让他心甘情愿地服从你

当你需要让对方服从你的要求，但是有很大难度的时候，千万不要就此认定事情是不可行的。其实只要制造出一些心理上的恐惧和紧张感，对方就可能会心甘情愿地主动答应你的要求。

之所以这么说，是有心理学依据的。恐惧是理智的杀手，一旦恐惧占了上风，人们就很难清醒而理智地进行思考，更无法做出理智的判断了。在医院等候妻儿从产房出来的新任爸爸们大概都有类似的经历，那就是当医生要求在协议上面签字的时候，那一瞬间的恐惧和担忧，会导致大脑一片空白，根本没有办法思考，最后几乎是别人说什么就是什么。

一位教授在伦敦的一所教堂祈祷后，发现自己的伞被人拿走了。这把伞对于教授来说意义非凡，那是一个好朋友送给自己的珍贵礼物，教授无比珍爱。为了找回这把伞，教授花了超过这把伞数倍的钱登报寻找，可是很长一段时间，始终没有人承认。

教授把这件事情告诉自己的一个朋友，想请对方给自己出出主意。朋友看了一眼教授登的寻物启事，内容为："上星期日傍晚，本人于教堂遗失黑色绸伞一把，如有仁人君子拾得，烦请送到布罗德街10号，当以5英镑酬谢。"看了这则"寻物启事"，教授的朋友说："登广告里面的学问大了，您之所以没有找回那把伞，就是因为您登的广告不行。"说完，拿出笔来重写了一则广告递给教授说："你把我这个广告再登一遍，保证能找到那把伞！"

广告是这样写的："上星期日傍晚，有人曾见某君从教堂取走雨伞一把，取伞者如不愿招惹麻烦，还是将伞速速送回布罗德街10号为好。此君为谁，尽人皆知。"

教授半信半疑地又重新登了一次广告。令他意外的是，第二天一出门，院门口居然横七竖八地躺着六七把雨伞。这些伞大大小小，各式各样都有，都是从外面扔进来的。教授自己的那把黑色绸伞也夹在里间。有几把伞上还拴着字条，说是没留心拿错了，恳请失主勿将此事声张出去。

教授之所以最终能够将丢失的伞重新找回来，就是因为他的朋友抓住了普遍偷伞人怕被抓到的心灵弱点。巧妙暗示已知道偷伞的人是谁，让对方产生恐惧。这样一来，大部分偷伞人都不得不将伞"归还"了。

在日常生活中，我们不可能一下子就知道某个人的弱点。但是我们却可以制造出一些假象，让对方产生类似于恐惧的心理。比如，当你面对一个非常高傲的人，合作起来势必要费一些周折，但是如果你能让对方心理上受一点小打击，甚至担心如果不跟你合作可能就没有别的机会了，那对方就会因为恐惧而放低姿态，甚至还可能会主动找你。

劳伦·诺尔准博士毕业于美国西北大学，是著名的心理学博士，他曾经做过这样一个心理实验。

他招募了71名实验者，让他们进行一项名为"赛博球"的虚拟游戏。

这些人被分别安排在两个队中分别进行体验。分别为“普通队”和“遭到排挤队”。

两队中的实验者，都要和两名对手比赛。不同的是，在普通队中，平均三次传球中有一次可以接到球。而在遭到排挤的一队中，平均只有10%的球会传到实验者手中。

游戏结束后，博士开始问实验者一些简单的问题，比如：“好友要开一场盛大的Patty，但是唯独没有邀请你”，或者，“你和一个心仪已久的人约会，但是遗憾地遭到了拒绝”，你会感到多心痛？

结果显示，普通队的实验者心痛指数为3.65分（11分为满分），而遭到排挤一队的实验者心痛指数却超过了4.46分。也就是说，在相同的情景联想中，遭受排挤的人心痛指数要远远高于前者。

当人们的自尊心受到挫败的时候，是很容易被说服的。一个遭受到拒绝的人，会变得对“拒绝”更加敏感，甚至产生恐惧。这个心理原理，就可以被用在一些有一定难度的对手身上。比如，你看上了某件商品，但是这个商品的要价你又觉得过高了。这时候，你可以找另一方和卖方洽谈一下，并拒绝以商品的原价购买。经过这次拒绝后，卖方很可能会因为第一次的拒绝而担忧，害怕商品卖不出去，于是当你再次找到卖家的时候，他很有可能会因为恐惧心理而答应降低价格。

为了让对方答应我们的请求，可以设法使对方的自尊心受到伤害。很多影视剧中都有这样的情节，为了让“高冷”的女主角降下身段，男主角会采取一些若即若离，甚至故意疏远的方法，反而更容易得到对方的芳心。不过这种方法用起来一定要小心谨慎，否则一旦弄巧成拙，很有可能伤了彼此的感情。

心理研究还表明，人们更关注那些消极的因素。任何事情都是具有两面性的，既有好的一面也有坏的一面。同样的意思用不同的表达方式，却会给人的心理造成完全不同的影响。

举例来说，当一名女性健康宣传人员告知一些女性，“得了乳腺癌如能在早期发现将提高治愈率”和“如果不能在早期及时发现将会难于治疗”，后者引起的恐惧远远大于前者。同样一件事情，由于看待和选取角度的不同，得到的印象也会完全不同，心理学上将这种选取称为“框架效应”，这是心理博弈中的基本技巧之一。

恐惧心理就是这样具有“魔力”，让你的对手无法冷静下来理智地思考问题。所以，如果你想要让你的对手答应你的要求，先要想办法制造一些心理上的恐惧感，这样，他就会心甘情愿地答应你。

引导他参与你的计划，让他主动为你所用

你有一个好主意，需要有人来和你一起实施。但是，你觉得好的主意别人未必觉得好，而且人们对于他人的提议一般都有本能的抵抗。那么，要怎样才能诱导别人心甘情愿地加入你的计划呢？

当你希望别人与你一起做某件事情的时候，你可能没有太大的把握。这时候你最好不要抱着试一试的心态，毫无技巧地向对方提出请求。当你觉得说服对方有难度的时候，对方接受起来也会有难度。所以，你最好讲究一些方式方法，既能让你避免直接表明的尴尬，同时，还能增加成功的几率。

得寸进尺也是一种策略——循序渐进的艺术

你可以尝试利用惯性的原理。运动的物体总是倾向于保持原有的状态，静止的物体倾向于保持静止，运动的物体倾向于保持运动。其实人们的思维

也具有惯性。假如一个人答应你做了一件事情，那么接下来，他一般也会再答应你一些其他的事情。这是因为人们的内心总是极度地渴望保持行为一致性，诸多的研究也表明，这是一个极其有用的激励策略。研究显示，如果你先提出一个小要求，对方也做了，那么他极有可能答应下一个更大的要求。你完全可以在提出自己的计划之前，先请对方帮一个小忙，然后再逐步诱导他加入到你的计划中。

有一个叫“得寸进尺”的实验就证明了这一点。

心理学家以某小区为单位，询问小区的居民愿不愿意收留无家可归的“旅行背包客”一晚上，并让他们在调查表中填写意愿，结果将近70%的居民选择了“愿意”选项。半个月后，心理学家要求填写“愿意”选项的居民在自家门前挂上标有“欢迎旅行者免费留宿”的牌子，其中超过80%的居民同意了这种做法，尽快他们绝大多数并不愿意这样。之后，心理学家在另一个没有做过调查的小区内，请求居民挂上同样的牌子，结果他们几乎全部拒绝了这个请求。

这个实验与“登门槛实验”极其类似，也就是说，在相同的行为方向上我们迈出一小步，就会迈出更大的一步来保持自己的行为一致性，哪怕他们内心并不十分愿意这么做。

日常生活中也是这样。当你要求某人做某件较难的事情，又担心他不愿意做时，可以先向他提出做一件类似的、较容易做的事情。比如，你想与一个女孩约会，又害怕女孩拒绝。如果你够聪明，肯定会先对她说：“一起吃顿便餐吧，就像朋友那样。你不会连与我交个朋友也不愿意吧？”只要你们能一起坐下来，那么接下来继续约她看电影或者与她进一步交往也就容易了许多。你想让一个人帮你值班或写报告什么的，如实相告八成会被拒绝。你不妨把请求模糊化：“能不能帮一个小忙”、“只需要占用你一点时间就够了”，铺好台阶，别人自然跟着就上了……

调动对方的积极性，让他心甘情愿地参与其中

前面我们已经说过感性的认知对于思维的影响，我们日常做出的决定中几乎有80%都是感性的。我们总是先感性地做出判断和选择，再用逻辑来检验自己行为的合理性。单纯用逻辑来说服对方，你可能就要吃闭门羹了。要真正说服对方，你还要动之以情。无数研究都表明，如果你想说服别人，必须用上感情因素，无论你的想法多么合理，逻辑多么清晰，但是假如你没有调动起对方的情绪，还是会很难说服对方。

如果你能够将你的计划转化成带有感情的东西，然后让他清楚地看到具体的好处，从而调动起他的情绪，那一切就会变得非常容易。激情能够感染别人，所以你说得越充满激情就越能打动对方。

当然，调动起对方的情感并不能让他做出最终的决定，你要怎么做呢？这时候就是需要你给予对方具有逻辑性的计划了。你一定要详细地说明具体的行动方法，让对方看见行动步骤。你得让对方知道为什么这么做，需要怎么做，知道往哪儿去努力，这样对方才会感到踏实。也就是说，当你想要让对方和你一起去某个目的地时，除了生动描述你的目的地，你还要画一张清晰的路线图。

如果你希望对方更加乐意参与你的计划，你不妨让对方认为你的主意其实是他想出来的。

假设你想跟老板建议下周五公司组织一次公园野餐，你估计老板会不同意，你可以先提一个笼统的问题：“没有人喜欢死气沉沉的工作环境，您说是吧？”

然后你可以说得具体一点，比如你可以谈谈员工的士气对工作环境有多重要。一旦对方认可或者与你详细地探讨起来，就会在无意中引发内在一致性的需求。

接下来，你就可以简单地使用第二步。比如，你可以告诉他："我肯定绝大部分同事都想去野餐，但是我担心几点，一是，咱们可能没法及时获得公司的许可；二是我想不出适合所有人玩的余兴节目；第三，我们找不到人在野餐的时候替班接电话。"说到这里就行了。

现在看看你的成果吧，对方听完你说的话，多半已经开始和你一起想办法了。

让对方觉得自己多多少少对这个主意有所贡献，这就很容易调动他的积极性。这一招能达到很多的目的，最重要的一条就是，他会更加认同这个目标。因此他后续的行动就会一致。一旦你消除了他的抵制情绪，你就完全可以用心理学上的激励手段，促使他采取行动。

你还可以利用心理一致性原理来说服对方，告诉对方，这个主意是多么符合他一贯的行为和做法，可以顺便提醒他以前是怎么做的。在"一致性原则"的影响下，他很可能会认为这个计划符合他一贯的处事作风，你的胜算就更大了。

如果你不是那么有把握，担心对方拒绝，那你最好让对方明白你的计划能使他避免任何负面结果，这样，你的说服将会更加有力。

另外，你还要表示出足够的低调和谦虚，因为没人想听"百事通"的建议，所以当你提建议的时候，最好是让对方知道，关于这个计划，你并不是特别擅长。这样一来，对方会认为你更加可信。你可以这样对他说："在这方面我也不是很了解，想和你交流一下。"

研究表明，人们会刻意做出跟别人的建议相反的事情——只是出于对抗。所以，如果你只是一味地想要强硬地说服别人，对方就会很容易产生对抗情绪，如果他觉得自己受了压迫，不得不做某件事情，他才不会敞开心扉听取你的意见呢。所以，在你邀请对方加入你的计划之前，一定要清楚地表示，对方拥有绝对的选择权。

利用出其不意的博弈策略，使对方从心理上趋于被动

这是发生在日本的一件事情。

有一次，一位强盗闯入了日本作家曾野绫子先生的家，并对他说："拿出钱来!"冷不防听到此话的曾野先生，按捺住内心的恐惧，平静地说了句："你要多少，请尽管拿走。"

根据犯罪心理学专家分析，遇到这种情况大声喊叫或逃跑，都是罪犯早已料到的反应，正中其下怀。这样的话，小偷会变得更加大胆。

但是，当对方出乎小偷的意料没有显示出害怕时，小偷反而会陷入不安。"此人怎么不怕呢？一定有原因吧？附近是不是住着与警察有关的人？"小偷开始揣测起来。

听说当时闯入曾野先生家的强盗，就因其出乎意料的反应而感到畏惧最后被吓跑了。

陈平在当初投奔汉王刘邦的时候，也曾发生过一宗险事。

陈平当时偷渡黄河去投奔刘邦，他赶到河边，轻声叫来一艘渡船。只见船上有四五个人，都是粗蛮大汉，脸上露出凶相。顿时陈平觉察到，上这条船有些不妙，但又没别的去路。他担心延误了时间，楚兵会很快追上来，只好上了船。

船只慢慢离开了岸，陈平总算松了口气，但他同时观察到，船上这几个

人正窃窃私语，相互递着眼色，流露出不怀好意的神情。

“看来是个大官，偷跑出来的。”

“估计他怀里一定有不少珍宝和钱，嘿嘿。”

坐在舱内的陈平听到船尾两个人这样低声议论，并发出阴险的笑声时，不免有些紧张。心想：“他们要谋财害命！我虽然身上没有什么财物和珍宝，只是一个人，一把剑，肯定敌不过他们。如何才能摆脱目前危险的困境呢？”

这时船到了河中央，速度明显地减缓了。

“他们要下手了，怎么办？”陈平终于想出了一个计策。

他从船内站起来，走出船舱说：“舱内好闷热啊！热得我都快要出汗了。”陈平边说边若无其事地摘下宝剑，脱掉大衣，倚放在船舷上，并伸手帮他们摇船。

这一举动，出乎他们的预料，一时之间，他们不知道该怎么办才好。陈平很用力地摇船。过了一会儿，他又说：“天闷热，看来要下一场大雨了。”说着，又脱下一件上衣，放在那件外衣之上。过了一会儿，再脱下一件。最后，他索性脱光了上衣，赤着身子，帮他们摇船。

船上的那几个人，见到陈平没有什么财物可图，就此打消了谋害他的念头，很快把船划到了对岸。

从心理学方面分析，这是因为如果对方的言行正如自己所料，则会保持一颗平常心；如果出乎自己所料，便会立刻陷入不安之中。也就是说，如果自己的经验不灵了，便失去了洞察对方心理的优越感。比如在与小孩接触时，如果你批评本想着得到表扬而跑过来的小孩，或反之，表扬原以为要挨批的孩子，他们顿时会用充满不安的目光观察你的脸色。

用这种方式教育小孩决不是个好办法。不过，在成人社会中，必要的时候不妨试着用一下这种手法，因为这样做有助于你在与对方的心理博弈中占据主动位置。

有一届香港小姐竞选决赛时，为了考查参赛小姐谈吐应对的能力，考官问参赛的陈小姐：“陈小姐，请问，假如要你在下面这两个人中选择其中一个作为你的终生伴侣，你会选择谁呢？这两个人一个是肖邦，另一个是希特勒！”

问题并不复杂，不过，如果回答说选肖邦，便会落入俗套；而说选希特勒，又难免会遭人骂，因为要是选一个杀人魔王做自己的终身伴侣的话，岂非同流合污？可是这两个人中又必须选择一个，这就把陈小姐逼入了困境。

思忖片刻，只见陈小姐说：“我会选择希特勒的。”台下观众顿时一片哗然，有人问她：“你为什么要选择希特勒？”她回答得很巧妙：“我希望自己能感化希特勒。如果我嫁给希特勒，第二次世界大战肯定不会发生，也不会死那么多人了。”

面对考官的刁难，一般人都会陷入“山重水复疑无路”的困境，可是聪明的陈小姐避开从众意识，语惊四座。她的解释更是绝妙，出其不意，令考官折服，令在场的观众赞叹不绝。

我们时常会在生活中遇到这样的事：有些亲朋好友或邻居找上门来向你诉苦，所说的都是柴米油盐等家庭琐事。有的夫妻吵架，一时间想不开，也会找上门来诉苦，嘴里说什么“没意思”、“我不想活了”、“这日子没法过了”、“我想和他离婚”之类的气话。

以前，隔壁有一位太太来找我诉苦，说她先生非常不像话，整天在外面乱来，对家庭也不太上心，末了还信誓旦旦地表示要与她先生离婚。

她本来很爱丈夫，丈夫也很爱她，他们是大家公认的幸福夫妻。只不过最近，丈夫的公司出了点事，因此没有像往常一样准时回家，她便四处向朋友和邻居诉苦，并放话说要与丈夫离婚。

我知道这是妇女们一贯的诉苦方式，所以不足为奇，为了节省时间不和她耗下去，我不仅没有正面劝她，也没有假惺惺地帮她谴责丈夫，而是装出很认真的样子告诉她：

“像这种没有责任感的男人，趁早离婚也好，免得将来受苦。”

我知道这样的说话方式会得到怎样的效果，果然，她听完我的话便愣住了，她本来以为我会像大家一样同情她的处境而劝她冷静、要理解丈夫，没有想到我会直接劝她和丈夫离婚，所以她没有再说什么，小坐了一会便回去了。

这事过后，她像变了个人似的，能够站在他人的立场上体谅人了。当然，他们夫妻之间的感情也越来越好。

“黑脸——白脸”战术：刚柔并用的心理掌控术

麦思可公司的销售经理王经理和经销公司洽谈1000件夹克衫的订单，双方经过多次的电话沟通，基本确定了价格为150元每件。双方约定好时间后，王经理来到了经销公司，和公司的采购部李经理在会议室进行洽谈。

突然，经销公司张总经理推开会议室的门，想要了解下这里的情况，采购部李经理说：“张总，我正在和麦思可的王经理讨论夹克衫的事情，您现在有空吗？要不也坐下来一起听听？”很自然地，张总坐了下来。

几分钟后，张总突然站了起来，脸色阴沉地对李经理说：“小李，我感觉麦思可的夹克衫不值这个价钱，你看着办吧，我还有事情要处理，先走了！”

于是，李经理很尴尬地说：“很抱歉，王经理，我们张总就是这个脾气，你不要介意啊。其实我个人还是觉得你们的产品挺不错的，我们继续谈。”

停顿了下，李经理接着说：“如果你能在价格上更灵活一点，我想我还可以在张总那里去争取争取，也很有希望。”

李经理在这里运用了心理策略中的“黑脸——白脸”战术。

梁实秋先生曾撰文描绘旧时官场上的男人各色脸谱：

“误人仕途的人往往养成这一套本领。对下司道貌岸然，或是面无表情，像一张白纸似的，使你无从观色，莫测高深，或是面皮绷得像一张皮鼓，脸拉得驴一般长，使你在他面前觉得矮好几尺！但是他一旦见到上司，驴脸立刻缩短，再往瘪里一缩，马上变成柿饼脸，堆下笑容，直线条全变成曲线条，如果见到更高的上司，连笑容都凝结得拉不下来，未开言嘴唇要抖上好大一阵，脸上做出十足的诚惶诚恐之状。帘子脸是傲下媚上的主要工具，对于某一种人是少不得的。”

梁先生的“脸谱论”道出了逢场作戏的实质本领。能够一会儿白脸一会儿黑脸，集软硬兼施、刚柔并用、德威并加于一身，便能像一位出色的演员，让自己在社会中胜任各种角色。

“黑脸——白脸”心理战术，有两种使用方式，一种是像本文开篇时提到那个事例一样，一个人唱白脸，一个人唱黑脸，两个搭档合唱双簧。这需要两个人相互配合才行，两个人不可以以同一种姿态去面对目标者。具体操作上，一般来说，第一个人饰演的是“黑脸”，他的责任，在激起对方“这个人不好惹”、“碰到这种人真是倒了八辈子霉”的反应；而第二人唱的是“白脸”，即扮演“好好先生”的角色，使对方产生“总算松了一口气”的感觉。就这样，二者交替出现，轮番上阵，直到达到自己的目的。

这种策略在人际交往中很早就被人们广为应用。

高欢是东魏时期独揽大权的丞相，他临死前把儿子高澄叫到床前，谈了许多辅佐儿子成就霸业的人事安排。他特别提醒儿子说，当朝唯一能和心腹大患侯景相抗衡的人才是慕容绍宗。他说："我故不贵之，留以遗汝。"当父亲的故意不提拔这个对高家极有用处的良才，唱白脸，做恶人，目的是把好事留给儿子去做。

高澄继位后，按照父亲的意思，他给了慕容绍宗高官厚禄。如此一来，这个人情自然是高澄的，慕容绍宗感谢的是高澄，在这里高澄唱的是白脸。

这种方式实施"黑脸——白脸"战术时，"黑脸"饰演者需要与"白脸"饰演者"联线作业"。"白脸"饰演者就是要利用对方对"黑脸"饰演者所产生的不良印象，继续其"承前启后"的工作，"黑脸"饰演者的"表演"若未成功，那"白脸"饰演者自然也就没戏可唱了。因此，这种方式需要饰演双方保持良好的默契度和配合度，才能确保成功实施。

另一种"黑脸——白脸"战术的施行方式更高级，更有难度，那便是同一个人像技艺精湛的演员一样根据角色需要来变换脸谱。同样一种情况，在面对这个人是和风细雨，但是面对另一个人则是狂风骤雨；或面对同一个人，在这种情况下是温文尔雅，而在另一种情形下又变得正言厉色。

美国《商业周刊》在其中一期专门介绍了通用电气公司总裁兼首席执行官杰克·韦尔奇，文中引用了密歇根大学管理学院一位教授的话："20世纪有两个伟大的企业领导人，一个是斯隆，另一个则是韦尔奇。但两人比起来，韦尔奇又略胜一筹，因为韦尔奇为这个世纪的所有人树立了一个榜样。"

当初他新官上任三把火，公开宣称凡是不能在市场维持前两名的子公司，都会面临被卖或被裁撤的命运。这个决定让很多员工对韦尔奇抱怨连连，认为他的要求太严。无论在生产上打破了多少纪录，韦尔奇总嫌不够。员工就像柠檬一样，被韦尔奇把汁都挤干了。

他是否一直都是这种面孔呢？当然不是。

曾经有一次，一名通用的中层主管在韦尔奇面前第一次主持简报，由于心理紧张，两腿发起抖来。这位经理还坦白地告诉韦尔奇说："我太太跟我说，如果这次简报搞砸了，你就不要回来了。"在回程的飞机上，韦尔奇叫人送了一瓶最高级的香槟和一打红玫瑰给这位经理的太太。

韦尔奇的便条写道："你先生的简报非常成功，他在最近几星期忙得一塌糊涂，对此我们非常抱歉。"

任何一个社交高手，都应该懂得运用"黑脸——白脸"的心理战术去获得一个好的结果。在这方面，韦尔奇的确是个高手。

第十章

博弈的和解：化敌为友是最高明的应战策略

如果攻克不了他，那就把他变成你的战友吧！在心理博弈中，应该学会放低自己的身段，以友好的方法让对方接纳自己。去赞美你的对手，迎合你的敌人，软化他们的敌意，将对峙局面变为互利双赢的结果，你就能成为这场心理战中最大的赢家。

打破对峙局面，狭路相逢就一定是敌人吗——猎鹿效应

混迹职场多年的人都有这样的体会：初到一个新的工作环境，我们会感到所有的人都对自己很好，大家一团和气，然而时间久了就会发现，看似平静的办公室里却暗波汹涌，大家各自心里都在较着劲，打着自己的小算盘，将其他人看成是自己的“对手”。非要争个你死我活，看看到底谁才是赢家。

特定的环境中，很容易形成一种对立的关系。因为人们已经习惯于用竞争来获取自己的利益，实现自己的价值。这种单打独斗的“英雄主义”其实非常危险。一旦陷入这种局限，就很难找到自我发展和突破的出口。每个人都有自己的长处，同时也有欠缺的地方。对峙的双方能够打破僵局，放下身段，采取合作的姿态，才是最好的生存之道。这里面包含着博弈心理学中的一个重要的原理——猎鹿原理！

启蒙思想家卢梭在其著作——《论人类不平等的起源和基础》中描述了这样一个故事：一个村庄中住着两个猎人，他们都靠上山打猎维持生计。山上的主要猎物是鹿和兔子。照常规来说，他们每天单独行动，能猎获 4 只兔子。但是如果他们采取合作狩猎的模式，那他们每天就可以共同捕获一头鹿。很明显，合作的好处是远远大于单独行动，单独行动时最好的结果无非是各自的努力都有预期的回报。单纯从解决食物问题的角度考虑，单独行动一天的收获是 4 只兔子，可以供一个人吃 4 天；而合作的话，收获是一头鹿，两个猎人平分一头鹿，那可供每人吃 10 天。对于这两个猎人，他们的行为决策，从博弈论的角度分析，就形成这样的一个模式：

1. 分头行动打兔子，那么结果是得到的食物每人可以吃 4 天；

2. 如合作猎鹿，那么得到的食物，每人可以吃10天；

3. 一个人去抓兔子，而另一个人去打鹿，那前者收益则为4，而后者将一无所获，收益为0。

显然，一起“猎鹿”的好处比单独“猎兔”的好处要大得多。所以，合作——才是一种令资源最大化、利益最大化的模式。权衡利弊，两人自然会不约而同地选择一起“猎鹿”。

越国人甲父史和公石师各有所长。甲父史善于计谋，但处事很不果断；公石师处事果断，却缺少心计，常犯疏忽大意的错误。两个人交情很好，常常一起某事，且总是能顺利成事。

后来，由于一些小矛盾，两人关系破裂。各自行事的甲父史和公石师再也没有了那种如鱼得水的感觉，在各自的政务中屡遭败绩。

幸亏此时一个叫密须奋的人站了出来，他很痛心地规劝道：有一种鸟，一个鸟身，长着两个头，但是他们却彼此妒忌、互不相容。两个鸟头饥饿起来互相啄咬，其中的一个睡着了，另一个就往它嘴里塞毒草。然而，即便是一只鸟头吞咽了毒草，那两个鸟头就会一起死去。它们谁也不能从分裂中得到好处。……北方有一种肩并肩长在一起的“比肩人”。他们死一个则全死，同样是二者不可分离。现在你们两人与这种“比肩人”非常相似。只是，你们和“比肩人”的区别仅仅在于，你们是通过事业联系在一起的。既然你们独自处事时连连失败，为什么还不和好呢？

甲父史和公石师听了密须奋的劝解，都恍然大悟，说：“如果不停止这种关系破裂的局面，我们还会因单枪匹马受更多的挫折！”于是，两人言归于好，重新在一起合作共事。

任何人想要取得一定的发展和成功，就要明白合作的重要性。对于任何人或者是任何企业来说，无论是在哪一方面有专长，或者已经取得了某些成就，仅凭个人的力量想要到达成功的顶峰是非常困难的。所以，当两个人，两个团队或者两个企业形成对峙的局面时，不妨找到可以合作的契机，建立在合作中获得双赢的模式。

合作不仅可以避免失败，减少过多的损失，更重要的是能达到双赢的局面。但是，想要获得双赢，就要知道怎样的合作才能达到这种状态。在合作的时候既要保持合作的态度，还要遵循合作的原则，懂得合作，更善于合作，才能在合作中走向成功。

小闫和小赵同在一家高端家居品牌店。小闫阅历丰富，非常善于观察顾客，并且很能和顾客聊到一起。而小赵则对商品各种属性了如指掌，不仅如此还具有很专业的家居搭配知识。这两个人同时进入公司，并被销售主管认为是最有潜力的两个员工。

经过一段时间的锤炼，小闫和小赵都能够独当一面。但是小闫在专业知识上始终不够娴熟，因此而丢了一些本该属于自己的客户；而小赵为人虽然诚恳，做事也很细致，但性格上太过“一根筋”，要在顾客判断、待人接物上面得到很大提升也不是一时半会能做到的。但是由于他们俩业绩相当，总是被放在一起进行比较，无形中就成了对立的关系，小闫觉得小赵死板，学生腔。小赵则觉得小闫圆滑世故，没有真本事。就这样，他们形成了一种对峙的局面。

销售经理了解到这种情况后，建议他们多了解对方，在销售的过程中放弃单打独斗，采取互相帮助，取长补短的合作模式。比如，当对方接待顾客的时候，就主动过去帮忙，弥补对方的不足；针对不同性格的客户，两人可以商定让谁“出击”，并且事后一起总结成功的经验，分析失败的教训。小闫觉得要合作的话，自己必须拿大部分的酬劳，因为他认为自己口才比小赵好，付出得更多。然而，这样的条件让小赵无法接受，于是他们之间的合作就这样泡汤了。

销售经理则觉得这个合作方法很好，为其他销售人员进行了“合作配对”。一段时间以后，公司中其他采取合作机制的销售员都取得了比以往好得多的成绩；而小闫和小赵虽然都很优秀，在销售成绩上却并没有太大的进步。

合作双方有能力高低之分。“猎鹿原理”中的两个猎人，如果能力并不是相当的，那么能力强、贡献大的那个猎人，自然就会要求得到较大份的猎物，否则两人合作就不成立。另外，能力弱的一方也会要求大于单独行动时的收获，否则没有合作的必要。很多时候，两个个体的合作无法建立其实就是源于对自己利益的期待过高，损害了对方的利益导致的。

亚当·斯密在他的《富国论》里曾经说过：“我们的晚餐并非来自屠宰商、酿酒师和面包师的恩惠，而是来自他们对自身利益的关切。人类的欲望是经济上最根本的东西，人类动机是经济成长的基础。”所以，合作有一个前提，必须能够使合作的任意一方得到比没有合作的时候更多的利益，大多数人会选择合作的方式。全世界公认的最会做生意的是犹太人，而犹太人之所以成功，就是因为他们主张“一笔生意，两头赢利”。也就是说，作为合作的一方，决不能只考虑自己的利益，还要顾全合作方的利益，两者兼顾，合作才能形成和继续。

让步——老实人的博弈筹码

如果你暂时没有更好的办法让对方和你结成盟友，而且持续下去对你和对方都没有任何好处，相反只会徒增损伤。那么，有没有快速结束敌对局面的方法呢？其实也有，那就是让步！

古人早就说过：“用争夺的方法，你永远得不到满足；但用让步的方法，你可以得到的比企盼的更多。”

“让步”这个词听起来有一些不太体面，但的确是一个会让对方“考虑一下”你的建议的筹码。而且越是在别人以为要斤斤计较一番的时候，你的让步就越显得难能可贵。想达到你的目的，就要舍得下一些眼前的利益，有放长线钓大鱼的战略眼光。

为了竞标太平洋铁路公司的卧车合约，卡内基和竞争对手布尔门铁路公司铆上劲了。双方为了得标，不断削价火拼，最后搞得无利可图了。

这天，卡内基又到太平洋铁路公司，商谈投标的各种事宜，碰巧遇上了对手布尔门先生。在这样的背景下巧遇，一般来说，会是“仇人相见，分外眼红”才对，但是卡内基却主动上前向跟布尔门打了招呼。接着，开诚布公地说：“以我们两家公司现在的状态，只能是两败俱伤啊！”接着，卡内基便向布尔门提出彼此尽释前嫌，携手合作的建议。卡内基的真诚，让布尔门很感动，他也觉得有道理，但他却始终不同意与卡内基合作。

经过卡内基的反复询问，布尔门才说：“如果我们合作的话，新公司的名称叫什么？”

卡内基一下明白了布尔门的意图。他果断答复道：“当然叫‘布尔门卧车公司’啦！”布尔门听完卡内基的回答竟然有点不敢相信，直到卡内基重复了一遍，布尔门才相信卡内基的话是真的。就这样，两人很快就达成了合作协议，取得了太平洋铁路卧车的生意合约，结果当然是“双赢”——布尔门和卡内基在这笔生意业务中，都大赚一笔。

在需要与人交涉的过程中，总会有各种观念立场之争，遇到勾心斗角、愤怒窝火的烦心事。如果凭借着怒气互不忍让，忘了最终要达到的目的，结果必然是两败俱伤。所以，一定要懂得及时作出适当的退让，才能不至于被一时的利益蒙蔽了眼睛。

清代学士张英家眷与邻居因宅地发生纠纷。张英得知后给家人写信道："千里修书只为墙，让他三尺又何妨。长城万里今犹在，不见当年秦始皇。"由于张英家人的退步，双方各让出三尺来，成了名垂不朽的六尺巷。蔺相如对廉颇的让步，赢得了廉颇一生的尊重和朝廷的安宁。因此成为历史佳话，广为流传。所以，让步在很多时候是为了更快达成目标的一个策略，而不是惧怕对手所做的妥协。

乔尔就职于一家大公司，最近他所在的部门刚好有晋升的机会，部门里的十几个同事都觊觎着这个机会，于是每个人的心里都开始打小算盘。但是上级分配给他们部门的职位只有两个，这就意味着大多数人都将要被淘汰。这样激烈的竞争，让本来平静的部门内暗流涌动，大家都在私下谋划着，互相盯着对方，希望揪出对方的把柄。有的还组成小集团增强自身实力。这时候，一个同事威廉将乔尔以前犯的一个小错偷偷地在小集团内传开了。乔尔知道是谁在搞鬼，但他并没有与他撕破脸。相反，乔尔还私下请威廉吃了顿大餐，并拉拢对方说："我们一起努力，晋升的把握会更大。而且，就算只有一方得到了晋升，那对另一方也没有坏处。对吧？"

乔尔的让步，让威廉感到有点不好意思，他终于与乔尔团结起来。由于威廉一向鬼点子多，加上乔尔的业绩本就突出，两人还真的都得到了晋升。

让步，是化解矛盾纠纷的良药，是化敌为友的力量，和合作与共赢的前提。当让则让，退避锋芒，是为人处事的智慧。暂时的妥协和让步只是在知己知彼的基础上达成了一种共识。乔尔的主动示好和让步，赢得了对手的合作，达到了本来没有奢望的目标。

所以，无论是工作还是生活中，都要学会主动让步。让步不是退缩，而是为了踢开脚下的绊脚石，更快地向前走。这不仅是为了和对手打成短暂的和平，更是为了更长远的目标。

将“讨厌鬼”变成好朋友

身边有一个很刻薄、很不友好的人，是一件很让人头疼的事情，因为这个人，你的生活和工作都会受到影响。这些人就好像鞋里的沙子，衣服里的头发一样，让人浑身不舒服。

有人的地方就有江湖，出现各种摩擦和矛盾是很自然的事情。遇到难以相处或讨厌的人，难免会产生抵触情绪。但是这种情绪不会给我们带来丝毫的帮助，相反，抵触情绪经过积累，还会让你变得性情暴躁无常，最终会被你表露出来，并传递给对方。不管你是有意的还是无心的，你们的关系将变得更加尴尬。

某培训机构的露易丝最近感到特别的压抑，起因是学校从外地来了一个课程指导，这个人比她大不了几岁，但却非常强势，常常对她指手画脚。

尽管大家都觉得对方是个很有能力的人，而露易丝却不认为这个课程指导能力比自己强多少。露易丝对课程指导员的讨厌，对方也渐渐感觉到了，加上一些鸡毛蒜皮的小摩擦，最后，两人居然成了天天见面却连招呼也不打的“陌生人”。而露易丝身为下属，在这种情况下，自然讨不到任何好处。

抵触情绪会令你无法专心做事。认识到了这一点，你要努力去做的就是消除这种情绪，如果你能让你身边的讨厌鬼和你成为朋友，那就是最好的结果！一位官员曾批评美国总统林肯试图跟政敌做朋友，而林肯温和地回答说："化敌为友，难道不就是在消灭敌人吗？"

那么，如何让那些讨厌鬼喜欢你，和你做朋友呢？

心理学研究也表明，"讨厌"其实是一个很主观的情绪，两个人互相不喜欢，并不见得是对方有什么过错，或者说我们自己哪里不好。那些使我们"出于本能地去抗拒"或者"无论如何也喜欢不起来"的人，也有可能和我们成为莫逆之交。

其实相对于"讨厌"来讲，"喜欢"一个人的感觉更让人愉悦。所以我们更愿意自己是喜欢某个人的。试想，当你对某个人产生厌烦情绪时，自己是否会努力去改变这种不良的情绪？所以，你可以利用一些心理学手段来使对方喜欢上你，同时使你喜欢上对方。先从小事做起，渐渐培养喜欢的情绪。

首先，你可以尝试增加接触次数，这是培养好感的一个好方法。只要通过接触次数的增加就可以逐渐消除双方的抵触，产生好感，这叫做"单纯接触效应"。

我们总是容易对和自己离得较近、跟自己交流的多的人产生好感。有时可能第一印象不太好，但通过反复多次接触，却会渐渐发现他的优点，从而让讨厌的情绪消除。

另外，"讨厌"和"喜欢"都会膨胀。当某个人有一点点令你讨厌，你就会渐渐觉得他越来越讨厌，甚至整个人都很讨厌，看他哪里都不顺眼。这种心理效应叫做"喇叭效应"。而当你觉得某个人有一点讨人喜欢之处，那么这种喜欢就会随着时间的推移得到强化，以至于到最后，他"整个人都令人喜欢"，他做的什么都让你感到满意。这种心理现象叫"哈罗效应"。

所以，当你不喜欢对方时，只要结合"单纯接触效应"和"哈罗效应"，你就能慢慢喜欢上对方。

人际关系是有"弹性"的，而不是一成不变的静态事物。在每一次与对方接触中，双方都在不断搜集对方的信息，形成对彼此的抽象认知。通过多次接触与交流，你与对方相互了解的程度会不断提升，人际关系弹性也就越大，即使交往中偶尔出点小状况，也会因为“弹性”而慢慢恢复。

还有，你要让对方知道你对他产生了好感。一旦我们发现别人喜欢我们，我们也会相应地喜欢对方，这叫做好感互生（reciprocal affection）。所以，你必须让对方知道你是喜欢他的。

将好感传递给对方最好的方法，是设法让第三个人将你的好感传递给对方，这比直接向对方展示你的内心要有效得多，说服力也更强。比如，通过你们共同的朋友的转述，让对方知道你对他很欣赏，很尊重。这样他会更加相信你是真心欣赏和尊重他。

让别人对你由讨厌到喜欢还有一个很神奇的方法，那就是请求别人帮你做一件事情。心理学上叫“富兰克林效应”。

在富兰克林总统年轻的时候，曾经倾其所有投资了一家小印刷厂。当时，他特别想揽下为议会印文件的差事。然而议会中有一个重要的议员对富兰克林抱有成见，还曾公开斥骂过他。富兰克林的计划似乎是无法成功的。

然而，富兰克林决心让对方不再讨厌他。

打听到此人的图书室里藏有一本非常稀奇而特殊的书，富兰克林就给对方写了一封便笺，内容大概是，请求对方把那本书借给自己读几天，自己非常希望能一睹为快。很快，对方就叫人把那本书送来了。

一个星期后，富兰克林将书还给了对方，并且附上一封亲笔信，表示了自己诚恳的谢意。

结果在富兰克林的意料之中，经过这次的借书行为后，他们在议会里相遇时，对方居然开始主动跟富兰克林打起了招呼，并且表现得极为有礼。不仅如此，在以后的日子里，他对富兰克林的任何事都十分乐意帮忙，他们真的变成了很好的朋友。

富兰克林所运用的“请求别人帮忙”的心理办法非常有效。“善待过某人一次之后，人便会想要更多地对他好。”富兰克林这样说。如果别人什么事都不来拜托你，你便会觉得莫名的寂寞，甚至觉得自己没有获得他人的认可。但是，一旦被别人依赖，就会变得很开心，收获一种成就感。根据这一效应，如果有人与你敌对或对你抱有反感，你应向他提出请求，从而把他变为你的伙伴！

最后还有一点需要谨记，别人喜欢你，并不是因为他对你有什么感觉，而是因为你让他对自己产生了什么样的感觉。所以，如果你能让他觉得舒适自由，受人欢迎，放松惬意，那么，你和他就有可能成为真正的好朋友。

只有不合适的价码，没有收买不了的人心

化敌为友，甚至从此成为知音，自然是一种最成功的交际智慧，然而，人心难测，不是所有的人最终都能成为我们的朋友。但是，每个人都会有自己的软肋，只要你找对了，即使不能让对方成为你的朋友，但起码可以“收买”对方的心，让对方成为你的伙伴，或者为你做事情。

古人有云：动人心者莫过于情。情动之后心动，心动之后理顺。收买人心的本质其实就是让对方感动。所以，想让对方对你折服，首先要从情感上令他感动。刘备为了收买赵云之心，不惜将自己的亲生骨肉摔在地上，这种做法对对方的触动是很大的。其实想要收买人心并不难，关键是你出的“筹码”对不对，是不是足以打动对方。

一位名叫布鲁特的卖砖商人，由于另一位对手的竞争而陷入困境。对方在他的经销区域内定期走访建筑师与承包商，告诉他们：布鲁特的公司不可靠，他的砖块质量不好，生意也面临即将歇业的境地。

布鲁特对别人解释说，他并不认为对手会严重伤害到他的生意。但是这件麻烦事使他心中生出无名之火，真想“用一块砖来敲碎那人肥胖的脑袋作为发泄”。

有一个星期天早晨，布鲁特去听牧师讲道。牧师讲道时说：要施恩给那些故意跟你为难的人。要以德报怨，化敌为友，而且牧师举了很多例子来证明他的理论是正确的。

布鲁特牢牢地记住了每一个字。就在上个星期五，布鲁特的竞争者使他失去了一份25万块砖的订单。但是，当天下午，他在安排下周的日程表时，发现他的一位住在弗吉尼亚州的顾客，正因为盖一间办公大楼需要一批砖，而所指定的砖型号不是他们公司制造供应的，却与他的竞争对手出售的产品很类似。与此同时，那位满嘴胡言的竞争者完全不知道有这笔生意机会。

是遵从牧师的忠告，赐予对手这项生意的机会，还是按自己的意思去做，让对方永远也得不到这笔生意呢？布鲁特感到左右为难。布鲁特的内心挣扎了好一段时间，牧师的忠告一直盘踞在他心头。

最后，也许是因为很想证实牧师是错的，他拿起电话拨到了竞争对手家里。接电话的正是那个对手本人，当时他拿着电话，难堪得一句话也说不出来。布鲁特还是礼貌地直接告诉他有关弗吉尼亚州的那笔生意。

结果，那个对手很是感激布鲁特。后来布鲁特得到了他意想不到的结果，他的对手不但停止散布有关他的谎言，而且还把他无法处理的一些生意转给布鲁特做。布鲁特的心里也比以前好受多了，他与对手之间的阴霾也风清云散。

当然，这是一种双赢的处理策略，最后对手还成了布鲁特的朋友和生意合作伙伴。但有的时候，局面却不像我们期待得那样美好，有一些故意让你难堪的人，是很认死理的，他们不会因为你的示弱或是退让而停止自己的行为，相反还可能会变本加厉，这个时候，你同样可以施加“恩惠”给他，但是却要绵里藏针。

台湾著名作家刘墉曾写过这样一个故事：著名的主播麦克因为自己火红的人气，便不把台里的任何人放在眼里，包括总经理，而他和新闻部经理的矛盾尤其尖锐，经常与其唱反调。

为了对抗领导，麦克还经常拉观众出来说事，因为他是全国最高收视率节目的王牌主播，观众就是他的后盾。也正是由于此，总经理一直不敢开除他。

总经理的忍耐力终于到达了极限，因为麦克居然在公开场合让总经理难堪。于是，总经理施加给麦克一个大“恩惠”——升官，让麦克去一个新成立的部门当经理。

从主持人跳到了部门经理，麦克可谓是鲤鱼跃龙门。虽然不再播报新闻，但是目前职位高、薪水高，而且负责策划一个更大的新闻性节目，他自己也很满意。众人更是惊讶于总经理的不计前嫌。

麦克出国考察了三个月，带着成箱的资料和满腔的抱负，准备大展宏图。只是新闻性节目必须向新闻部借调影片，但一到新闻部，东西就被卡住了。他原来的顶头上司可没有总经理那么宽大的心胸。

麦克告到总经理那里，总经理并不给予实质性解决，一年后，这个新部门只花不赚，无奈之下被停掉了。媒体和公司成员纷纷指责是麦克的管理不当造成的。

麦克向总经理申请回去播报新闻，但是总经理却说：“恐怕暂时不行，新的主播表现不错，观众的反应不比你当年差，你还是先做做内勤，慢慢来，看经理给不给你机会。”听到这话，麦克不得不选择了辞职。

当我们遇到别人故意让我们难堪的时候，首先要选用的当然是布鲁特的施恩方式，但是如果对方真的是冥顽不化的人，必要的时候像那位总经理学习，施加一份裹着炸药的“恩惠”也未尝不可。

换位思考：像青蛙一样去思考，你就读懂了池塘

一只小猪、一只绵羊和一头乳牛，被关在同一个畜栏里。

有一天，牧人捉住了小猪，它大声号叫，猛烈地抗拒。

号叫声撕心裂肺，绵羊和乳牛对此很讨厌，便说：“哈哈，你真是太胆小了。他常常捉我们，我们并不大呼小叫。”

小猪听了回答道：“你们可知道，捉你们和捉我完全是两回事，他捉住你们，只是要你们的毛和乳汁，但是捉住我，却是要我的命啊！”

有时候会听到老板这样抱怨：“我并不想端着一个老板的架势，要求员工加班加点，可是这个月末赶不出货，这桩生意就会泡汤，公司的资金链就会断裂，经营将难以为继。但是，职员们都在埋怨我，他们能不能站在我的立场上思考一下呢？”

许多推销员考虑的是自己的利益，他们确信自己的商品是消费者必需的。他们自以为理解了消费者，但可悲的是，他们并未能把这种理解很好地传达给消费者。

有句英国谚语说：“要想知道别人的鞋子合不合脚，穿上别人的鞋子走一英里。”也就是说，我们要做到与别人相处融洽，就需要设身处地地理解他人的情绪，感同身受地明白及体会身边人的处境及感受，并适宜地回应其

需要。

有一天，一位母亲在圣诞节前夕带着5岁的小儿子去买礼物。大街上回响着圣诞节的赞歌，橱窗里装饰着枞树彩灯，商店里的玩具五光十色，应有尽有。

“一个5岁的男孩将会以多么兴奋的目光观赏这绚丽的世界啊！”母亲毫不怀疑地想。

然而，儿子却拽着她的大衣角，呜呜地哭了起来。

“怎么了？要是总哭个没完，圣诞精灵可就不到咱们这儿来啦！”母亲有些生气，语气中充满了严厉。

“我，我的鞋带开了……”儿子怯怯地回答。

母亲不得不在人行道上蹲下身来，为儿子系好鞋带。母亲无意中抬起头来，啊，怎么什么都没有？——没有绚丽的彩灯，没有迷人的橱窗，没有圣诞礼品，也看不到餐桌上丰盛的食物……那些东西都放得太高了，结果孩子什么也看不见。

原来，在孩子眼里的，只有粗大的脚印和妇人们低低的裙摆，在那里互相摩擦，碰撞，来来往往……真是另一番情景！

换位思考，就是把自己设想成别人，站在他们的角度来考虑问题，并试图考虑对方的利益。很多情况下，在满足他人利益的同时，我们本身也会随之受益。

人际关系大师卡耐基曾亲身经历过这样一件事。

他曾向纽约某家饭店租用大舞厅，每一季度使用20个晚上，举办一系列的讲课。

不过在有一个季度开始的时候，他突然接到通知，说他必须付出几乎比以前高出三倍的租金。卡耐基得到这个通知的时候，入场券已经印好，并发出去了。

当然，卡耐基不想付这笔增加的租金，可是跟饭店的人谈论自己会损失什么，是没有什么用的，他们只对自己能得到多少金钱感兴趣。几天之后，他去见饭店的经理。

“收到你的信，我有点吃惊，”卡耐基说，“但是我根本不怪你。如果我是你，我也可能会发出一封类似的信。你身为饭店的经理，有责任尽可能地增加收入。如果你不这样做，你将会丢掉现在的职位。现在，我们拿出一张纸来，把你可能得到的利弊列出来，如果你坚持要增加租金的话。”

然后，卡耐基取出一张信纸，在中间画了一条线，一边写着“利”，另一边写着“弊”。

他在“利”这边的下面写下这些字：“舞厅空下来”。接着说：“你有把舞厅租给别人开舞会或开大型会议的好处，这是一个很大的好处，因为像这样的活动，比租给人家当课堂能增加不少收入。而如果我把你的舞厅占用20个晚上来讲课，对你当然是一笔不小的损失。

“现在，我们来考虑坏处方面。第一，你将不能从我这儿增加收入，而我则需要到别的地方去开这些课。

“你还有一个坏处。这些课程吸引了不少受过教育、修养高的群众到你的饭店来。这对你是一个很好的宣传，不是吗？

“事实上，如果你花费五千美元在报上登个广告的话，也无法做到像我的课程这样吸引到大量高消费群体来光临你的饭店。这对一家饭店来讲，不是价值更大吗？”

卡耐基一面说，一面把这两项坏处写在“弊”的下面，然后把纸递给饭店的经理，说：“我希望你好好考虑你可能得到的利弊，然后再告诉我你的最后决定。”

第二天，卡耐基收到一封信，通知他租金只涨百分之五十，而不是之前的百分之三百。

在这里，卡耐基没有说一句关于减租的话，却得到这个减租的结果。卡耐基一直都在谈论对方所要的，以及他如何能得到他所要的。假设卡耐基跟平常人一样，怒气冲冲地冲到经理办公室说：“你这是什么意思，明明知道我的入场券已经印好，通知已经发出，却要增加我三倍的租金？岂有此理！”

那么，情形会怎样呢？

适度贬低自己，能巧妙地捧高对方——“捧人”的艺术

在我国古代，通常称呼自己为在下、敝人、不才等，称自己的妻子为贱内、拙荆、糟糠等，称自己的子女则为犬子、犬女。可见，在我国的传统文化中，一直是以谦卑为美。而实际上，这是国人为人处事方面的一个智慧，即采取适度贬低自己的方式，来相对地捧高对方。这样可以让对方在心理上更有优越感，从而更喜欢自己。

听别人说你的一位老同学，最近当上了某机关处长，你想确认此事，于是便问他：

“听说你最近鸿运当头啊！”

“哪里，瞎混呗，还不如你的工作踏踏实实，稳稳当当。”

林老板是你生意场上认识的朋友，由于抓住了流行趋势，做服装生意的他今年赚了一百多万。见到他时，你向他道贺：

“今年的生意不错啊，至少赚了有一百多万吧！”

“只是赚了点小钱，与你的房地产生意比起来，不值一提啊。”

在这里，他们都采取了贬低自己来相对地捧高对方这一处事技巧。

人人都渴望得到他人的赞美，中国人尤其好面子。所以在与人打交道的过程中，我们常常需要赞美或捧高对方，以迎合其喜欢被人称赞的心理需求，这样有利于对方更喜欢与我们交往。

不过直接高捧他人给人面子的方法，对有的人来说，特别是那些性格比较内敛的人来说，这样的做法可能会令其羞赧，甚而产生排斥抗拒的心理。

事实上，在某些时间、场所，我们确实不能坦然地对他人说出礼貌性的赞美。在这种情况下，不妨换个角度来表达，效果也会是同样好，甚至运用得当的话会远远超过所期望的效果。

这个诀窍就是上面提到的，以贬低自己的方式来抬高对方。

相信大家都坐过跷跷板，如果一边贴地，跷跷板的另一头必定是悬在高空。日本心理学家森田正马发现，这种“跷跷板原理”同样也能应用在人际关系上。也就是说适度地贬低自己，将能相对地捧高对方。即使是不善于言辞，或者是还没有养成称赞他人习惯的人，也能十分轻松地使用这种方法，达到高捧他人的目的。

相反，如果对他人采取轻视的态度，这对自己绝无半点好处。因为你刺伤了他的自尊心，他会自然而然地对你产生敌意。影响所及，你的人际关系必定一落千丈，连带造成你事业发展的不顺遂。

举例来说，有一天，我们应邀参加某店铺的开幕庆祝会。去了才知道，原来那是一家不怎么样的店铺，不过我们也要依场合不同来为庆祝会增添一些喜气。我们就可以采取贬低自己，捧高对方的方式对主人说：“你这店铺看起来真不错，室内的装潢也很考究。不像我经营的那家门面，门有些损坏，窗户也是一大一小的。”

这样将对方和自己作具体的比较，并技巧性地批评自己略逊对方一筹，对方将因为被人高捧而产生优越感，而他心中的舒坦自是不言而喻。

相反地，如果你以轻视的口吻对主人说：“店铺的柜台再宽一点会比较好。你们下次整修时可要记住啊！"

这可是在对方店铺的开幕庆祝会上，听到这样毫不客气的批评，店主人一定会大感不悦，从此对你厌恨有加，这就是不谙人情世故所要承受的恶果。

美国有位国会议员，常常对别人说："我仅有小学毕业的学历。"但是，他实际上后来通过进修拥有了高学历，他之所以如此贬低自己，无非是要使别人在心理上产生平衡感，从而让别人觉得轻松。

易中天是厦门大学的教授，受邀至中央电视台《百家讲坛》栏目讲解历史，因其白话式的幽默分析受到追捧而迅速走红，并享有"学术超男"的称号。他在一期电视访谈节目中曾对观众说其实自己只是高中生，他自喻为："我是学术界的土匪，土匪加流寇，匪有山头，寇有山口，我是既没有山头也没有山口。"当然，真实的情形是，当时的他是以高中的学历而考取了研究生，直至后来做到教授。他之所以这样去贬低自己，也是想借此拉近与观众之间的距离。

在处理人际关系时，我们不妨也巧用这门"贬低自己"的诀窍，来捧高对方的地位，以达到感情投资的目标。如此一来，成功便离你不远。

为了达到贬低自己以高捧他人的效果，在具体操作上，除了那位国会议员和易中天先生这种自暴其短的方式外，我们还可以采取故意装傻、谈论自己的失败经历与糗事等方式。下面就是个真实例子。

有一年年底，日本一家电视台为了制作迎新晚会，邀请了许多知名度很高的演艺人员参加，大家齐聚一堂。当时摄影棚里准备了一桌美味的佳肴，背景也布置得富丽堂皇。节目的性质虽是年节的庆祝会，但每位演艺人员却因心中的紧张而个个面色沉重，摄影棚也凝聚了一股严肃的气氛。

就在大家面面相觑、不知所措的时刻，脱口秀表演者橘家圆藏师父突然摆出一副老天真的模样，竟然大吃起摆在桌上的菜肴，还津津有味地说："啊，真好吃。各位，我先用啦！"大家看到师父这样有趣的表现，每个人的心情都得到了放松，严肃的气氛顿时消融。那天的录影工作也因此进展得非常顺利。

橘家圆藏师父把自己当个傻瓜改善了所有人的心情。这种贬低自己，从而让大家开心的方式，真是一种大智若愚的举动。

另外，与他人初次会面时，在双方相互不了解的情况下，彼此心中可能都会提高警觉，谈话也总是不够起劲，因此常会发生"嗯！嗯！"这种尴尬又不自在的附和性对话。这时，不妨把自己的失败经验当做话题。这样即使是不善于高捧他人的人，也能因此达到贬低自己而高捧他人的效果。

比如，你这样跟对方说："我前天做了一件很丢脸的事情。"想必他定会浮现出笑容，心情轻松地听你继续说下去。没错，就是要适度地通过谈自己的失败经历来贬低自己而高捧对方。这样可以令对方的心防撤离，而转向你这一方，如此才能随心所欲地进行谈话。

第十一章

说服的心理战术：让他心甘情愿听你的

了解了对方的动机和想法，能够做出相应的反应，你才能说服对方。完整的说服是以思维方式为引导，以声音为载体，以行动为辅助。在说服对方的过程中，你的语言是否能够恰好击中对方心里的那根弦，就决定了你与对方的交流是否畅通。能表达出最准确的意思，并以恰当的方法引导对方的想法，你就成功了一大半！

疲惫战术：在他疲惫的时候进行说服更有效果

为什么人们说酒桌上好谈生意？为什么电话销售人员都知道下午五点钟左右，打出的电话最有效率？为什么专卖店中上午的销售额远没有下午好？

美国心理学家丹尼尔·吉尔伯特在一项研究中发现，人在疲惫时，更容易被他人说服和欺骗。

经研究证实，人们在疲惫时即使听到假话也会信以为真，但如果打起精神来稍作分辨，就会知道事情的真伪。对于重要的信息，当人们感觉其可信度不高时，会充分利用原有的认知来质疑它的真实性。但在疲惫的情况下，人们的认识能力会下降，从而轻信了这些信息。

希特勒就认为傍晚是最适合演讲的时候。

他认为在这个时间段内，听众的情绪浮躁，警戒松弛，容易接受他人的意见。

从心理学的角度看，这个方法是正确的。到了傍晚，人们的紧张感或自制力就会松懈，往往会不小心将秘密说出去。

大家都知道，充足的睡眠会让人头脑清醒。当人们经过充分的休息后，注意力会更为集中和警觉，同时表达方面也会更有条理性。可人在疲惫状态下，情况则会大为不同。

在一些国家，执法人员会运用这个原理对囚犯进行睡眠剥夺，即选择在囚犯疲惫和困顿的时候实施审讯。某位囚犯在谈到被人洗脑时这样说，“我觉得完了，感到非常累。不受控制，两分钟前说过的话转眼就记不清了。什么也记不清了。在那样的情况下，审判员就是主人，他说什么就是什么。”

奥姆真理教是日本代表性的邪教组织，曾制造了松本沙林事件、坂本堤律师一家杀害事件与东京地铁沙林毒气事件等恐怖活动，给社会秩序造成了极大的破坏。

奥姆真理教之所以能吸收到众多优秀人才成为忠实信徒，其背后存在着同样的模式：严格地限制加入者的睡眠时间、饮食及信息，加之以严酷的修行使之对现实的世界产生偏执的想法，迫使其进入极限状态，从而劝其共同实现教主“拯救世界”的教义。

在日常工作、生活与交际中，我们也可以巧妙地运用这一点。人们在疲惫状态下，他们对事实的理性判断力会减弱，因此对蹩脚的谎话也会信以为真。比如，你是一名经销商，得知某位经理正在为产品寻找经销商。那就选择在他缺乏适当的休息时主动出击吧，这时候估计他听到任何一个经销商对他说，“我们的销售体系是全国最好的”，他都可能连想都不想，不假思索地接受对方的一面之词。

张志诚是一家公司的寿险销售员。有一次，张志诚打算去拜访某公司总经理，这位总经理日理万机，是个不折不扣的“工作狂”，非但不易接近，听说脾气也很倔强，之前他的同事就多次碰过壁。

不过经过再三考虑，张志诚还是决定去试试，刚开始时他采用的是直冲式拜访。

“你好，我是张志诚，我想拜访你们总经理，麻烦你替我通传一下，只要几分钟就可以了。”

秘书是位训练有素的人，进去一会儿后又出来了。

“很抱歉，我们总经理现在不在，你下次有时间再来吧！”

很无奈，张志诚只好离开了。但是他仍然不甘心，于是，就问旁边的警卫：“老兄，车库里那部奥迪轿车好漂亮啊，请问是你们总经理的座驾吗？”

“是啊，不是我们老板的还能是谁的？”

听到这话，张志诚心里打定主意，决定在下午来个守株待兔。

他静静地站在该公司的大门边，等待这位总经理的出现。终于总经理的豪华轿车出现了，他一个箭步冲上去，一手抓着车窗，另一手递上名片。

“总经理您好，请原谅我鲁莽的行为，不过，我已经拜访您好几次了，每次您的秘书都不让我进去，在万不得已的情况下，我才用这种方式来拜见您，请您多多包涵。”

总经理连忙叫司机停车，打开车门让张明亮上去。

忙了一天的总经理，已经有些倦怠，而志诚正是信心满满的状态，后来，在志诚耐心的说服下，总经理向张志诚投了一笔大额的保单。

事实上，能让人们轻信他人还不只是在睡眠不足或疲惫状态时。注意力不集中，哪怕只是一小会儿，也会影响人们的质疑能力。

比如在校园中，经常有人上门兜售电话卡，如果以小数报价法给自己的商品报价，然后再大喊一声，“这是大减价”，那么购买的人数立马就会上升许多。此处销量上涨的原因并不仅仅是由于用了小数报价法，那句突如其来的“这是大减价”也起了不小的作用。可见，短暂的注意力分散都可以让一个人有空子可钻。

互惠原则：“我让步，你付出”

中国有句古话：“礼多人不怪，礼尚要往来。”对于熟识或不熟识的人，彼此打交道时，只要态度和蔼客气，对方也会同样地回报你。在人们内心深处都有一杆公平秤，“你敬我一分，我让你三分”，“欠债还钱，天经地义”。

在亲朋好友之间，这种心理现象表现得最为明显，即怕欠人人情债。比如你结婚的时候，别人送一千的礼，下次回礼至少得一千以上，在国人对人情世故特别重视的国情下，只能多不能少。

人们习惯于尽自己的所能，报答他人为自己所做的一切。心理学上将这种现象称为互惠原则。

在日常工作、生活与社交过程中，我们必须要学会使用互惠心理策略，在你做出让步的时候要求对方给予回报，这样会助你争取到更多的利益。其效果将比硬碰硬式的短兵相接要好得多。

比如说你销售五金产品，你卖给一家五金店一大批货物，他们要求你在他们开业前的15天发货。后来，他们的采购经理打电话对你说："我们商店建设的日程要提前，你们能不能提前一周就发货？"你可能会想："虽然比原计划提前了些，但货已经在我们仓库里备好了，提前发货，能尽早得到付款。如果你们愿意，我明天就发货。"

所以尽管你的第一反应是想说："没问题，一切都OK。"但是你最好的方式是使用互惠心理策略。

你可以这样说："坦率地讲，我不知道是否能那么早就发货。我得同调度人员商量一下。看看他们怎么说，但我先问你一个问题，如果我们能及时发货，你会给我们什么回报？"

在这种情况下，对方就很容易开出一些对我们自己有利的条件。

在谈判场合中，如果双方相持不下而形成僵局时，一旦有一方压低姿态，就隐含了这样一种强烈的暗示：

"我都让步了，你也应该退一步才好吧！"

这时候，对方都会很有默契地降低条件，以凝聚双方的共识，进而达成交易。

小康是一家大型国企的管理人员。有一次，公司派他去邀请一位知名的企业管理专家来公司授课。由于这是公司内部高层的临时性决定，时间也有些紧。接到这个任务后，他并没有太大把握，因为对方是个名家，平常的授课、演讲非常多，不一定能临时排出档期来。

果然，小康登门拜访，表明来意之后，对方便面露难色，但又不想让主动上门的生意白白溜走，所以，他就试探性地问小康：

“请问，贵公司的课程能否再重新安排一个日子？”

“老师，这个日期是公司董事会临时决定的，没法做调整啊。如果您实在挪不出时间，我们只好请别的讲师了，但董事会对您慕名已久，特别交代我，无论如何，一定要把您请到，所以除非万不得已，我还是希望您能来！”

那位讲师一听，高兴地点了点头，当场让秘书打电话，联络撞期的公司，看看是否可以让那边再重新调整下上课的日期。几分钟后，那位讲师告诉小康：

“现在一下子联络不到那家公司的负责人。不过，如果我现在答应按约定日期到贵公司讲课，你是否能代表公司与我今天就签订协议？至于另一家公司的档期，我自己另行处理，你那边不必担心撞期，但价钱要在原来的基础上加两成。”

小康当场就同意了，并依照对方的条件签协议付了款。这样，他的任务是完成了，但费用却超出了预算。

这个案例从心理博弈的角度来看，无疑是那位培训老师成功地运用了互惠心理策略，从而让自己赢得了更多的利益。

有时，有意识地运用互惠心理策略，还可以让自己有意外收获。

世界谈判大师罗杰·道森就十分推崇在谈判中采用这种策略，他曾受邀在一家摄像公司做这方面的讲座，他认为不要求回报就做出让步是一个严重的错误。

过了不久，这个摄像公司的经理杰克·威尔逊打电话告诉他说："罗杰，你讲的互惠心理策略是我在所有讲座上听到的最有价值的一课。几年来我一直参加这样的讨论会，觉得该听的都听到了，但是从来没有人告诉我说不要求回报就做让步是一个很大的错误。你的这个看法以后会带给我们成千上万美元。"

事情是这样的，一家电视制作中心给他打电话说他们的一个摄像人员生病了，杰克是否介意他们请一个已经同杰克签约的摄像人员来帮忙？这只是出于礼貌打的电话。过去，杰克可能会说："没问题。"然而这一次，他说："如果我答应，你们给我什么好处？"

出乎他的意料，他们说："跟你说吧，下次你用我们演播室的时候，如果你超时的话，我们减免超时费。"他们向杰克做出了几千美元的让步，这些是他过去从来没有要求过，也没有想到会出现的好事。

所以，在日常工作、生活与社交中，如果我们想要从对方身上获得某种要求，那就选择在自己做出让步的时候提出，这是最佳的时机。

沉默战术：适时地沉默能够带来强大的威慑力

中国有句古话："雄辩是银，沉默是金。"沉默是话语中的间隙，是一种超越语言力量的传播方式。心理博弈中的沉默不是简单的沉默，沉默可以表达各种不同状态中的不同观点，是有主动意识的、有明确目的和目标的沉默。

除了借题发挥，虚张声势外，沉默也是一种威慑。常看恐怖片的朋友，一定会有这样的体验：最令人毛骨悚然的往往是落一根针都能听见的寂静。所以适当的沉默，比起滔滔不绝地说话更不易让人看穿内心而能给人一种威慑力。

电影中的特务头子通常是一个沉默寡言的人，因为他知道太多致人于死地的秘密。还有，皇帝也经常沉默寡言，因为他一说话别人就可能会有生命危险。对某些气势汹汹来找碴儿的人，如果你不动声色，不理不睬，便会产生比以硬对硬更大的震慑力量，也就是说，此时沉默会成为最强硬的武器。

唐朝末年有位宰相叫陆象先。都说宰相肚里能撑船，陆象先的气度确实不小，并且有一个特点，喜怒不形于色，让人无法揣摩。

陆象先早年在同州担任过刺史。任职期间，有一天，陆象先的家僮在路上遇到了他下属的一个参军，但是这个家僮没有下马。在当时，奴仆见到当官的人不下马，是不礼貌的行为。虽然家僮没有下马是不礼貌的行为，但是这也并不是什么很严重的事。因为这个家僮不一定就认识那位参军，即便认识，也许当时没看见也是说得过去的。

可是，这个参军却非常蛮横。他大发雷霆，拿起马鞭狠狠地抽打了那个家僮。可能为了显示自己并不畏惧刺史大人，这个参军打完家僮后，还跑到陆象先的府上，用挑衅口吻对他说："下官冒犯了大人，请您免去我的官职。"

参军的言下之意像是在说：如果你因为这件事免去了我的官职，那就说明你袒护家僮；而如果你不免去我的官职，那就说明你这个刺史好欺负。

陆象先知道了整个事情的过程后，答复参军说："身为奴仆，见到做官的人不下马，打也可以，不打也可以；下属打了上司的家僮，罢官也可以，不罢官也可以。"说完这句话，陆象先就把这个参军晾在了一边，不再搭理他。那个参军听后呆呆地愣在那里，一个人站了半天，也不知道陆象先到底是什么意思，也揣摩不出陆象先的真实意图。最后，只好灰溜溜地退了出去，从此他对陆象先的态度收敛了很多。

在心理博弈中，适当地保持沉默也能达到说服对方的效果。在双方口舌交战中适时沉默一会儿，这是自信的表现。因为沉默能迫使对方说话，而羞怯、缺乏自信的人往往害怕沉默，要靠喋喋不休的讲话来掩饰自己内心的不安，这点需要在与对方的心理较量当中努力克服。

以销售谈判为例，在销售当中，你作为一名销售员经常要与买家就价格方面进行谈判，对于你的出价他们可能会拒绝。不过你要明白，聪明的买家是不会轻易丢掉一笔好生意的，之所以拒绝你，有时候是因为他们在试图了解你的底牌，在这种情况下，希望你能再坚持一下，这对你不会造成什么损失。也许就在你即将放弃的前一秒钟，他们会这么问："你的最低价格是多少？"狐狸尾巴终于露出来了，在这之前复杂的铺垫就是为了这句话。

这时候你应该怎么办？把最低价报给他们？千万不要这样做！当他们听到最低报价会不会善罢甘休？当然不会！他们会继续以不合作的态度逼你，即使双方未能达成交易，他们也是赢家，因为买家已经掌握了你的底线。这样一来，无论下一次继续与你谈判还是和其他公司交易，他们都会把握主动权。

所以，你最好的回应方式就是请他们出一个合适的价格，借以试探买家的底牌。当然这时他们也许不会如此直率，你的方法对一些谈判高手来说简直就是班门弄斧，买家对于自己的底牌会守口如瓶，"打死也不说"，同时他们还会继续施压迫使你说出具体的数字。那该怎么办呢？如此一来，比拼的就是双方的耐心了，你可以再次重复一遍之前的话："还是你们出个更合适的价吧。"然后采取沉默的心理策略：没错，百分之百的沉默，一个字也不说！

这是一个极为艰难的时刻，尤其是对于一些性格外向的人来说简直就是煎熬，如果谈判室里有个钟表那就会更深切地体验到这种感觉。听着那有节奏的滴答声就好像是生命的倒计时，又如同西部牛仔生死决斗前的丧钟，屋里一片寂静，安静得都能听到双方急促的呼吸声……时间在一分一秒地逝去，你内心感觉是怎么如此难熬，看看对方的表情，他也是一样的紧张，虽然可能还面带微笑，但笑容已经在慢慢地僵硬，眼神也变得空洞、无神，他在等待你的妥协，你会吗？

在这样的情况下，先开口的一方就是让步的一方，而且一般都是这样说："好吧，我再让步5%，这是最后的底线了，如果你不同意，那么我们就终止谈判吧。"就是这么简单，看似没有结果的交易会以一方妥协而峰回路转、柳暗花明。所以，你最好不要先开口，宁可咬破嘴唇了也不能开口。这就是沉默的力量。

心理博弈中的沉默是一种艺术，需要掌握分寸，不可滥用。那么，如何在心理博弈中把握沉默的"度"呢？

其一，要明白沉默必须有目的有计划。沉默看似是消极的无作为行为，其实是以退为进的积极行动。沉默不是逃避、忍让，而是一种策略，目的在于更有效地控制谈判局面。

其二，要把握好沉默的时机。什么时候该沉默，什么时候不该沉默，这是非常讲究的。沉默的时机要把握准确，否则不仅不能达到预期的效果，还可能产生麻烦。

其三，要控制沉默的时间长短。沉默要根据谈判的需要，有时要长，有时要短。不过注意，积极的沉默不是永久性的，只是暂时性的，应见好就收。

其四，沉默要与你之前的发言、举动等积极的行为结合起来。沉默从某种意义上说，应是一种准备和酝酿，是整体应对策略中的一环。

总之，在人际交往的心理博弈中，要灵活运用沉默这种手段，它会让你以无言的重磅武器让对方在压力之下就范。

接种效应：提前打好预防针，将负面影响减至最小

杯子留有空间，就不会因再加进一些水而溢出来；气球留有空间，便不会因再灌入一些空气而爆炸；吃饭七八分饱有助于健康；饮酒饮到微醺才能体会到饮酒的快感；人说话留有空间，就不会因为“意外”出现而下不了台，因而可以从容转身。

在人际交往中，很多时候我们需要给自己一点空隙，留有余地，这样一旦有事发生就会有回旋的空间。就像两车之间的安全距离，要留一点缓冲的余地，才可以随时调整自己，进退自如。

某项工作的难度较大，主管将此事交给了一位下属，并问他：“有没有问题？”下属拍着胸脯回答说：“没问题，放心吧！”过了三天，没有任何动静。主管问他进展如何，他才支支吾吾地老实交代说：“从现在的情况看，好像不如想象中那么简单！”虽然主管嘴上仍叮嘱他继续努力，但对他的拍胸脯已有些反感。

这就是把话说得太满而给自己造成窘迫的例子。把话说得太满就像往杯子里倒满了水，再往里倒就会溢出来；也像把气球灌饱了气，再灌就会爆炸。当然，也有人话说得很满，而且也做到了。不过凡事总有意外，而这些意外并不是人所能预料的，话不要说得太满，就是为了容纳这个“意外”！

医学告诉我们，生活品质良好的人，虽然有健壮的身体，但不代表对所有疾病都有免疫力。为了避免病菌感染，获得抵抗力，就需要接受一些预防

注射。也就是先接受少量的病菌感染，产生抗体，这样一来，当再遇到这种病菌侵害时，体内就有足够的力量加以抵抗。这就是在医学上所谓的“接种免疫”。

在心理学上有类似的现象。心理学的研究表明，如果一个人持有某种见解后，从未受到过其他刺激，那么在他的周围就不会建立起任何防御系统。当他突然遇到相反意义的说服性诱导因素时，会感到很新鲜，易于丧失原来的立场，从而改变态度顺应新观点。相反，如果这个人的见解预先受到过刺激，哪怕是轻微的刺激，经受了锻炼，在他心里就会围绕着这种观点建立起比较强的“防御工事”，从而可以经受极为有力的劝说。这就是的心理学上的“接种效应”。

美国社会心理学家曾做过这样的试验：实验者要使实验参加者相信，前苏联至少在五年内不会制造出大量的原子弹。一组接受劝说后，没有进行反驳。另外一组接受劝说后，则给予轻微的攻击，就是告诉他们一些相反的观点。

过一段时间以后，又对所有的实验参加者进行了相反的劝说。结果，第一组被试者只有2%的人维持原来的态度，而第二组被试者则有67%的人成功地保持了原来的观点。

由此可见，当我们需要说服一个人，我们不仅希望对方接受自己的观点，同时还希望他不再受相反的思想的影响，这时就可进行这种预防性“注射”，从而预先培养他对相反观点的抵抗能力。这便是心理学上接种效应的应用。

如果你是个细心的人，你就会发现，很多人在面对记者的询问时，都偏爱用这样一些词汇，比如：可能、尽量、或许、研究、考虑、评估、征询各方意见等，这些都是一些不太肯定的字眼。他们之所以如此，就是在进行预防性“注射”，在给自己留容纳“意外”的空间；否则一下子把话说死了，结果事与愿违，那就很难自圆其说了。

我们在工作中更应该注意。上级交办的事自然应接受，但最好不要说“保证没问题”，应代以“应该没问题，我全力以赴”之类等字眼。这样说的话，万一自己做不到，也留有后路，而这样说事实上也无损你的诚意，反而更显出你的谨慎、稳重，别人会因此更加信赖你。即便事情没做好，也不会责怪你。

实际操作中，有一些人就不懂得这种心理，总是把话说得太满，最终导致自己的信誉受损，开篇中那个案例中的下属就是这样。

在人际交往的过程中也是如此，一个聪明人是从不会把话说死、说绝、说得自己毫无退路可走的。

当别人有求于你时，对别人的请托可以答应接受，但不要“保证”，应代以“我尽量，我试试看”的字眼。

当别人做事不到位时，也不可太武断。例如，“我永远不会办你所搞砸的那些蠢事”；“谁像你那么不开窍，要是我几分钟就搞定了”；“你跟老王一样缺根筋，从不知道变通”，等等。这样的话谁听了都会不痛快，每个人都难免有出错的时候，而这样绝对的断言显然是极不尊重人的一种表现。

再如与人交恶时，不要口出恶言，更不要说出“势不两立”、“老死不相往来”之类的话。不管谁对谁错，最好是闭口不言，以便他日需要携手合作时还有“台阶”可下。

单一诉求效应：集中一点式的强调，“轰炸”他人的思想

“送礼就送脑白金。”

“今年过节不收礼，收礼还收脑白金。”

……

这几句广告词，一遍一遍，反反复复地播出，最后全中国人都知道了脑白金。

其实，“脑白金”的前身“脑黄金”卖得并不成功，史玉柱几乎为此破产。只是后来，该产品摇身一变，成了“脑白金”。借助了脑黄金的概念，延续其广告策略，依靠中央电视台黄金广告的轰炸，“脑白金”遍地开花，密集轰炸，在很短的时间内成为一个高附加值的品牌。

“脑白金”炸开了市场，史玉柱由此再次暴富起来。

“脑白金”创造了一个奇迹。

这个奇迹恰恰体现了广告的魅力！

想想你在日常生活中，所使用的各种各样的产品，你所使用的产品品牌是不是相对固定？再想想，为什么你会购买这个品牌而不是别的品牌？是不是你购买的产品多半是做过广告的，相信答案多半为“是”。这说明什么？说明你在选择产品的时候，受到了广告的影响。

现实生活中，广告可谓无孔不入、无处不在，广告对人们生活的影响也大大超出人们的意料。

广告的魅力究竟源于什么？

源于集中一点式的强调！集中一点式的强调能够对人们的视觉、听觉产生强烈的冲击！

在心理学上，部分刺激与整体刺激是相统一的关系，集中一点式的部分刺激可以让整体印象大大加强，反过来，整体印象提高了，那个被重点强调的刺激点会更突出。

例如，在评价某种商品时，在物美、价廉、结实耐用等各种属性中，你只强调其中一点，如结实耐用，听的人就会想结实耐用不错啊，这是一件好商品。这样一来就把部分刺激扩展为整体刺激，进而会觉得这件商品既物美，又价廉，还耐用，即达到与整体刺激相同的感觉。这其实是一种心理误区，但却是人们常常不可避免的心理倾向。

相反，如果刺激太分散，反而会让整体印象模糊。如将商品物美、价廉、结实耐用等各种优点都列出来的话，消费者对每个优点都没什么特别印象，进而无法建立整体的好感。

广告营销中有个准则叫“单一诉求”，这与心理学上部分刺激与整体刺激的研究结果不谋而合。

据调查显示，大凡成功的广告采用的都是“单一诉求”，美国麦迪逊大街的达彼思广告公司，称之为U. S. P.，即独特销售主张，这一主张已成为众多知名广告创作的有效法则。

在浩瀚如烟的众多商品中，一位消费者能记多少是具有一定限度的，他（她）不可能记住看到的所有广告，这跟让他（她）熟记《辞海》中的词语一样困难。消费者只能记住一个广告文案中的一件事情——或是一个强烈的主张，或是一个突出的概念，这就像是太阳光线被凸透镜聚焦在了一点上一样。

广告大师克罗斯·霍普金斯在《科学的广告》中说：“不要炫耀，不要夸耀你的厂房或你的产量，不要炫耀你感兴趣而你的潜在买主未必感兴趣的东西，吹牛让人讨厌”。而在我们每天接触的广告中，却有大量广告已经或正在犯这样的错误。

比如在讲产品之前，先展示一下企业的生产车间、员工，然后再讲讲企业的发家史。殊不知发家史还没讲完，消费者早已经烦透了。曾经看过一个地方电视台的医院广告，从医院历史讲到医生，从医生讲到医院，再讲其可治疗各种病，最后才有地址和电话，让人实在看不下去。而一些药品的广告更是洋相百出，比如某感冒药有个电视广告列出了它可以治疗十几种病，从治感冒到治难言之隐无所不包，就好像学生背书一样一一念出来，让消费者看到就想换台。

回过头来看看脑白金的广告，你可以发现，它的广告“送礼就送脑白金”，“今年过节不收礼，收礼还收脑白金”反复强调的一点就是不管送礼还是收礼，脑白金都是最好的礼品。而过年过节送礼收礼是最普遍的事了，因此这样反复强调会加深人们认为它是最佳礼品的印象。

有份报道说，美国的一个议员参加总统竞选时，谈到了14个不同的问题，思路清晰，令人振奋，可第二天调查中却发现，只有不足2%的听众听清楚了他讲的是什么内容。

我们在工作中常常也能碰到类似的事，一个领导在主席台上作报告，从X个方面Y个大点Z个小点分N个方面来论证，说了半天，大家或许只记住了他作报告的标题。

据说希特勒在向士兵演讲时总是在重复一句话“世界是我们的”，也许你会觉得他的举动令人可笑，可正是这句话吸引了成千上万的追随者。

据两性心理学家对容易赢得女性垂青的赞美方式的相关研究发现，如果赞美对方时列出太多优点，容易引起其心中的警戒，而集中一点式的强调既可令其感到真实，同时会给她较深的印象，并形成一种暗示，使她觉得自己是真的“大美人”。比如赞美对方眼睛很漂亮时，她便会感得自己在整体上被人称赞为“美女”，这是人们陷入一种心理误区的结果。

管理工作中管理者也常利用这种心理操控人心。前年，我曾作为一名企业顾问参加一家新成立公司的早会，会中董事长的致词令人印象深刻。他站在员工面前说：“我们公司没有最先进的机器设备，技术也不是第一流的。但我相信我们员工都是一流的。”员工从董事长的致词中获得了很大的自信，连我这个外人也颇为心动。

虽然员工们知道这家公司并不是个有着最好硬件条件的公司，但被认为是“一流的员工”后，心中认同“这家公司必有前途”，对公司的评价也随之提高。当天除了我之外，还有其他的访客，我们一致佩服那位董事长心理战术的成功。

所以，当我们需要说服一个人接受我们的观点或需要其认同时，千万不要夸夸其谈地列一大堆理由。抓住一点，集中强调，这样会起到更好的说服效果。

图像比嘴会说话，故事比道理更动听

有一次，爱迪生需要为一位皇家来宾讲解一件新发明，他想让这位贵客知道究竟电是什么。

他说："陛下，我想，我听到的有关电的本质的最好的解释就是一位年迈的苏格兰电线修理员说过的话。

"假设有一只脚短身长的猎狗，它的腰身有从爱丁堡到伦敦的距离那么长，那么，假如你去爱丁堡拽它的尾巴，它就会在伦敦狂吠。"

爱迪生继续说："这就是我能想到的有关电的解释。我现在实在找不出更好的方式告诉你高架电线里所流动的究竟是什么玩意。"

爱迪生以猎狗作比，借助人们的日常经验，用语言描摹出了一幅生动的图画，就这样把本来很抽象的东西说得很清楚、很形象。

1962年，82岁高龄的麦克阿瑟回到母校——西点军校。

这里的一草一木，都令他眷恋不已，浮想联翩，仿佛又回到了绚丽精彩的青春时光。在授勋仪式上，他即兴发表演讲，他是这样开的头："今天早上，我走出旅馆的时候，看门的那个小伙子问我：'将军，您这是上哪儿去？'一听说我到西点时，他说：'那可是个好地方，您从前去过吗？'"

这个故事情节极为简单，叙述也朴实无华，但饱含的感情却是深沉的、丰富的。既说明了西点军校在人们心目中不一般的地位，能够唤起学生们强烈的自豪感，也表达了麦克阿瑟深深的眷恋之情。

爱迪生以描摹画面来解释一件抽象的东西，麦克阿瑟以讲述故事来挑起观众情绪，这两者之间有什么共同之处呢？

心理学上有一条“情感与理性宣传定律”，其意思是：人的心理既有感性的一面，也有理性的一面。在宣传中，有时诉诸情感更有效，有时诉诸理性更有效。其实这两种方式不分伯仲，但又各有偏重。一般来说，在情况比较紧急时，诉诸感情比理智地说服效果更好；而如果有足够的时间时，那么理性宣传就比较奏效。

而以大脑的分工来看，左脑主导着理性思维，右脑主导着感性思维。图像和故事表现都是具体的，容易调动一个人右脑思考，进行感性思维，因此在情况比较紧急的情况下，用图像和故事的方式来说服一个人，会取得更好的效果。

在奥迪车行，销售员应对着已经第二次来的3位客户。这3位客户看得特别仔细，还专门提出要到维修车间去看一下。

销售人员胡可可陪同客户向维修车间走去。从展厅走到维修车间有3分钟的路程，在这个时间段，胡可可问了一个问题：“你们知道在咱们重庆，车辆最怕什么吗？”3位客户一愣，胡可可接着说：“车最怕鸽子。鸽子的粪中有一种特殊的生物酸，对车顶有腐蚀作用。这是我们的修车师傅告诉我的。”

“有一次，一个客户提新车，刚拿到钥匙准备进车的时候，车顶上一只鸽子飞过。王师傅看到鸽子飞过的时候落下来了一撮鸽子粪，王师傅眼疾手快，在鸽子粪落到车顶之前用手接住了。我们都看见了，可是客户却没有看见，伸出手来要与王师傅握手。王师傅一鞠躬，另一只手做了一个请的姿势，客户进了车，启动了车，开走了。”

“后来，王师傅告诉我们，一定要告知客户小心防范头顶的鸽子，如果没有较好的停车位，最好是买一个车罩。所以，我知道在咱们重庆，车辆最怕的是空中的鸽子。”

此时，3个人抬头看向空中，果然看到附近的确有若干只鸽子在飞翔。他们也注意到维修车间外面的几辆车都盖着车罩，似乎明白了什么，停住了脚步，其中一人对胡可可说：“我们不去车间看了，你给我们定3辆带车罩的车吧。”

在销售工作中，许多时候与客户沟通的时间十分有限，适当地多运用图像或讲故事的方法，可以调动客户的右脑作感性思维。而感性思维会让一个人产生冲动，从而感性地下单，这样就对销售起到了推动作用。

其实，不仅仅在销售工作上，日常工作与生活中，许多方面都可以应用到这种心理策略。

第48届纽约国际笔会年会上，有美国朋友问我国著名作家陆文夫对性文学是怎么看的，这无疑是给陆文夫出了一个很难回答的难题。但是陆文夫不失幽默地回答道：“西方朋友接受一盒礼品时，往往当着别人的面就打开来看。而中国人恰恰相反，一般都要等客人离开后才打开盒子。”与会者发出会心的笑声，紧接着便是雷鸣般的掌声。

第十二章

别做“好人”，做个有魅力的“坏人”

如果你总是怀抱着“利他主义”，以为只要取悦别人，就能得到全世界的认可，那你就陷入了一个恶性循环中——你越是表现得“好”，别人就越看不起你。事实上，利他主义者是在对自己进行操纵！他们的“老好人行为”，才是使自己陷入绝境的最主要的原因。

别做自己的心理操纵者——“老好人”的困境

吉娜刚到一家贸易公司上班，由于脾气好，爱帮助人，而且特别在乎别人对自己的看法和评价，表现得十分热心。这样的脾气，使得公司里的同事们一有事儿就想到吉娜。吉娜一开始觉得很荣幸，因为同事有求于自己，这就证明了自己在大家心中的价值。日子久了，大家还是会让吉娜帮忙做很多小事，吉娜开始有些厌烦了，但是她怎么好意思拒绝呢？再说就是偶尔帮帮忙，所以她还是都一口答应下来。吉娜的“好说话”换来的是同事更多的请求。到后来这种“帮忙”几乎变成了经常性的，什么找资料、写报告、做报表，都会让吉娜帮忙。吉娜自己的工作量就已经很大，再加上给别人帮忙，几乎天天都要加班到深夜。

吉娜就是一个典型的职场老好人，为了周围的人都喜欢和认可自己，所以不拒绝别人，而让自己生活得很累。可是别人真的会感激她吗？也会有人为她做事吗？答案是很让人失望的。很多人不明白，为什么自己替别人做了很多，却得不到应有的回报和尊重呢？而且自己稍有一点做得让别人不满意，还有可能会被记恨。其实，原因很可能是：你太喜欢帮助别人了！

我们将这种老好人称为“利他主义者”。事实上，利他主义者是用自己的行为在对自己进行操纵——并没有人要求他们这么做！他们的过度付出是造成这种“做了好事却得不到尊重”的情形的元凶。

好人我们都喜欢，但一旦你被别人当做“老好人”，那么你的付出就只会给自己带来无尽的麻烦了。因为，老好人往往给人一种懦弱、没主见的印象。总是表现得很无私，面对别人的种种请求，不管能不能做到，都会硬着头皮允诺，甚至有时候还会不惜以牺牲自己的利益来帮助他人。

雨桐毕业后进入一家公司就职。她时刻提醒自己：虚心学习，低调做人。为了得到大家的认可，尽快与同事“打成一片”，雨桐对于同事提出的请求几乎没有拒绝过，有时还主动为别人分担工作。雨桐的付出也确实见了些成效，她成了办公室里的“大红人”，只不过总是在别人有需要的时候被叫道：

“雨桐，帮我把文件发了”

“雨桐，帮我叫一份快餐”……

雨桐成了办公室里最忙碌的人。然而，她这样热心地帮助别人，得到的却是同事们的得寸进尺。

有一次，雨桐要出国旅行，一个同事的孩子也在雨桐要去的那个国家。同事想请她帮忙带点东西，雨桐欣然答应，毕竟是母亲的一片爱心。没想到的是，同事让雨桐带的东西居然净重15公斤，而雨桐的行李限重，仅仅只能携带20公斤。她不得不从箱子里拿出自己带的食物和衣服，再把同事给孩子的东西装到她的箱子里。最后，同事连一声“谢谢”都没有说。

总是毫无怨言地帮别人做事，时间一长，他们会认为你做这些事情是应该的。还有些人是欺软怕硬型的，你总是表现得很弱势，对方会以为你很好“欺负”，所以有什么事情都会想到让你来承担。你帮助他们做一次事情，他们便会让你做更多的事情，因为他们摸准了你不好意思拒绝的弱点。是的，“雪中送炭”式的帮助才会让人铭记一生，但是如果你随时都会帮助你身边的人做各种事情，那你很有可能会被别人当做傻瓜，或者廉价的劳动力。

老好人的处世原则是宁可自己受委屈也不能拒绝别人，但是这样做，却不会被人真正铭记。作为老好人，之所以对他人的要求不愿意轻易地拒绝，是担心因为拒绝而使得对方难堪，无法保持友好的关系。然而，一味地隐忍却不会让对方高看你，相反，还很有可能会越来越瞧不起你。

我们之中的大部分人都有欺软怕硬的本质。对于做惯了好人的你，可能要改变自己的秉性的确有些不容易，但是你如果不改变自己的“利他主义”，别人就可能毫无底线地侵犯你。

诚然，对于他人的求助，我们不可能袖手旁观，那样的话，我们就太冷血了。但是帮助别人也一定要遵循一些原则，要帮助那些真正需要帮助和值得帮助的人。如果对方只是因为懒惰、虚荣、爱占小便宜等原因而让你代劳，那还是果断拒绝吧。此外，而对于那种知恩不报，甚而“得了便宜还卖乖”的人，更要保持距离，因为他们是不值得你去付出自己的精力和时间的。

取悦他人，你也得不到认可——被贬低的人格

“取悦于人”乍看起来没什么问题。想办法让别人高兴，这有什么不对的呢？可是，如果一个人总是在考虑如何让别人高兴，做事情前都要考虑一下别人是不是会喜欢自己这么做，那就是一种刻意的取悦了。喜欢取悦他人的人在人际交往中往往一味放低自己的需求，对他人的要求一味满足；甚至在明知自身不能完成的情况下，都不敢拒绝他人的要求。

作为实习生，比利每天总是早早就来到公司，接着便开始打扫办公室。这些工作本来是应该大家一起做的，可是比利却总是一个人把活儿全揽了。

不仅如此，比利对于同事更是“知冷知热”，只要谁说一句“没吃早餐，

好饿啊”，比利就会立刻将自己的早餐奉上，而自己却宁愿饿着。

天气冷了，比利会为大家冲热腾腾的咖啡；天气热了，比利会主动给大家买冷饮。

这些都是小事。每逢休假日需要值班，只要别人开口，比利都会替对方值班。为此他不知浪费多少个休假日，久而久之都变成值班专业户了。

后来，比利的工作渐渐多了起来，没有那么多的时间和精力再替同事做事了。而公司里的人早就用惯了他。一有事儿，第一个就想到让他帮忙。怕别人不高兴，比利还是做了。毕竟他只是一个新人，在这个公司还没有站住脚，他希望用自己的实际行动得到大家的认可和欣赏。

一次，一名老员工让比利去车站帮他接一个亲戚，结果刚出公司大门就被刚刚出差回来的经理撞了个正着，经理问比利要去哪儿？

为了不得罪主管，比利就说出去招工。后来经理不知从哪里知道了事情真相，把比利叫去训了一顿，说他身为人事部职员，都不能做到诚信二字，又怎能放心把任务交给他呢。

经理对比利的印象一落千丈，再在公司呆下去只会自讨没趣，于是比利递交了辞职申请。

心理学上，把这种建立在别人评价上的安全感称为“取悦症”。“取悦症”是一种强迫的甚至成瘾的行为模式——你对他人的认可上瘾了。取悦者会执迷不悟地把自己看成是好人，而且认定别人也是这么看的。为了始终保持好人形象，你就不能表现出愤怒和不悦，不管这样的情感表露多么正当。而且，你会避免批评别人，以免被别人批评。心理学家把这叫做“冲突避免”（conflict avoidance），你会把对抗和愤怒看做危险的情感体验。

取悦症大致分为以下三种类型：

认知型

驱使你取悦于人的动力是这种思维定式：你希望，并且时刻准备着争取让每一个人都喜欢你。而你衡量自尊和定义自我的依据，就是你为他们做了多少。如果你是一个认知型取悦症者，那么你就会陷入沉重的自我亏待心态中。当你有取悦于人的心态时，你相信讨好能让你免遭他人的拒绝以及其他刻薄的对待。

习惯型

一个习惯型取悦症者会牺牲自己的需求而照顾他人的需求。你会为他人做得太多，几乎从来不说“不”。无论你多么疲于应付，你也不愿意把事情交给别人去做，你总是独自承担所有困难。

情感逃避型

对这一类型来说，取悦症主要是因逃避令人害怕和不安的情感而导致的。从心理学角度来看，讨好他人的原因之一可能源于一个人深深的不安全感和担忧被疏远、被抛弃的焦虑感。说到底，讨好别人，只是为了感受到“我是重要的”。对于情感逃避型取悦者来说，只有顺从别人，得到别人的赞许，他们才会觉得有安全感和存在感。

取悦者给人的感觉虽然是善于关心别人，对谁都好，好说话、好办事，容易满足对方当下的情绪和需求，然而，这种压低自己换来别人暂时的认可的做法并不总是意味着真正的“双赢”、“建立长远的关系”或者“彻底解决问题”。

一方面，由于长期令自己的情绪处于压抑之中，不仅会成为影响自身健康的一大祸害，而且他们的内心也积攒了很多的委屈、抱怨、抑郁，最终导致退缩、敷衍塞责，丧失对工作的热情。另一方面，违背双赢策略地满足对方需求，在工作中，没有定位清楚自我与他人的界线，不知道自己可以拥有什么，责任是什么，往往承担属于他人的责任，而自己真正应该做的却没有做到极致。

生活中的“悦他者”不在少数。他们事事都想着让别人满意，对于他人的要求全部予以接受，而将自己的意愿完全抛在一边，而别人却并不会因此感激他们。心理学研究表明，人与人之间的交往本质上是一个社会交换的过程，个体只有在付出和获得成正比的时候，才会更加珍惜那些所得；如果付出很少的代价就有收获，那么个体会倾向于不那么珍惜它。所以，人际交往中，并不是一味满足别人的要求就可以获得友谊。那样反而可能导致他人对你“悦他”行为的滥用，觉得你的帮助能轻易获得，并且非常廉价，从而并不会在乎你给予他的这些。

另外，取悦症会造成心理障碍，阻止你发出和接受自己的消极情感。如果你不能表达消极情感，你的人际关系就会变得不再真实。你会被看成是平面的纸板人像，而不是立体的、丰满的、多侧面的血肉之躯。

美国喜剧演员比尔寇斯在出席自己的新片发布会时，有记者请他谈谈成功的秘诀。他说，“我不知道成功的秘诀，不过我可以确定人生失败的秘诀，那就是想要取悦所有的人。”自尊，才是最具魅力的品质。

为了阻止这种取悦症的发展，需要从行为、思维或情感方面的小改变开始。

首先，你需要抛弃“需要人人都喜欢”这种念头。多数有成就的人都不是那种谁都喜欢的类型。这种“抛弃”可以看做是一个巨大的飞跃。它会让你的身边只会围绕着这样的人们，他们喜欢的是你本人，而非你为他们帮的忙。

其次，在他人提出要求时，一定要看其是否合理，并考虑自己是否愿意并有能力去提供帮助。如果这两个条件都能达到，可以伸出援手；如果任意一条无法满足，就可委婉谢绝他人的求助。当你实在不愿意，违背自己的意愿而取悦别人时，就说："我能考虑一下吗？"跟他们定下一个时间，到时候你会对请求做出答复。这段时间内，你完全可以想出拒绝他们的最好办法。

最后，你的拒绝可能会让自己感到后悔，你会觉得自己伤害了别人。但你必须克服这种想法，坦然地应对接下的局面——事情往往不会如你所想的那么糟。

付出越多，就越得不到——氧气效应

你玩过老虎机吗？街头小巷就有，有的人对此还非常痴迷。

在老虎机里，钉子的位置已被事先调整好，使弹子偶尔会打进去，所以即便打不进去，游戏者还会继续打。游戏者总是在期待下一回就能打进去。

博彩也有类似的效果。从理论上看，彩票中奖的概率是非常低的，但许多彩民还是乐此不疲，他们总是在期待下一回好运砸在自己的头上。

人们为什么会容易对老虎机、博彩等上瘾呢？

在心理学上，对一种正常的反应而言，越是在报酬频率低的状态下养成的反应，越能在报酬停止后仍会在这种状态下持续。如果玩老虎机时，只要一打，弹子就会进去，那么这种游戏就不会再有人迷恋它了。

同样，在人际交往中，你对别人适度的好，对方会感激你，也会回报你，但如果你对对方太好，时间长了，对方就麻木了，而你某一次达不到原来的标准时，就会引起对方的不满，这样反倒会得罪他。这个心理学现象对我们的人际交往有什么启发呢？

涉世不深的人容易犯一个错误，那就是好事一次做尽，好话一股脑儿说完，“送佛一趟送到西”。以为自己全心全意地为对方着想，全力以赴地为对方做事，就会使关系更融洽、密切。

事实上并非如此。

俗话说，“一斗米养个恩人，一石米养个仇人”。就是说，你对别人适度的好，对方会感激你，也会回报你，但如果你对对方太好，时间长了对方就麻木了，而你某一次达不到原来的标准时，就会引起对方的不满，这样反倒会得罪他。用通俗的话来说，就是你把对方给惯坏了。

这在父母对孩子的教育中经常可以看到。

现在大多是独生子女家庭，一对父母只能生一个小孩，因此，孩子常常会被大人们娇生惯养。可是，这对孩子的成长却是极为不利的。

夏天，一只小猴子在树上跳来跳去，突然它发现了一个鸟窝。小猴子无比兴奋，伸手就去抓。那些会飞的小鸟受到惊吓都逃走了，只有一只最小的鸟还在窝里。小猴子乐得欢蹦乱跳。它捉住小鸟，把它带回家去。

可怜的小鸟是那么的娇小。小猴不断地抚摸、亲吻，把它紧紧地抱在胸前。“多么可爱的小鸟啊！我是多么地爱你！”小猴子忘乎所以地喊道。

在下面的岁月里，小鸟饿了，小猴子给它找食物；天寒了，小猴子给它筑巢；在一个地方呆烦了，小猴子还会带着它到各处去玩。

慢慢地，小鸟长大了，小猴子也老了，不能动了。猴子希望鸟儿能叼来食物给自己吃，可是习惯了被悉心照顾的鸟儿觉得这只猴子变心了，不喜欢自己了，于是就飞走了。

这个故事简直就是人类自身的真实写照。如果你对子女过好，会让他习以为常，觉得这一切理所当然，一旦将来让他独立解决困难时，他就觉得你对他不好了。这样一来，那又如何能指望他来孝敬你呢？

恋人之间也是如此。下面是一个女孩的真实经历。

在秋彤看来，“古典好女孩”是不会轻易和男孩子交往的，除非她真正爱这个人。在与男孩子交往的时候，言谈举止也必须随时随地保持典雅、温柔的风范。一旦和男孩子建立了亲密的关系，她认为必须至死不渝地去爱这个男孩，就像是与对方缔结了终身姻缘。

于是，秋彤在恋爱中经常很短的时间内便将自己的情感完全交付出去。为了男友，她可以做任何事情，比如亲自下厨招待他；发了工资，自己舍不得花，却买一些时尚的礼品送给他；请他看电影，品尝咖啡；甚至连他的日常生活作息都帮他安排了。总之，她在男友面前是招之即来，挥之即去。

一些与秋彤交往过的男孩，刚开始的时候都被她如此热烈的情感所感动，都想与她好好发展下去。可是他们发现，一次约会之后，正当他们准备对她发起追求攻势时，秋彤却已经表现出了迫不及待的阵势。可想而知，此时男孩们的兴趣定然是很快消失得无影无踪，对她也觉得兴味索然了，随之便一个个都想逃得远远的。

秋彤对此一直非常不理解，为什么她付出了那么多，却得不到回报呢？

这便是人们的心理作用在作祟。人们对于太容易得到东西，就不懂得珍惜了。

女人有着天生的母性，喜欢照顾人，不过，如果女人对男人太好，什么事都对他百依百顺，反而会让对方轻视你的感情。而对方对你付出情感的不珍惜，反过来可能引起你的怨恨，结果在感情上形成了恶性循环，很不利于男女之间感情的健康发展。

在职场里面也有这个规律。有的老板比较大方，一开始就开给员工较高的工资。可是商场风云变幻，难免会有生意发展不顺利、公司财务吃紧的时候，那时要是降低了员工的工资，就会马上引来员工们的不满。有的人还会因此辞职，影响到团队的稳定性。

其实作为老板，应该在开始的时候就避免过于乐观，不能把员工工资定得太高，因为你提高他的工资他高兴，你一旦降低，他就会抱怨你，人们通常摆脱不了这种心理。为了鼓励员工的积极性，可以许诺年底的奖金。但那要以公司经营状况良好为前提。

所以说，人际交往中，并不代表一分耕耘，就能一分收获。不要对别人过度的好，那样只会使你付出许多却得不到相应的回报。

不愿答应，就问心无愧地说“NO”

你肯定有这样的经历：面对一个对你提出苛责要求的人，明明知道这样做会对你自己产生不好的影响，可是就是抹不开面子，不好意思将“不”字说出口。过后又越想越不对，觉得“当时真的是应该拒绝他”，继而还可能深深自责——“我怎么这么没用，连自己真实的想法都说不出来？”最后甚至陷入不安与沮丧中，久久无法释怀。

不敢和不善于拒绝别人的人，实际往往得戴着“假面具”生活，事后常常后悔不迭；但又因为难于摆脱这种“无力拒绝症”而自责、自卑。

刚学完车的同事向杰尼借车，说周末想去试试手。对于这个请求，杰尼并不十分乐意答应：车是他自己多年省吃俭用才买下来的，也是自己的一件私人贵重物品，他一直都不想外借；而且，同事又是刚刚学会开车，万一出个什么意外，处理起来也很麻烦。

正在犹豫的时候，旁边一位心直口快的同事说：“杰尼的车是刚买的，心肝宝贝似的，你一个新手怎么好意思借啊?”借车的同事得意地笑着说:“谁不知道杰尼是咱们办公室最大方的人，他才不会那么小气呢!”

杰尼本来想拒绝对方的请求，可被这么一说，那到嘴边的“不”字又咽了回去。他觉得自己要是拒绝对方，实在是一件很没有面子的事情。

车借出去后，杰尼一整天都在担忧。一想到同事开着自己爱车的样子，就抓狂不已。他甚至还想出好多借口让自己反悔昨天的决定。然而，他也只是想想而已。

想做个有求必应的人并不容易，人们的要求永无止境，往往是合理的、悖理的并存，如果当面你不好意思说“不”，轻易给别人以承诺，将会带给自己更大的困扰和沟通上的困难。

“助人为快乐之本”是我们大部分人信奉的准则，但是，当别人前来要求协助时，难免会遇到自己不愿意或者力不从心的时候。而判断一个人在社交中的心理成熟的标准之一，就是看你能否自如地对别人说“不”。

著名书法家启功是一个非常和蔼的人，上世纪70年代末向他求学、求教的人就很多了。启功先生住的小巷终日不断脚步声和敲门声。启功曾经自嘲地说:“我真成了动物园里供人参观的大熊猫了!”然而即便如此，他也不愿意直接拒绝来访者。一次启功患了重感冒起不了床，又怕有人敲门，为了不伤及他人自尊。就在一张白纸上写了四句:“熊猫病了，谢绝参观；如敲门窗，罚款一元。”

没有人喜欢被拒绝。所以，如何表达出自己真实的想法，又不让对方感到尴尬，才是最终要达到的目标。从这一点来讲，拒绝是一门艺术。

认真倾听后拒绝

在拒绝之前，最好先倾听完对方的需求，不要急着表明自己的态度。用心倾听，能让对方先有被尊重的感觉，认为你的确是在认真思考之后，不得已才做出的决定，也比较能避免伤害他。当你开始说“不”的时候，态度必须是温和而坚定的。委婉表达拒绝，比直接说“不”，让人容易接受。

客观陈述

如果对方不明就里，你可直接向对方陈述拒绝对方的客观理由，包括自己的状况不允许、社会条件限制等。通常这些状况是对方也能认同的，因此较能理解你的苦衷，自然会自动放弃说服你。

迂回战术

不好正面拒绝时，只好采取迂回的战术，转移话题也好，侧面表明立场也可以，主要是善于利用语气的转折，婉转地说明自己的态度。这样，即使你拒绝了对方，也不致撕破脸。比如，先向对方表示同情，或给予赞美，然后再提出理由，加以拒绝。由于先前对方在心理上已因为你的同情使两人的距离拉近，所以对于你的拒绝也较能以“可以体会”的态度接受。

使用恰当的肢体语言

开口拒绝对方对于很多人而言都不是件容易的事，往往在心中演练无数次，一旦面对对方，又无法启齿。这个时候，不妨让肢体语言派上用场。一般而言，摇头代表否定，别人一看你摇头，就会明白你的意思，之后你就不用再多说了。另外，微笑中断也是一种暗示，当面对笑容的谈话，突然中断笑容，便暗示着无法认同对方的请求。类似的肢体语言还包括，采取身体倾斜的姿势，目光游移不定，频频看表，心不在焉……但在做这些事情的时候，要注意把握一个度，让对方感觉到你只是不赞同他提出的要求，而不是不愿理睬他这个人。

一拖再拖法

对于已经承诺的事，还一拖再拖是不可取的，这里的一拖再拖法指的是——暂不给予答复。也就是说，当对方提出要求时你迟迟没有答应，只是一再表示要研究研究或考虑考虑，那么聪明的对方马上就能了解你是不太愿意答应的。

合理建议

虽然拒绝了对方，但是却可以针对他的情况，提出合理的建议。若是能提出有效的建议或替代方案，对方一样会感激你，并能够证明你并不是故意要拒绝他的。在你的指引下找到更适当的支持，可能反而会事倍功半。

同理心对待

对方若是因为你的拒绝表现出愤怒态度或威胁时，不需要立刻回应，多用同理心来缓和他的不满与挫折感，让对方知道，你真的是处于无奈才拒绝的，以此获得对方的体谅。

主动关怀

有时候拒绝是一个漫长的过程，对方会不定时提出同样的要求。若能化被动为主动地关怀对方，并让对方了解自己的苦衷与立场，可以减少拒绝的尴尬与影响。当双方的情况都改善了，就有可能满足对方的要求。

上述的拒绝方法中，除了技巧，更需要发自内心的耐心与关心。若只是敷衍了事，对方其实都能够体会到，这样就会让人觉得你不是个诚恳的人，对人际关系伤害更大。

学会拒绝的艺术，既可减少许多心理上的紧张和压力，又可使自己表现出人格的独特性，也不至使自己在人际交往中陷于被动，生活就会变得轻松、潇洒些。所以勇敢地说“不”，对人对己都是好的。不过，无论如何，仍要以谦虚的态度，仔细听完对方的要求，如果真的没法帮忙，也别忘了说声“非常抱歉”。

丢掉过度的热心，做个“高冷”的人

什么样的人才更受人尊重，你以为是那些对别人的事情像对待自己的事情那样，热心肠过度的人吗？那你就大错特错了！其实，大多数人对于过于热心和过度的付出的人是不太喜欢和认可的，反而会倾向于认可那些首先将自己的事情做好的人。

李婧是个典型的热心肠。很在意别人对她的看法，只要别人对她有一丝丝不满，就足以让她难过半天。主管及同事的事她都尽量帮忙，别人不快乐好像也都是她的责任。当了小主管后，更是战战兢兢，部属的一切需求几乎如数满足。工作做不完的，她跳下去接手；心情不好的，她也乐于当垃圾桶；别人家的感情问题，她也热心介入处理。

可她这样做的结果却适得其反，她的部属跟她完全没有一点距离，工作上，她的要求总是被轻易地搪塞，无法被贯彻，有时候甚至让人搞不清到底谁是主管，谁是下属。许多时候，下属还会在她特别繁忙的时候将一个烫手的山芋交给她。她对下属们表现出的热情和关心，也会被认为是管得太多。

是的，待人亲切、态度热情的人会讨得所有人的喜爱。但是过于热情的人其实并不能得到周围人的认可。

华盛顿州立大学的克雷格·派克斯博士做的一项心理实验也证明了这个结论，这个实验的对象是 104 名大学生，派克斯博士让他们进行一种五人游戏。通过个人为同伴作出多少贡献（自我牺牲）和不作贡献（自我本位）进行对比，从而得出的结论。结果是，自我本位型的人获得了更多的支持和认可，而为同伴作出过贡献的人得到的评价却低于前者。实验发现，那些越是竭尽全力为同伴作贡献，甚至牺牲自我的人，越是不被同伴认可。

这其实可以用心理学上的刺猬法则（也叫心理距离效应）来解释：在寒冷的冬季，两只困倦的刺猬因为冷而拥抱在了一起，但是由于它们各自身上都长满了刺，紧挨在一起就会刺痛对方，所以，他们必须分开一段距离；但是分开的距离太大又实在冷得难以忍受，因此它们就又抱在了一起。几次之后，它们终于找到了一个比较合适的距离，既能够相互取暖又不会被扎。这也就是我们所说的在人际交往过程中的“心理距离效应”。

珍妮是个四十多岁的女性，她总是非常大方地将自己的一些经验教训跟其他人分享，希望能够给别人一些帮助。只要她看到邻居们有困难就会主动过去帮忙，珍妮觉得自己在邻居们眼里也一定是很好的一个人。

珍妮的热心换来的并不是别人的赞许，邻居觉得珍妮可能是因为精神太空虚或者太无聊才这样，他们都觉得她的行为很古怪，以至于让他们感到有点担忧，甚至看到她就下意识地躲开：“看啊，珍妮又来了！我得绕过她，省得她又跑过来问东问西。”

邻居劳伦太太也对她感到很不满：“她好像对我和我先生的关系很感兴趣，真是一个没有礼貌的人！我跟劳伦前段时间的确吵过架，但是夫妻之间的争吵不是很正常的吗？”

过度地牺牲自我会令人厌烦，遭到大家疏远；甚至会被认为是“违反规则”，让人难以亲近。过度的热络反而会成为一种“善意的困扰”。其实我们都有这样的经历，当面对一个无端对自己大献殷勤的人的时候，会隐隐有一种“羞耻感”，甚至会想办法逃避对方的热络。和案例中的珍妮一样的人大有人在，一边做着热心人，一边破坏着自己在别人心目中的形象。

我们和他人有着密切的关联，但同时每个人都有自己的“私人空间”，与他人保持适当的距离，是安全的交际策略。

人人都需要一个能够把握的自我空间，它犹如一个无形的“气泡”为自己划分了一定的“领域”，而当这个“领域”被他人触犯时，人便会觉得不舒服、不安全，甚至开始恼怒。即便是热心肠的帮助，也会在无形中给对方的心理造成“不安”。其实，在必要的时候，装出一副“高冷”的态度，更容易保护自己的利益。因为看起来不那么容易接近，也就不容易被那些小人所侵犯。